本书获得中国社会科学院大学中央高校基本科研业务费优秀博士学位论文出版资助项目经费支持，谨以致谢！

中国社会科学院大学文库
优秀博士学位论文系列
UCASS Excellent
Doctoral Dissertation

12

# 内生权重空间随机前沿模型的估计与应用

冯冬发 著

中国社会科学出版社

## 图书在版编目(CIP)数据

内生权重空间随机前沿模型的估计与应用 / 冯冬发著 . —北京:中国社会科学出版社,2024.3

(中国社会科学院大学文库. 优秀博士学位论文系列)
ISBN 978 - 7 - 5227 - 3182 - 7

Ⅰ.①内… Ⅱ.①冯… Ⅲ.①区位经济学—计量经济学—研究 Ⅳ.①F224.0

中国国家版本馆 CIP 数据核字(2024)第 048923 号

| 出 版 人 | 赵剑英 |
| --- | --- |
| 责任编辑 | 周 佳 |
| 责任校对 | 胡新芳 |
| 责任印制 | 王 超 |

| 出　　版 | 中国社会科学出版社 |
| --- | --- |
| 社　　址 | 北京鼓楼西大街甲 158 号 |
| 邮　　编 | 100720 |
| 网　　址 | http://www.csspw.cn |
| 发 行 部 | 010 - 84083685 |
| 门 市 部 | 010 - 84029450 |
| 经　　销 | 新华书店及其他书店 |
| 印　　刷 | 北京明恒达印务有限公司 |
| 装　　订 | 廊坊市广阳区广增装订厂 |
| 版　　次 | 2024 年 3 月第 1 版 |
| 印　　次 | 2024 年 3 月第 1 次印刷 |
| 开　　本 | 710×1000　1/16 |
| 印　　张 | 12.75 |
| 插　　页 | 2 |
| 字　　数 | 183 千字 |
| 定　　价 | 68.00 元 |

凡购买中国社会科学出版社图书,如有质量问题请与本社营销中心联系调换
电话:010 - 84083683
版权所有　侵权必究

# 中国社会科学院大学
# 优秀博士学位论文集

# 序　　言

呈现在读者面前的这套中国社会科学院大学（以下简称"中国社科大"）优秀博士学位论文集，是专门向社会推介中国社科大优秀博士学位论文而设立的一套文集，属于中国社会科学院大学文库的重要组成部分。

中国社科大的前身，是中国社会科学院研究生院。中国社会科学院研究生院成立于1978年，是新中国成立最早的研究生院之一。1981年11月3日，国务院批准中国社会科学院研究生院为首批博士和硕士学位授予单位，共批准了22个博士授权学科和29位博士生导师。作为我国人文和社会科学学科设置最完整的研究生院，拥有博士学位一级学科16个、硕士学位一级学科17个；博士学位二级学科118个、硕士学位二级学科124个；还有金融、税务、法律、社会工作、文物与博物馆、工商管理、公共管理、汉语国际教育8个硕士专业学位授权点；现有博士生导师736名、硕士生导师1205名。

为鼓励博士研究生潜心治学，作出优秀的科研成果，中国社会科学院研究生院自2004年开始评选优秀博士学位论文。学校为此专门制定了《优秀博士学位论文评选暂行办法》，设置了严格的评选程序。秉持"宁缺勿滥"的原则，从每年答辩的数百篇博士学位论文中，评选不超过10篇的论文予以表彰奖励。这些优秀博士学位论文有以下共同特点：一是选题为本学科前沿，有重要理论意义和实践价值；二是理论观点正确，理论或方法有创新，研究成果处于国内领先水平，具有较好的社会效益或应用价值与前景；三是资料翔实，逻辑严谨，文字流畅，表达确当，无学术不端行为。

《易·乾》曰："君子学以聚之，问以辩之。"学术研究要"求真求实求新"。博士研究生已经跨入学术研究的殿堂，是学术研究的生力军，是高水平专家学者的"预备队"，理应按照党和国家的要求，立志为人民做学问，为国家、社会的进步出成果，为建设中国特色社会主义的学术体系、学科体系和话语体系做贡献。

习近平总书记教导我们：学习和研究"要求真，求真学问，练真本领。'玉不琢，不成器；人不学，不知道。'学习就必须求真学问，求真理、悟道理、明事理，不能满足于碎片化的信息、快餐化的知识"。按照习近平总书记的要求，中国社科大研究生的学习和学术研究应该做到以下三点。第一，要实实在在地学习。这里的"学习"不仅是听课、读书，还包括"随时随地的思和想，随时随地的见习，随时随地的体验，随时随地的反省"（南怀瑾先生语）。第二，要读好书，学真知识。即所谓"有益身心书常读，无益成长事莫为"。现在社会上、网络上的"知识"鱼龙混杂，读书、学习一定要有辨别力，要读好书，学真知识。第三，研究问题要真，出成果要实在。不要说假话，说空话，说没用的话。

要想做出实实在在的学术成果，首先要选择真问题进行研究。这里的真问题是指那些为推动国家进步、社会发展、人类文明需要解决的问题，而不是没有理论意义和实践价值的问题，也不是别人已经解决了的问题。其次，论述问题的依据要实在。论证观点依靠的事例、数据、观点是客观存在的，是自己考据清楚的，不能是虚假的，也不能是自以为是的。最后，要作出新结论。这里说的新结论，是超越前人的。别人已经得出的结论，不能作为研究成果的结论；对解决问题没有意义的结论，也不必在成果中提出。要依靠自己的独立思考和研究，从"心"得出结论。做到"我书写我心，我说比人新，我论体现真"。

　　我希望中国社科大的研究生立志高远，脚踏实地，以优异的学习成绩和学术成果"为国争光、为民造福"。这也是出版本优秀博士学位论文集的初衷。

王新清

2021年12月9日

# 摘　　要

　　空间随机前沿模型拥有坚实的经济学理论基础，比经典的生产函数模型和随机前沿模型更接近现实，但现有研究大多构建于空间权重矩阵的外生性假设之上，对其内生性问题的重视程度相对不足。尽管已有大量文献分别讨论了空间随机前沿模型的建模策略和模型中内生性问题的解决方案，但少见直接研究内生权重空间随机前沿模型的文献。由此，本书运用控制函数方法将模型随机扰动项区分为两部分，一部分刻画模型的内生性，另一部分为纯外生的白噪声项，提出了本书的模型设定。

　　本书针对所提出的模型，设计了三种不同的模型参数估计方法，讨论了引入被解释变量空间滞后项对模型参数释义和技术效率预测方法的影响，证明了三种估计量在理论上具有一致性和渐近正态性，其中拟极大似然估计量会在随机扰动项联合分布为多元正态分布时转变为极大似然估计量，并触及克拉默—拉奥下界。模拟实验表明，经典估计方法将在空间权重矩阵存在内生性时失效，本书所提出的估计方法则仍有较高的精确度，且会随内生性的加剧得到进一步的提升。由此，本书妥善地解决了内生权重空间随机前沿模型的模型估计和效率测度问题。

　　本书结合所提出的模型设定和中国城市级面板数据集展开实证研究，将夜间灯光数据作为内生变量的工具变量，测度了中国各城市的技术效率水平，并将其分解为直接效率和间接效率两部分。研究发现，中国城市的平均技术效率在样本时期内不断上升，直接效率的绝对数值和相对比重也在持续增加，空间近邻对本地经济的效率溢出不断衰减，但依然维持在一定的水平上。

本书的创新点如下。第一，指出纯经济距离矩阵可能存在内生性问题，运用控制函数方法刻画空间权重矩阵的内生性，将经典模型拓展为内生权重空间随机前沿模型，丰富了随机前沿模型的理论研究文献库。第二，在不同的估计框架下提出了内生权重空间随机前沿模型的三种不同估计方法，分别是两阶段工具变量法、拟极大似然估计法和广义矩估计法，不同的估计方法构建于不同的模型假设之上，可以灵活地依据样本数据的不同特征，选择最适宜的估计方法。第三，基于空间近邻相依随机场的渐近理论分析了三种参数估计量的大样本性质，利用蒙特卡洛模拟实验讨论了参数估计量和效率预测量的小样本性质，清晰地指出了经典估计方法的不足之处，论证了本书所提出估计方法的实用性。

**关键词：**随机前沿模型；内生空间权重；控制函数方法；技术效率；拟极大似然估计

# Abstract

The spatial stochastic frontier model has a solid foundation in economic theory and is closer to reality compared to classical production function models and stochastic frontier models. However, existing research often relies on the exogeneity assumption of spatial weight matrices, paying relatively little attention to endogeneity issues. While numerous studies discuss modeling strategies and solutions to endogeneity problems in spatial stochastic frontier models, there is limited literature directly addressing endogenous spatial weight spatial stochastic frontier models. Therefore, this book employs the control function method to distinguish the model's random disturbance term into two parts: one characterizing the endogeneity of the model and the other representing the purely exogenous white noise term, presenting the econometric model proposed in this book.

For the proposed model, three different parameter estimation methods are designed, discussing the impact of introducing lagged spatial terms of the dependent variable on the interpretation of model parameters and technical efficiency prediction methods. The book demonstrates the theoretical consistency and asymptotic normality of the three estimation methods, with the quasi-maximum likelihood estimator transforming into the maximum likelihood estimator when the joint distribution of random disturbance terms follows a multivariate normal distribution, reaching the Cramér-Rao lower bound. Simulation experiments show that classical estimation methods fail when spatial weight matrices are endogenous, while the proposed methods maintain high accuracy, further improving with increased endogeneity. Thus, the book effectively addresses the model estimation and efficiency measurement issues of endogenous spatial weight stochastic frontier models.

Combining the proposed model framework with a panel dataset of Chinese cities, the empirical research uses nighttime light data as an instrumental variable for the endogenous variable, measuring the technical efficiency levels of various cities in China. The efficiency is decomposed into direct efficiency and indirect efficiency. The study finds that the average technical efficiency of Chinese cities continuously increases over the sample period, with both the absolute value and relative share of direct efficiency consistently rising. Spatial neighbors' impact on local economic efficiency spillover diminishes over time but still maintains a certain level.

The marginal innovations of this book are: firstly, it highlights the potential endogeneity issue of the pure economic distance matrix, employs the control function method to characterize the endogeneity of the spatial weight matrix, extending the classical model to an endogenous spatial weight stochastic frontier model, enriching the theoretical literature on stochastic frontier models. Secondly, it proposes three different estimation methods for endogenous spatial weight stochastic frontier models under different estimation frameworks: two-stage instrumental variable method, quasi-maximum likelihood estimation method, and generalized method of moments. These methods are based on different model assumptions, allowing flexible selection based on the characteristics of sample data. Thirdly, based on the asymptotic theory of spatial near-epoch dependence random fields, the book analyzes the large-sample properties of the three parameter estimators, discusses the small-sample properties of parameter estimators and efficiency predictors using Monte Carlo simulation experiments, clearly pointing out the shortcomings of classical estimation methods, and demonstrating the practicality of the proposed estimation methods.

**Key words**: Stochastic Frontier Model, Endogenous Spatial Weight, Control Function Method, Technical Efficiency, Quasi-Maximum Likelihood Estimation.

# 目　　录

**第一章　绪论** ………………………………………………… (1)
　第一节　研究背景及意义 ……………………………………… (1)
　第二节　研究内容及关键问题 ………………………………… (9)
　第三节　研究思路与方法 ……………………………………… (14)
　第四节　主要创新点 …………………………………………… (17)

**第二章　文献综述** …………………………………………… (18)
　第一节　技术效率测度方法的发展脉络 ……………………… (18)
　第二节　空间随机前沿模型的研究综述 ……………………… (25)
　第三节　随机前沿模型中的内生性问题 ……………………… (29)
　第四节　内生空间权重矩阵的研究进展 ……………………… (35)
　第五节　文献述评与启示 ……………………………………… (40)

**第三章　内生权重空间随机前沿模型的理论基础**
　　　　　**与基本设定** ………………………………………… (43)
　第一节　随机前沿模型的理论基础 …………………………… (43)
　第二节　空间随机前沿模型的构建 …………………………… (55)
　第三节　内生权重模型的基本设定 …………………………… (66)

**第四章　内生权重空间随机前沿模型的参数估计**
　　　　　**与效率预测** ………………………………………… (72)
　第一节　两阶段工具变量估计法 ……………………………… (72)

第二节　拟极大似然估计法 …………………………… (75)
第三节　广义矩估计法 ………………………………… (76)
第四节　技术效率预测方法 …………………………… (79)

## 第五章　模型参数估计量和技术效率预测量的统计性质 …………………………………………… (82)
第一节　大样本性质 …………………………………… (82)
第二节　小样本性质 …………………………………… (94)

## 第六章　实例应用 ……………………………………… (122)
第一节　研究设计 ……………………………………… (122)
第二节　估计结果 ……………………………………… (126)
第三节　稳健性检验 …………………………………… (130)
第四节　异质性分析 …………………………………… (132)

## 第七章　主要结论与研究展望 ………………………… (137)
第一节　主要结论 ……………………………………… (137)
第二节　研究展望 ……………………………………… (138)

**参考文献** ………………………………………………… (140)

**附　录** …………………………………………………… (158)

**索　引** …………………………………………………… (182)

**后　记** …………………………………………………… (185)

# Contents

**Chapter 1  Introduction** (1)

    Section 1  Research Background and Research Significance (1)

    Section 2  Research Content and Key Issues (9)

    Section 3  Research Approach and Methods (14)

    Section 4  Major Innovations (17)

**Chapter 2  Literature Review** (18)

    Section 1  Overview of Technical Efficiency Measurement Methods (18)

    Section 2  Overview of Spatial Stochastic Frontier Models (25)

    Section 3  Endogeneity Issues in Stochastic Frontier Models (29)

    Section 4  Progress on Endogenous Spatial Weight Matrices (35)

    Section 5  Insights from Literature Review (40)

**Chapter 3  Foundation and Setting of Endogenous Spatial Weight Stochastic Frontier Model** (43)

    Section 1  Theoretical Foundation of Stochastic Frontier Models (43)

    Section 2  Construction of Spatial Stochastic Frontier Models (55)

    Section 3  Basic Settings of Endogenous Weight Models (66)

## Chapter 4  Parameter Estimation and Efficiency Prediction of Endogenous Spatial Weight Stochastic Frontier Model ………（72）

Section 1  Two-Stage Instrumental Variable Estimation ………（72）

Section 2  Quasi-Maximum Likelihood Estimation ………（75）

Section 3  Generalized Method of Moments ………（76）

Section 4  Technical Efficiency Prediction ………（79）

## Chapter 5  Statistical Properties of Model Parameter Estimates and Technical Efficiency Predictions ………（82）

Section 1  Large Sample Properties ………（82）

Section 2  Small Sample Properties ………（94）

## Chapter 6  Application ………（122）

Section 1  Research Design ………（122）

Section 2  Estimation Results ………（126）

Section 3  Robustness Tests ………（130）

Section 4  Heterogeneity Analysis ………（132）

## Chapter 7  Main Conclusions and Future Research Directions ………（137）

Section 1  Main Conclusions ………（137）

Section 2  Future Research Directions ………（138）

**Reference** ………（140）

**Appendix** ………（158）

**Index** ………（182）

**Postscript** ………（185）

# 第一章 绪 论

随机前沿模型是计量经济学领域内测度决策单元技术效率的标准工具之一，在持续多年的发展过程当中产生了诸多形式的变种，广泛地适用于各类应用场景。空间随机前沿模型是其中较为重要的一个文献分支，其放松了经典模型当中个体间相互独立的严苛假设，使用空间权重矩阵描述决策单元之间的空间关联性，能够更加科学准确地测度决策单元的技术效率水平，并捕捉到它们之间的空间溢出效应。但从目前所收集到的文献来看，大部分空间随机前沿模型均构建于空间权重矩阵严格外生的假设之上，对于空间权重矩阵可能存在的内生性问题关注相对不足，依然存在着进一步改进的空间。

科学测度技术效率水平对经济发展有重要意义，但由于包括随机前沿模型设定形式灵活多变在内的一系列原因，学术界目前尚未就中国区域经济的技术效率水平达成完全共识，难以为技术效率相关经济政策的制定与施行提供充足的决策参考，应当加快完善技术效率测度方法论的步伐。在这样的研究背景下，本章确立了建模和估计内生权重空间随机前沿模型的核心目标，详细地阐述了本书的主要研究内容和基本研究思路，力争全面而客观地呈现出本书的主要边际创新点。

## 第一节 研究背景及意义

### 一 研究背景

（一）技术效率问题得到重视

技术效率，即在定量投入下实现最高理论产量或在给定产量目标后消耗最少投入的能力，是社会生产力重要的外在表征之一，其在生产力实现历史性飞跃的进程当中，也经历了从被动提升到主动发力的螺旋式上升过程。

进入新时代，中国经济由高速增长阶段转向高质量发展阶段，新发展理念成为各项经济工作的指挥棒（张涛，2020）。新发展理念要求创新成为第一驱动力，经济学含义上的创新是指决策单元能够使用到优于现有生产工艺的要素组合方式。其可以是在当前工艺已位处世界前沿的发明创造，也可以是引进、学习并吸收世界前沿科技（林毅夫，2018）。不论是哪种方式，均表现为在相同投入下能够实现更多的产出，即技术效率的提升。中国政府推出的诸多政策均直接或间接地服务于改善技术效率，比如国家创新发展战略要求通过体制机制创新营造良好的科技创新环境，为培育颠覆性技术创新提供基础条件；设立自由贸易试验区、中国特色社会主义先行示范区、共同富裕示范区等试验区，鼓励地方先行先试，为产生和推广制度创新厚植土壤；深化金融供给侧结构性改革，提升金融服务实体经济、支持战略性新兴产业集群发展的能力，加速基础研究成果到产业化市场应用的全过程。包括劳动生产率、单位国内生产总值（GDP）能耗、碳排放强度在内的一些效率指标，被纳入中国各级政府的绩效评价体系，[①] 标志着效率问题得到重视。

（二）效率测度结果未完全取得共识

学术界将技术效率视为经济学研究的重点话题之一。迄今为止，研究者们已经在该领域内取得了丰硕的研究成果，但遗憾的是，目前仍未能就中国经济技术效率的测度结果达成完全共识。

分歧相对较小的研究主题是评价改革开放以前的技术效率水平，这段历史时期内的统计资料相对匮乏，研究方法以描述性统计和定性分析为主，学者们普遍认为中国经济效率在这段历史时期内水平较低但增长迅速（匡家在，1998）。比如在农业生产方面，毛泽东同志在革命根据

---

[①] 参见国家"十四五"规划纲要的专栏1《"十四五"时期经济社会发展主要指标》。

地时期所做的一份报告中指出，红色边区往往能够在重新分配土地的次年便实现农产增收 15% 或以上，但耕牛、化肥、种子和水利等方面的困难依然严重地制约了农业发展的上限（中共中央文献编辑委员会，1991）；中华人民共和国成立以后头三年继续推行的土地改革，使得中国主要农作物的产出大幅增长，且增长速度远超同期国际平均增幅，但人均耕地面积和人均粮食产量相较于欧美发达国家仍有不小差距（董志凯，1987）；从 1953 年开始的农业合作化运动将农民手中的私有土地收归集体所有，并使用集中经营的方式组织生产，由于平均主义下普遍存在"搭便车"行为，中国在这段时期内的农业总产值虽仍有上升，但增幅极小，农业劳动生产率、贫困发生率等效率评价指标严重恶化（瞿商，2009）。在工业生产方面，中华人民共和国成立以前，解放区的工业城市相对稀少且主要集中在东北地区，中国共产党为在战略决战中增添胜机开展大生产运动，恢复了被数次破坏的工业生产秩序，煤炭、钢铁和电力等基础工业部门快速发展，为形成东北老工业基地创造了物质条件，生产的大量轻重工业制成品有力地支援了解放战争的全过程，但 1949 年的全国工业总产值仍只有 1936 年历史峰值的 60% 左右（王玉芹，2004；黄进华，2013；陶长琪等，2019）；在中华人民共和国成立后，中国确立了新民主主义社会制度，开始了为期 3 年的经济恢复期，期间的工业总产值、工业企业劳动生产率和企业职工平均消费额的年平均增速分别高达 34.8%、11.5% 和 10.6%，但无论是从整体规模还是细分结构来看，中国当时的工业发展阶段依然处于初级阶段（汪海波，1999）；"一五"时期 156 项重点工程的顺利实施标志着中国正式开始了从农业国向工业国转变的历史进程，到改革开放前夕，中国的工业总产值较之 1952 年已增长了 293.1%，但期间的四个五年计划在制定与实施的过程当中都出现了一些波折，无论是生产工艺还是管理经验，都存在较大的改善空间（李金华，2019）。除了工农业，中国在金融业（蔡卫星等，2021）、服务业（朱平芳等，2019）和对外贸易（盛斌、魏方，2019）等经济部门的技术效率上同样也表现出类似的低水平、高增速特征。

改革开放以后，中国经济发展水平和对外开放程度稳步提升，为满足各级政府科学决策日益增长的数据需求并提升统计国际化程度（谢洪礼，1995）。中国的统计调查体系不断改革其组织体制和调查方法，为国内外学者研究中国经济提供了内容逐渐丰富、门槛持续降低且质量不断提升的官方统计数据（贺建风、刘建平，2010），使得基于复杂计量经济学方法研究中国经济的技术效率问题成为可能，但研究者们得出的实证结论却大相径庭。就中国在改革开放以后创造的"经济增长奇迹"而言，Paul Krugman认为中国经济高速增长的源泉是政府强有力的资源调配能力，主要通过高储蓄率快速积累物质资本，辅以劳动力和自然资源的大量投入实现的不可持续性增长，技术效率最多是回归到1964年的低水平上，对于经济增长的贡献几乎可以忽略不计（Krugman，1994）。郭庆旺和贾俊雪基本同意Paul Krugman的观点，并更加具体地指出中国经济效率是在成功加入世界贸易组织以后才稳步上升的，在此之前主要呈现出涨跌互现的波动特征，并在1993—2000年处于持续下降轨道上（郭庆旺、贾俊雪，2005）。A. Young也认为中国经济增长主要依赖于要素投入扩张，但指出技术效率的贡献能够达到23%左右，只不过效率提升主要发生在农业部门而非工业部门，主要是因为农业总产值能够在大量农村人口被吸收进城市的背景下依然保持较快的增长速度（Young，2003）。张军针锋相对地指出中国经济效率在改革开放头十年和头二十年的平均增长率分别达到了4.1%和2.81%，对于经济增长的贡献度分别高达41.9%和31%，其中效率改进得以发生的深层原因是，中国政府主导的改革消弭了限制生产要素自由流动的壁垒（张军，2002）。涂正革和肖耿则更加鲜明地指出，中国拥有充足的"后发优势"，在保持经济高速增长的同时，经济效率的年平均增速高达6.8%，仍有充足动力继续维持中国经济的高速增长，据此认为Paul Krugman的观点不能采信（涂正革、肖耿，2006）。

当学者们使用颗粒度更高的区域统计数据研究中国区域经济的技术效率差异时，所得结论同样存在较大的分歧。在使用省级数据的研究中，Belton M. Fleisher和J. Chen较早开始研究中国沿海省份与内陆省份之间的效率差距，发现沿海省份较之内陆省份拥有更好的基础设施条件，更加重视高等教育投入并能吸引到更多的外商直接投资，导致前者的经济效率是后者的两倍左右（Fleisher，Chen，1997）。傅晓霞和吴利学发现中国东中西部地区之间同样存在技术效率鸿沟，技术效率上的差异对于地区经济差异的解释度超过35%，且在样本时期内保持不断上升的态势，区域间技术效率壁垒制约了区域经济收敛的进程（傅晓霞、吴利学，2006）。李胜文等认为传统的效率核算方法忽略了自然资源禀赋对于技术效率的影响，将其纳入考察范围后，各区域的技术效率排名将从东部地区最优、西部地区最后变化为中部地区最优、东部地区最后，即西部地区通过改进经营管理策略提升技术效率的空间相对有限，消弭地区间经济差异的主要发力点应在于促进前沿科学技术从发达区域向欠发达区域扩散（李胜文等，2013）。在使用市级数据的研究中，A. Charnes 等较早测度了中国28个关键城市的技术效率，分析后发现长三角城市的技术效率普遍高于东北的传统重工业城市，中部城市技术效率的增长速度最快，表明其具有较强的吸收引进发达区域先进管理经验的能力（Charnes et al.，1989）。闫怡然等讨论了中国280个城市市辖区技术效率的时空波动特征，发现中西部城市的技术效率水平普遍偏低，辽中南和京津冀等城市群的技术效率水平相对较高，且具有明显的中—外围空间格局（闫怡然等，2017）。刘浩等研究了中国县级市及以上城市技术效率的空间格局，实证结果显示珠三角和长三角城市群的技术效率增长较快，山东局部和东北地区大部分城市的技术效率在样本时期内出现下降，距离核心城市较近的小城市技术效率的增长速度要明显快于核心城市和位置更加偏远的边缘城市（刘浩等，2020）。

（三）效率测度方法尚存待完善之处

现有文献之所以会在研究主题相近、数据来源一致的前提下取得不同的实证结果，主要原因是它们选取了不同的样本时期、使用了不同的数据处理方式，或是在不同的前提假设下采用了不同的测度方法（段文斌、尹向飞，2009）。样本时期与数据处理方法的选择往往与具体的研究主题密切相关，本书主要侧重于识别现有测度方法的不足之处并加以改进。

随机前沿模型构建于生产（成本、利润）函数之上，可在参数估计框架下给出决策单元的技术效率预测值，已逐渐成为计量经济学领域研究效率相关问题的标准方法，存在广泛的应用实例（Parmeter, Kumbhakar, 2014）。随机前沿模型相关研究肇始于20世纪70年代晚期，在近50年的发展过程中不断革新自身的设定形式与估计方法，比如技术无效率项的分布设定从半正态分布丰富为截断正态分布、伽马分布和贝塔分布，估计方法从传统的调整最小二乘法、极大似然估计法、广义矩估计法过渡到复杂的变分贝叶斯估计，接受的数据类型从简单的横截面数据拓展到普通面板数据和时空面板数据，个体之间的依赖关系逐渐从严苛的相互独立假设放松到线性相关和复杂的非线性相关关系，对于各种内生性问题的关注程度也在不断上升。如果统计检验程序不能拒绝广义模型，那就意味着早期的经典模型存在欠妥之处，将显著降低模型参数估计量和技术效率预测量的精确度，使得应用不同模型设定的实证研究极易得出大相径庭的结论。

空间随机前沿模型是随机前沿分析领域诸多文献分支当中较为重要的一支，其接受了地理学第一定律"世间万物皆有联系，空间距离近者更甚"的假设（Tobler, 1970），放松了经典随机前沿模型当中决策单元相互独立的强假设，并使用空间权重矩阵刻画个体之间的关联性。最早的空间随机前沿模型由 V. Druska 和 W. Horrace 在研究印度尼西亚稻农的生产效率时提出，其借鉴了空间计量经济学的基本理论，假设稻农的生产效率之间存在空间关联性，提出了首个空间误差随机前沿模型，研究发现不正确地忽略个体之间的空间关联性会极大地影响技术效率预测值的绝对数值和相对排名，以此论证了使用空间随机前沿模型的必要性（Druska, Horrace, 2004）。M. Adetutu 等将自变量的空间滞后项引入空间随机前沿模型，构建出一个 SLX 空间随机前沿模型，能够刻画决策单元的局部溢出效应（Adetutu et al., 2015）。A. Glass 等最先提出一个空间自回归随机前沿模型，并给出了模型参数的极大似然估计量，该模型能够刻画决策单元的全局溢出效应，在后续研究中得到了广泛应用（Glass et al.，2013）。任燕燕等在A. Glass等的模型的基础上提出一个时空动态空间随机前沿模型，能够刻画样本内个体在时间和空间两个维度上的关联性，更加贴近现实世界的真实情况（任燕燕等，2019；Glass et al.，2013）。T. Tsukamoto将空间自回归随机前沿模型技术无效率项的总体参数设置为一系列外生变量的线性组合，构建出一个异质性空间随机前沿模型，相比经典的随机前沿模型，能够更为准确地测度决策单元的技术效率并可靠地识别出技术效率的相关影响因素（Tsukamoto，2019）。

上述学者对空间随机前沿模型的拓展和改进提升了模型的易用性，也促使越来越多的实证研究在考虑空间溢出效应的基础上测度决策单元的技术效率，但这些模型设定依然存在一些待完善之处，最为突出的一点便是它们均构建于空间权重矩阵严格外生的假设之上。但有一些前沿的空间计量经济学文献指出，空间权重矩阵的外生性假设在许多应用场景下都不一定成立（Kelejian, Piras, 2014; Qu, Lee, 2015; Qu et al., 2021）。例如中国经济存在显著的俱乐部收敛特征，使用经济距离矩阵较之地理距离矩阵能够更好地刻画区域经济体之间的空间关联性（胡鞍钢、刘生龙，2009），但此类矩阵多构建于人均实际GDP或人均可支配收入等的差值之上，这些变量往往又与被解释变量之间存在双向因果关系，由此便产生了内生性问题。内生性问题极大地影响了参数估计的准确性，但现有研究主要关注投入变量的内生性，对于空间权重矩阵内生性的研究相对不足。基于此，本书针对内生权重空间随机前沿模型的模型设定、参数估计、效率预测及实例应用等内容展开探索性研究，期望能够更好地理解空间权重矩阵内生性问题的来源及其诱发的不良后果。

**二 研究意义**

**（一）现实意义**

为科学测度决策单元的技术效率提供方法论支持。"十四五"规划将提高资源配置效率作为重要的目标之一，科学合理地测度区域经济体或各经济部门的技术效率水平是制定并实施相关经济政策的关键基础。但现有测度方法的前提假设过紧，与现实世界的真实情况之间存在一定的距离，导致技术效率测度结果存在较大偏误，使得基于此推出的各项政策的执行效果大打折扣。本书将空间权重的内生性问题纳入考察视域，相比各种经典随机前沿模型更为贴近现实，能够取得更为精确的技术效率预测值，便于各级政府更好地把握自身技术效率的绝对数值、横向排名与纵向波动特征，为相关政策的制定与施行提供了坚实的参考依据，能够更容易因地制宜地服务和融入新发展格局。

为发掘决策单元技术效率之间的空间关联性提供了一种新手段。缩小区域经济差距的关键在于欠发达地区能够通过后发优势取得较快的增长速度，其中的作用途径之一便是发达地区先进的科学技术和管理经验能够扩散到欠发达地区（林毅夫、张鹏飞，2005），可以通过实证检验两类地区技术效率之间的空间关联性来推断该作用机制的成立与否。传统的研究策略是，使用经典模型测度各地区的技术效率水平，并据此构建空间计量模型来判断空间溢出效应的显著性，但该"两步法"在方法论上存在根本缺陷（Wang，Schmidt，2002），无法得出合理的研究结论。本书所构建的拓展模型能够在测度决策单元技术效率水平的同时，直接分析它们在空间上的关联性，从而有效地规避了"两步法"的不足之处。

（二）理论意义

提出并解决了一类新的计量模型设定及参数估计问题。空间权重矩阵的内生性问题是一个崭新的研究主题，在随机前沿分析中的讨论相对不足。本书将运用控制函数方法，构建出一个内生权重空间随机前沿模型，丰富了计量经济学理论研究的模型库。本书还将在工具变量估计法、广义矩估计法和拟极大似然估计法等不同估计框架下，给出该模型参数三个不同的估计量，可为后续进一步的模型改进提供一定的参考价值。

呈现了不恰当地忽略空间权重矩阵内生性的不良后果。现有研究之所以不太重视空间权重矩阵的内生性，原因之一便在于研究者对于该问题诱发的后果缺乏清晰的认识。本书将使用蒙特卡洛模拟实验对比分析经典模型和内生权重模型的现实表现，讨论忽视空间权重矩阵内生性对参数估计量和效率预测量精确度的不利影响，以此说明构建内生权重模型的必要性以及本书所提出估计方法的可行性，期望能够提高研究者对于这一问题的重视程度。

论证了复杂非线性模型参数估计量的大样本性质。本书所构建模型的随机扰动项与空间权重矩阵之间存在复杂的非线性关系，而参数估计量都是随机扰动项的线性式或二次型，即参数估计量与空间权重矩阵之间也存在复杂的非线性关系，导致传统的各种渐近理论均不再适用本书的应用场景。本书将利用 N. Jenish 和 I. Prucha 关于空间近邻相依随机场的研究成果，证明三种参数估计量的大样本性质，并尽可能详尽地罗列出其中的关键步骤，可为讨论其他各类空间随机前沿模型参数估计量的大样本性质提供一定的启示（Jenish，Prucha，2012）。

对比分析了不同估计框架下参数估计量的统计性质。本书所提出的三种参数估计量各自需要的前提假设并不完全一致，比如拟极大似然估计法假定随机扰动项服从正态分布，而两阶段工具变量法和广义矩估计法则无此要求。当如此分布假设得到满足时，拟极大似然估计法具有渐近有效性，不然其方差矩阵不小于另外两个估计量，可以体现出不同模型参数估计量在稳健性与有效性之间的权衡取舍。

## 第二节 研究内容及关键问题

### 一 研究内容

本书在整体上可分为四个部分。第一部分是当前的绪论，主要介绍本书的研究背景和研究意义、主要的研究内容和拟解决的关键问题、大体的研究思路和具体的研究方法以及本书的主要创新点。第二部分包括第二章和第三章，是构建内生权重空间随机前沿模型的理论基础，主要综述了空间随机前沿模型的兴起与发展过程，着重总结了空间随机前沿模型中内生性问题的研究进展，并参考内生权重空间计量模型提出本书的模型设定。第三部分包括本书的第四、第五、第六章,是运用内生权重空间随机前沿模型的具体说明,主要阐述了内生权重空间随机前沿模型的参数估计和技术效率预测方法,讨论了参数估计量的大样本性质和小样本性质,以论证模型设定的必要性和估计方法的有效性,并通过使用中国城市级面板数据的实例应用来印证研究策略的实用性。第四部分是本书的最后一章,总结全书并说明了未来进一步深入研究的可行方向。各章具体的研究内容概述如下。

第一章,绪论。提升技术效率有利于推动经济发展,但关于制定经济效率相关政策的基础——测度技术效率水平,现有研究却无法达成完全共识,其中的关键原因之一便是效率测度方法始终处在不断完善的进程当中,仍存在待改进之处。现有的空间随机前沿模型大多假设空间权重矩阵严格外生,与现实情况相距甚远,本书据此提出了一个内生权重空间随机前沿模型,以期更准确地估计决策单元的技术效率水平。除此之外,第一章还简要地概述了全书的主要研究内容,详尽地阐述了全书的研究思路和研究方法,罗列出本书主要的边际创新之处,尽可能客观地说明了本书的学术价值所在。

第二章,文献综述。通过梳理技术效率测度方法的发展脉络,发现随机前沿模型较确定性前沿模型和数据包络分析具有多方面的优势,灵活的模型设定形式和丰富的参数估计方法使其广泛地适用于各类应用场景,逐渐成为测度技术效率的标准工具之一。空间随机前沿模型考虑到决策单元之间的空间交互作用,弥补了经典模型忽略个体间联系的缺陷,设定形式日趋复杂也更加贴近现实,成为随机前沿分析领域较为重要的一个文献分支,但现有研究大多构建于空间权重矩阵严格外生假设之上。学者们在分析随机前沿模型的内生性问题和内生权重空间计量模型时,提出了许多解决模型内生性问题的方法,可为构建内生权重空间随机前沿模型并实施参数估计提供一些有益的借鉴和参考。

第三章,内生权重空间随机前沿模型的理论基础与基本设定。技术效率描述的是决策单元利用投入要素组织生产的能力,当生产过程中不存在物料浪费时达到技术有效。为在精确度和可操作性之间取得一定的平衡，研究者在具体的效率测度过程中，常使用产出量最大径向扩张倍数的倒数作为技术效率值。确定性前沿模型是最早的测度方法，它缺乏可靠的统计性质，逐渐被随机前沿模型取代，但其中的一些研究策略仍被后续研究沿用。由于涟漪效应、控制遗漏变量、刻画空间异质性、外部性和完全信息博弈等原因，研究者一般会构建一个空间随机前沿模型，以便更加科学地测度技术效率并把握其空间溢出模式。第三章放松了经典空间随机前沿模型的权重矩阵外生性假设，基于控制函数方法提出了一个内生权重空间随机前沿模型。

第四章，内生权重空间随机前沿模型的参数估计与效率预测。在拥有充足工具变量的基础上，本书提出了模型参数的两阶段工具变量估计法、拟极大似然估计法和广义矩估计法三种不同的估计方法，它们构建于不同的假设条件之上，比如两阶段工具变量法和广义矩估计法不要求随机扰动项服从特定的概率分布，拟极大似然估计法则要求其服从多元正态分布；两阶段工具变量估计法仅使用了部分线性矩条件，广义矩估计法则使用了更多的矩条件，包括一个二次型矩条件。内生权重空间随机前沿模型的特有设定方式导致传统的效率预测方法不再有效，本书所用测度方法不仅可以取得合理的效率测度值，还能将其区分为直接效率和间接效率两部分，后者刻画的是空间近邻的技术效率对本地的空间溢出效应。

第五章，模型参数估计量和技术效率预测量的统计性质。通过对数据生成过程作出更多假设，使得一大类统计量能够满足空间近邻相依随机场的基本定义，进而应用 X. Qu 和 L. Lee 提出的大数定理和中心极限定理证明了本书所提出参数估计量的大样本性质（Qu，Lee，2015）。使用蒙特卡洛模拟实验分析了参数估计量和技术效率预测量的小样本性质，为说明经典估计方法的局限性、拓展模型设定的必要性和本书所提出估计方法的实用性提供了充足的论据。

第六章，实例应用。中国区域经济体之间存在显著的空间关联性，且一般认为经济距离矩阵较地理距离矩阵能够更好地刻画这种关联性，但少有研究者注意到经济距离矩阵可能存在的内生性问题。本章将前文提出的各种估计方法应用于中国城市级面板数据集，更加具体地指出了忽略空间权重矩阵内生性会产生的不良后果，试图更加科学地测度各城市的技术效率水平并把握其空间溢出特征。

第七章，主要结论与研究展望。概括性总结了本书获得的主要研究成果，并通过剖析当前研究存在的若干不足之处，指明了未来进一步深入研究的可行方向。

## 二 拟解决的关键问题

### （一）合理建模空间权重矩阵的内生性

产生内生性问题的原因多种多样，但在模型设定上的表现均为解释变量与随机扰动项之间存在相关性（Greene，2019）。如果有充足证据显示空间权重矩阵与模型的随机扰动项之间存在相关性，那么空间权重矩阵便存在内生性问题。事实上，如果空间权重矩阵构建于经济变量而非地理距离之上，[①] 且这些经济变量与模型的被解释变量密切相关，则其有较大概率与随机扰动项相关，即产生了空间权重矩阵的内生性问题。但将直觉上显而易见成立的命题转化为具有可操作性的计量经济学模型并非易事，所构建模型应当满足如下特性。

第一，是经典外生权重模型的拓展形式。一方面，空间权重矩阵作为刻画样本内个体间空间关联性的典型工具，其应在进入空间计量经济学模型前便已被确定，并在估计过程中始终保持不变，即空间权重矩阵无论外生与否，均以常数矩阵的形式进入模型。只有适当拓展经典模型的设定形式后，才能刻画出空间权重矩阵的内生性。另一方面，外生权重模型的设定相对简单、统计性质良好、估计速度较快，相比于目前应用较少的内生权重模型具有一些显著的优势。内生权重模型应在一些特定情形下能够退化为外生权重模型，使得一些统计检验程序能够得以介入，允许研究者在无法拒绝外生权重假设的前提下，直接应用更简单的

---

[①] 部分情形下，构建于地理距离之上的空间权重矩阵仍有可能存在内生性，详见文献综述相关内容。

经典外生权重模型，以便更好地实践"奥卡姆剃刀原则"。

第二，具备良好的可解释性。内生权重模型应当显式地描述空间权重内生性的根源，以某种形式度量内生性问题的严重程度，并保证模型参数估计量具备合理的经济学含义，使得应用该拓展模型的实证研究可以尽可能便捷地阐述其发掘出的各类信息。

（二）准确估计模型参数并预测技术效率

一方面，内生权重空间随机前沿模型是对内生权重空间计量模型的拓展，前者在后者的基础上添加了一个恒不小于0的技术无效率项，一般假设后者的随机扰动项服从均值为0的多元正态分布，其与服从单侧分布的技术无效率项相减构成前者的复合扰动项。复合扰动项均值不为0也不服从正态分布，导致适用于后者的估计策略无法直接应用于前者，需要依据技术无效率项的分布设定确定复合扰动项的分布后，再用新方法完成模型参数的估计。

另一方面，内生权重空间随机前沿模型也是对经典空间随机前沿模型的拓展，它变更了空间随机前沿模型的设定形式，导致传统的技术效率预测量不适用，应当参考 JLMS 预测量或 G. Battese 和 T. Coelli 最优预测量的基本思路重新设计技术效率预测量（Jondrow et al., 1982; Battese, Coelli, 1988），以便更为准确地预测决策单元的技术效率水平。

（三）细致说明所提出估计策略的有效性

内生权重空间随机前沿模型相比经典模型，考虑了空间权重矩阵的内生性，更加符合经济现实，在设定形式上具备一定的合理性，但这并不天然地意味着实证研究者需要采纳该模型设定，除非能够证明经典模型存在不可克服的缺陷，且所提出估计方法具备有效性，应当详细展开论述的内容如下。

第一，模型参数估计量的大样本性质。一般复杂模型的参数估计量都不具备明确的小样本性质（Lee, 2004），研究者只能证明其大样本性质，即其在样本容量趋近于无穷大时的表现。本书主要关注参数估计量的一致性和渐近正态性，前者描述的是参数估计量会逐渐接近参数真值，其成立时意味着估计方法具备可行性，后者描述的是标准化以后的参数估计量会逐渐服从标准正态分布，它构成了各种统计检验程序的基础。

第二，参数估计量和效率预测量的小样本性质。实证研究所用数据集的样本容量一般都较小且难以扩张，无法达到大样本性质成立所需要的数量级。① 正如无限猴子定理所表明的那样，统计学上必然会发生的事件，在次数有限的实验当中可能完全不会发生，大样本性质良好的参数估计量在单次模型估计中仍可能存在较大的偏误，关注统计量的小样本性质依然具备一定的现实意义（Davidson，2021）。由于证明或证伪统计量的小样本性质均非易事，本书将通过蒙特卡洛模拟实验来分析参数估计量和技术效率预测量在小样本情形下的精确度表现，并与经典模型的估计结果相对比，然后根据其表现出来的相对优势为说明估计策略的可靠性提供一些弱证据。

（四）科学测度中国区域经济的技术效率

本书改进传统空间随机前沿模型的初衷是更好地测度中国区域经济体的技术效率，在充分说明了本书所提出模型设定的必要性和估计方法的有效性以后，应当以中国区域经济为研究对象应用该模型，并将所得结果与传统测度方法相对比。如此可为应用内生权重空间随机前沿模型提供一个真实示例，还能再度验证该拓展模型的实用性。

## 第三节 研究思路与方法

### 一 研究思路

本书的研究思路如图1-1所示，大致呈现出发现、分析并解决问题的线性结构。

---

① 当然，随着大数据的逐渐丰富和可获得性的持续提升，这一论断终会被打破。但在效率分析和生产率分析领域，目前使用到大数据的实证研究依然相对匮乏。尤其是以中国区域经济体为研究对象的文献，样本内决策单元的数目多数不超过35个（省级行政区划）或300个（地市级行政区划）。

第一章　绪论

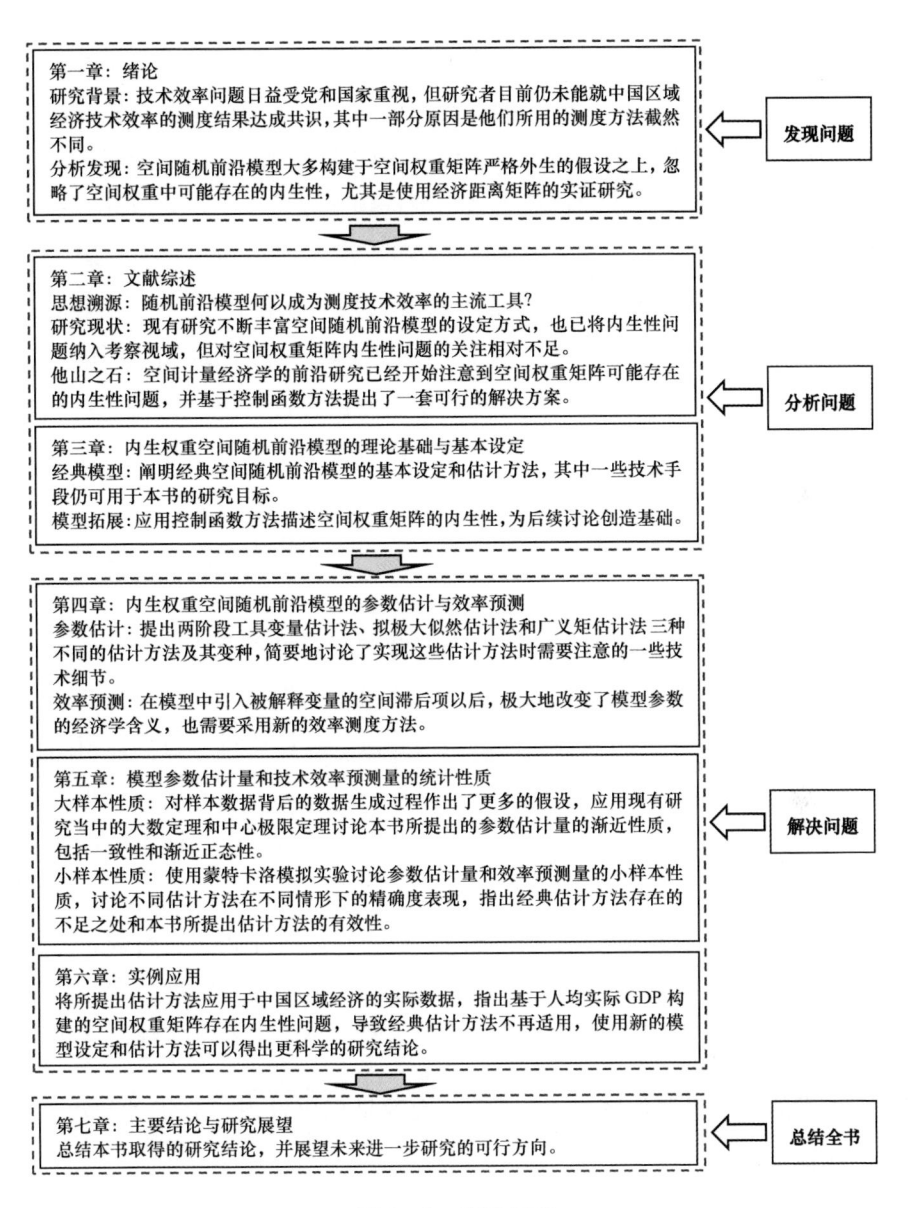

```
┌─────────────────────────────────────────────────┐
│ 第一章：绪论                                      │
│ 研究背景：技术效率问题日益受党和国家重视，但研究者目│ ← 发现问题
│ 前仍未能就中国区域经济技术效率的测度结果达成共识，│
│ 其中一部分原因是他们所用的测度方法截然不同。      │
│ 分析发现：空间随机前沿模型大多构建于空间权重矩阵严│
│ 格外生的假设之上，忽略了空间权重中可能存在的内生性，│
│ 尤其是使用经济距离矩阵的实证研究。                │
└─────────────────────────────────────────────────┘
                        ↓
┌─────────────────────────────────────────────────┐
│ 第二章：文献综述                                  │
│ 思想溯源：随机前沿模型何以成为测度技术效率的主流工具？│
│ 研究现状：现有研究不断丰富空间随机前沿模型的设定方│
│ 式，也已将内生性问题纳入考察视域，但对空间权重矩阵│ ← 分析问题
│ 内生性问题的关注相对不足。                        │
│ 他山之石：空间计量经济学的前沿研究已经开始注意到空│
│ 间权重矩阵可能存在的内生性问题，并基于控制函数方法│
│ 提出了一套可行的解决方案。                        │
├─────────────────────────────────────────────────┤
│ 第三章：内生权重空间随机前沿模型的理论基础与基本设定│
│ 经典模型：阐明经典空间随机前沿模型的基本设定和估计│
│ 方法，其中一些技术手段仍可用于本书的研究目标。    │
│ 模型拓展：应用控制函数方法描述空间权重矩阵的内生性，│
│ 为后续讨论创造基础。                              │
└─────────────────────────────────────────────────┘
                        ↓
┌─────────────────────────────────────────────────┐
│ 第四章：内生权重空间随机前沿模型的参数估计与效率预测│
│ 参数估计：提出两阶段工具变量估计法、拟极大似然估计│
│ 法和广义矩估计法三种不同的估计方法及其变种，简要地│
│ 讨论了实现这些估计方法时需要注意的一些技术细节。  │
│ 效率预测：在模型中引入被解释变量的空间滞后项以后，│
│ 极大地改变了模型参数的经济学含义，也需要采用新的效│
│ 率测度方法。                                      │
├─────────────────────────────────────────────────┤
│ 第五章：模型参数估计量和技术效率预测量的统计性质  │
│ 大样本性质：对样本数据背后的数据生成过程作出了更多│
│ 的假设，应用现有研究当中的大数定理和中心极限定理讨│ ← 解决问题
│ 论本书所提出的参数估计量的渐近性质，包括一致性和渐│
│ 近正态性。                                        │
│ 小样本性质：使用蒙特卡洛模拟实验讨论参数估计量和效│
│ 率预测量的小样本性质，讨论不同估计方法在不同情形下│
│ 的精确度表现，指出经典估计方法存在的不足之处和本书│
│ 所提出估计方法的有效性。                          │
├─────────────────────────────────────────────────┤
│ 第六章：实例应用                                  │
│ 将所提出估计方法应用于中国区域经济的实际数据，指出│
│ 基于人均实际GDP构建的空间权重矩阵存在内生性问题， │
│ 导致经典估计方法不再适用，使用新的模型设定和估计方│
│ 法可以得出更科学的研究结论。                      │
└─────────────────────────────────────────────────┘
                        ↓
┌─────────────────────────────────────────────────┐
│ 第七章：主要结论与研究展望                        │ ← 总结全书
│ 总结本书取得的研究结论，并展望未来进一步研究的可行│
│ 方向。                                            │
└─────────────────────────────────────────────────┘
```

图 1-1　研究思路

## 二　研究方法

针对主要研究内容与拟解决的关键问题，本书计划采用如下研究方法来加以实现。

第一，文献调研法。通过收集、阅读和总结空间计量经济学和随机前沿分析领域内的前沿文献，捕捉到空间权重矩阵的内生性问题逐渐成为近期的研究热点之一，同时发现该问题尚未引起随机前沿分析领域内研究者的足够重视，以此构成了本书的选题来源之一。除此以外，本书构建模型、估计参数和预测效率的主要手段均参考借鉴于已有文献。

第二，数值优化法。无论是两阶段工具变量估计法、广义矩估计法，还是拟极大似然估计法，均可以转化为某个特定的最优化问题。不过对于拟极大似然估计法而言，由于模型的复合扰动项的设定形式相对复杂，无法根据模型对数似然函数的一阶条件直接推导出参数估计量的解析解，只能基于数值优化方法求得其近似解，并使用数值梯度构造信息矩阵以取得参数估计量的方差—协方差矩阵。具体求解过程可使用开源统计软件 R 语言来编程实现。

第三，蒙特卡洛模拟实验法。本书针对不同的实验情景，分别设计其数据生成过程并利用随机数生成器产生模拟随机抽样样本，并在此基础上应用本书所提出的三种不同的估计方法，并将所得参数估计值与参数真值进行对比，通过均方根误差、绝对偏差和标准差等评价准则描述参数估计值的精确度，以此评价本书所提出估计策略在小样本情形下的有效性。

第四，实证分析法。使用中国城市级面板数据开展实证研究，分别建立经典的空间随机前沿模型和内生权重空间随机前沿模型，在完成模型参数估计后进行对比分析。通过统计检验程序确定本书所提出改进模型的合理性，并就估计结果做更进一步的说明与解释。

第五，实地考察法。笔者在学期间曾前往东北老牌工业城市哈尔滨、科尔沁文化发祥地通辽、中国政治文化中心北京、中部资源枯竭城市景德镇、沿海发达城市深圳等地开展实地考察，了解到欠发达区域积极承接产业转移的热情和产业基础薄弱无力承接高端产业之间的矛盾，环境保护、能耗约束与经济增长之间的两难抉择，临近区域内核心城市却少有扩散效应、多是虹吸效应的困境。感觉确有技术效率壁垒横亘在发达区域与欠发达区域之间，限制了先进生产工艺和管理经验的自由流动，延缓了早日实现共同富裕的历史进程。

## 第四节　主要创新点

第一，构建出一个内生权重空间随机前沿模型。本书在内生权重空间计量模型中引入服从半正态分布的技术无效率项，并通过一个控制函数刻画空间权重矩阵的内生性。该模型能够在一定情形下退化为传统的空间自回归随机前沿模型，可以通过适当的假设检验程序来判断空间权重矩阵内生性的严重程度，具备较强的实用性。

第二，完成了内生权重空间随机前沿模型的参数估计。本书分别运用两阶段工具变量估计法、广义矩估计法和拟极大似然估计法完成了模型的参数估计，提供了三种不同的模型参数估计量。这些估计量对应不同的前提假设，在实例应用中，可以依据具体情景选择最合适的一个，为应用本书所提出拓展模型的后续研究提供了一定的灵活性。

第三，验证了模型参数估计量的大样本性质。尽管拓展空间随机前沿模型设定形式的文献十分丰富，但其中大部分文献都在给出模型设定和估计方法后不加证明地直接应用于实例分析，小部分文献仅通过蒙特卡洛模拟实验简单地讨论了估计量的小样本表现，少有文献专门验证了参数估计量的大样本性质。之所以会出现这种现象，是因为用于讨论空间面板数据模型非线性参数估计量大样本性质的工具在近十余年内才有了较快的发展，此前的相关研究主要集中在横截面数据模型的线性估计量之上（Xu，Lee，2019）。本书基于空间近邻相依随机场的特殊性质证明了参数估计量的大样本性质，能够为相关研究提供一定的启示。

第四，实例应用了内生权重空间随机前沿模型。在现有空间随机前沿模型的实证研究当中，讨论到投入变量内生性问题的文献十分丰富，但是提及空间权重矩阵内生性的文献相对较少，本书的探索性研究可为这个方向上的深入分析提供一定的参考依据。

# 第二章 文献综述

本章从技术效率测度方法、空间随机前沿模型、随机前沿模型中内生性问题及内生性空间权重矩阵四个方面的研究脉络展开论述,指出现有文献对内生权重空间随机前沿模型的关注相对较少,但相关领域内积累的研究手段可为构建并估计内生权重空间随机前沿模型提供丰富的借鉴与参考,其中基于工具变量的控制函数方法将是解决该问题的关键技术。

## 第一节 技术效率测度方法的发展脉络

### 一 经济效率的思想萌芽

效率思想贯穿人类文明发展史长河。早在远古时期,人类先祖很早便发现分工合理的多人捕猎小队所获得的成果远超所有个体单打独斗的总和,为提升族群长久延续的概率而默契地选择了集体生活。当社会生产力发展到允许生产资料私有制存在时,人们发现专注于生产某一类物品并以此交换其余的生活必需品,比自己制造所有物品更为有利,直接刺激了商品经济的产生与发展。公司制企业产生于高度发达的市场经济,其自主经营自负盈亏,在激烈的市场竞争中不进则退,生产经营效率较高者能够取得一定的竞争优势并得以继续生存,效率低下者则终会被淘汰出局。诸如公立学校、公办医院等非营利性组织和政府政务服务大厅中同样存在效率问题,效率高者表现为在相同预算约束下能够提供更高质量的服务。

## 第二章 文献综述

经典的经济增长理论缺乏效率分析的学理基础。罗伯特·索洛（Robert Merton Solow）提出的索洛经济增长模型是现代经济增长理论的基石，其假设经济体内存在一个代表性厂商或所有厂商均为同质性厂商，这些厂商在给定相同投入时的产出量同样相等，意味着所有厂商都位于生产前沿面上，即它们都是相对有效的（Solow, 1956）。该模型的另一条完全竞争市场假设要求厂商在强大的市场竞争压力下，必须充分利用劳动力、资本等生产要素，并以此实现在当前技术条件下受物理规律制约的最大产量，换言之，所有厂商都实现了绝对的技术有效。索洛增长模型的基本假设隐含地认为经济体已然处于充分有效的状态，完全忽略了经济无效率可能的存在性。后续的研究者陆续地放松了索洛增长模型的其他假设，比如 F. Ramsey 允许储蓄率由内生决定而不是外生给定的常量参数，[①] 索洛将哈罗德中性技术进步调整为希克斯中性技术进步，N. Mankiw 等在新古典生产函数中引入人力资本，能够更好地解释不同国家之间的人均收入差距，P. Romer 放松了要求资本边际产量递减的稻田条件，将前述模型假定的外生技术进步内生化（Ramsey, 1928; Solow, 1957; Mankiw et al., 1992; Romer, 1986）。不过这些拓展模型依然在很大程度上保留了同质性厂商假设和完全竞争市场假设，和索洛增长模型一样无法描述经济无效率，从而使得"主流"经济学长期将效率分析排除在研究框架之外。

关于经济效率是否为伪命题的早期思想争鸣。J. Hicks 指出垄断厂商缺乏市场竞争压力，没有足够动力去充分利用生产要素，其生产效率远低于完全竞争厂商，这一论断得到了许多学者的认同（Hicks, 1935; De Alessi, 1974; Lindsay, 1976）。H. Simon 认为现实世界当中的厂商仅具备有限理性，即便是在完全竞争市场条件下，依然无法获取完备信

---

[①] F. Ramsey 的思想对于当时的经济学界而言过于超前，影响力相对有限。作为其特例形式的索洛模型在设定形式上相对简单，但对诸多经济增长典型事实具备较强的解释力，反被公认为经济增长理论的开山之作。D. Cass 和 T. Koopmans 在尝试拓展索洛模型的过程中重新发掘并肯定了拉姆齐模型的学术价值，由此便产生了发表在前的拉姆齐模型拓展了发表在后的索洛模型这一奇特现象（Ramsey, 1928; Solow, 1956; Cass, 1965; Koopmans, 1965）。

息或具有足够能力实现最优生产，不可避免地出现一定程度的非效率（Simon，1955）。H. Leibenstein 更加具体地指出大型企业可能由于委托代理问题、组织臃肿、监管困难等原因而处于低效率状态，并将因这些企业内部因素诱发的低效率统称为 X 非效率（Leibenstein，1966）。G. Stigler 和 L. Alessi 则认为 X 非效率只是因建模不完全而产生的伪命题，厂商在相同投入下的绩效表现（产出或利润）完全由个体的异质性决定，绩效差异的根源在于个体所处的前沿面不同，而非个体在同一前沿面上存在效率差距，不能因个体异质性的难以观测而将其草率地归为效率因素（Stigler，1976；De Alessi，1983）。尽管两种观点的交锋尚未形成定论，效率分析的理论基础依然相对薄弱，但经营管理实践当中的现实诉求还是促使着效率分析领域不断向前发展（Perelman，2011）。T. Koopmans 首次提出一个技术有效的正式定义并沿用至今，即厂商在不减少另一种产品的产量或增加投入的情形下，无法生产出更多的任意一种产品，否则厂商存在一定的技术无效率（Koopmans，1951）。

## 二 效率测度的早期探索

基于距离函数的简易测度方法。G. Debreu 接受了 T. Koopmans 关于技术有效的定义，最早提出一种测度多投入多产出厂商生产效率的方法（Debreu，1951；Koopmans，1951）。具体做法：首先依据样本内所有厂商的投入产出组合构建一个生产技术可行集，然后在评价具体某个厂商的生产效率时，尽可能多地径向扩张该厂商的所有产出量，同时保证新的投入产出组合依然在技术可行集当中，所得扩张倍数的倒数即为生产效率评价值。[①] R. Shephard 使用类似的思路研究生产效率，但与 G. Debreu 的不同之处在于，其使用所有投入最大可能径向缩减的比例来描述生产效率，并将该比例值定义为厂商当前投入产出组合到前沿面的距离函数（Debreu，1951；Shephard，1953）。这些文献只提出了效

---

① 取倒数是为了将生产效率评价值的取值范围限制在 0—1，更加契合我们对于效率值的直观感受。

率测度方法，却没有使用真实数据开展实证研究。M. Farrell 最早将该方法付诸实践，研究表明美国各州农业部门的效率水平都相对较高，但同时也发现随着投入变量的逐渐增加，所有决策单元的技术效率水平都会随之提高，暴露出该方法难以处理高维数据的短板（Farrell，1957）。该研究方法能够在图形上绘制出由一系列折线构成的生产前沿面，但无法给出该前沿面的具体表达式，实质上是一种无须设定生产前沿面函数形式的非参数方法。

忽略随机冲击的确定性前沿分析方法。D. Aigner 和 S. Chu 接受 M. Farrell 将厂商实际产量与前沿面之间的差距完全归咎于技术无效率的设定，但认为生产前沿面的可解释性同样非常重要，进而将生产前沿面设定为柯布—道格拉斯型生产函数，限定模型的扰动项不得大于 0，最后使用数学规划方法求得模型参数估计值并测度技术效率（Farrell，1957；Aigner，Chu，1968）。W. Seitz 指出 D. Aigner 和 S. Chu 模型除了测度技术效率，还能够用于研究规模效率和技术进步，具备较强的实用性（Aigner，Chu，1968；Seitz，1971）。S. Afriat 采用了 D. Aigner 和 S. Chu 的设定形式，但假设模型扰动项服从贝塔分布，进而使用极大似然估计完成模型的参数估计，该模型拓展为引入假设检验提供了统计基础（Aigner，Chu，1968；Afriat，1972）。P. Schmidt 指出 D. Aigner 和 S. Chu 所提出的两种线性规划估计量分别等于模型扰动项被设定为指数分布和半正态分布时的模型参数极大似然估计量，尽管这两个似然估计量的统计性质同样尚不明确，但该项研究将技术效率与单侧分布紧密地联系起来了（Aigner，Chu，1968；Schmidt，1978）。这些确定性前沿分析方法未在模型中引入白噪声项，忽略了外生随机冲击可能会对生产活动产生的影响，D. Aigner 等尝试调整了经典生产函数模型的设定，将模型的白噪声项以 0 为界区分为正负两部分，并对其赋予不同的权重，若两权重相等则模型转化为经典生产模型，若负扰动项权重为 1 则模型转化为确定性前沿模型，其余情形便代表了白噪声项和技术无效率项混杂共存（Aigner et al.，1976）。该模型仅能在两部分扰动项各自所占权重已知的情形下才能取得模型参数估计量，权重未知时无法完成参数估

❖ 内生权重空间随机前沿模型的估计与应用

计，极大地限制了其适用范围。

基于数学规划的数据包络分析（DEA）方法。A. Charnes 等注意到 M. Farrell 的效率测度方法中使用了大量的矩阵求逆运算，而这些运算可以使用普通的线性规划问题予以替代并求解，有效地简化了测度厂商技术效率的全流程，并促使数据包络分析在效率分析领域大为流行（Farrell，1957；Charnes et al.，1978）。Banker 等放松了经典 DEA 关于规模经济不变的假设，允许规模经济可变并同时测度厂商的技术效率和规模效率（Banker et al.，1984）。经典 DEA 不具备任何可靠的统计属性，R. Banker 则证明了如果为技术无效率项添加合适的分布设定，可将技术效率估计值表示为模型的极大似然估计值且具备一致性和渐进正态性，进而能够使用假设检验程序来判断某个决策单元是否比另一个决策单元更为有效（Banker，1993）。DEA 方法基本上覆盖了确定性前沿分析方法的使用场景，其优势在于非参数估计无须提供过多过紧的前提假设，但其同样存在无法充分利用面板数据的丰富信息和难以纳入专家关于生产函数的先验知识等短板，为后续随机前沿模型的兴起与发展留出了广阔空间（Hjalmarsson et al.，1996）。

### 三 随机前沿模型的兴起

D. Aigner 等与 W. Meeusen 和 J. van den Broeck 几乎同时各自独立地提出了随机前沿模型，他们为确定性生产前沿面添加了一项高斯白噪声，同时设定技术无效率项服从半正态分布或指数分布，该模型能够刻画产出量的测量误差和外生随机冲击对生产前沿面的影响，由此得名随机前沿模型（Aigner et al.，1977；Meeusen，van den Broeck，1977）。随机前沿模型满足了极大似然估计的所有正则条件，具备良好的大样本性质，但在提出之初尚不能直接测度决策单元的技术效率，只能通过检验技术无效率项分布参数的显著性来判断样本内厂商是否存在技术无效率。L. Lee 和 W. Tyler 使用技术无效率项的数学期望表征样本内所有厂商的平均技术效率，J. Jondrow 等提出在获得模型残差项后，可以使用技术无效率项条件期望或条件众数的指数函数来刻画特定厂商的技术效率水平，G. Battese 和 T. Coelli 则指出技术无效率项指数函数的条件期望才是厂商技术无效率水平的最优预测量（Lee，Tyler，1978；Jondrow et al.，1982；Battese，Coelli，1988）。W. Wang 等分析了 J. Jondrow 等研究中效率预测值在不同情形下的分布情况，建议使用皮尔森卡方检验或 Kolmogorov-Smirnov 检验来判断特定厂商技术效率的显著性（Jondrow et al.，1982；Wang et al.，2011）。这些研究大大地提升了经典随机前沿模型的实用性，但促使随机前沿模型成为计量经济学领域内测度效率的标准工具的另一关键原因在于其易于拓展。

随机扰动项的分布设定逐渐丰富。经典随机前沿模型假定白噪声项和技术无效率项分别服从正态分布和半正态分布，则复合扰动项偏度为负，导致一些残差项样本偏度为正的实证研究无法准确地测度厂商的技术效率（冯冬发等，2021），可另选其他分布设定以规避此正偏度问题。R. Stevenson 与 W. Greene 分别将技术无效率项的分布设定从半正态分布和指数分布拓展到其广义形式，即截断正态分布和伽马分布（Stevenson，1980；Greene，1980）。一些更加复杂的分布设定也相继被提出，如皮尔逊分布（Lee，1983）、贝塔分布（Gagnepain，Ivaldi，2002）和双重截断正态分布（Almanidis et al.，2014）[①] 等。还有一些研究尝试调整白噪声项的分布设定，比如 W. Horrace 和 C. Parmeter 将其设定为拉普拉斯分布，使得模型参数估计量具备更强的稳健性（Horrace，Parmeter，2018）；P. Wheat 等将其设置为 t 分布以便更好地刻画极端异常值。尽管这些拓展模型各自拥有一些理论上的好处，但它们的估计方法复杂，且效率测度结果无论是在绝对数值还是相对排名上都与经典模型差别不大（Greene，1990；Kumbhakar，Lovell，2000；Wheat et al.，2019），故而在实证研究中的流行度始终不及经典的正态—半正态分布设定。

---

① 双重截断正态分布是在截断正态分布的基础上再设置一个上界，概率密度函数中超过该上界的部分将会被截断为0。设置该分布设定的理论基础：效率过低者将会被市场竞争淘汰，故而存活下来并得以出现在样本当中的决策单元的技术效率应当存在下界。换言之，技术无效率水平理应存在上界。

❖ 内生权重空间随机前沿模型的估计与应用

　　面板数据随机前沿模型快速发展。M. Pitt 等在随机效应和固定效应框架下提出首个随机（固定）效应随机前沿模型，能够利用决策单元重复观测多期的样本数据更有效地估计技术效率，但两者均假定技术效率无时变性，且无法与个体异质性区分开来（Pitt, Lee, 1981; Schmidt, Sickles, 1984）。C. Cornwell 等最早提出时变效率随机前沿模型，但限定效率变化轨迹为二次多项式，即仅有单调递增、单调递减、先增后减和先减后增四种不同的变化模式（Cornwell et al., 1990）。W. Greene 提出了两类真实个体效应随机前沿模型，允许厂商技术效率存在时变性且不限制其变动轨迹，还能将个体异质性从技术效率当中剥离出来，巧妙的模型设计使其逐渐成为应用范围最广的面板数据随机前沿模型（Greene, 2005）。R. Colombi 等认为厂商的技术效率有长短期之分，比如工厂的超负荷运转能够在短时间内提升技术效率，但它显然无助于提升长期技术效率，长期技术效率一般与政府规制、企业所有制等难以调整的环境因素密切相关（Colombi et al., 1990）。他们在此基础上提出了一个包括个体效应、长期技术无效率、白噪声、短期技术无效率四部分随机扰动项的面板数据模型，是前述所有模型的广义形式，不过在实证研究中一般会依据研究者的专家知识选择一个估计方法更容易实现的精简模型。

　　模型参数估计方法日趋复杂。使用牛顿法求解经典模型参数的极大似然估计量时，一般使用 S. Afriat 提出的调整最小二乘估计量（MOLS）作为启动迭代算法的初始值，该方法保留了投入变量的最小二乘（OLS）估计量，并用 OLS 残差项的前三阶样本中心距来估算模型的截距项和随机扰动项的分布参数，MOLS 具备一致性，但不如极大似然估计量有效（Afriat, 1972）。一些分布设定相对复杂的拓展模型可能无法取得似然函数的解析解，W. Greene 提出了极大模拟似然法，即使用大样本抽样的样本均值来近似复杂的积分式，由此简化了似然函数的数学表达式（Greene, 2003）；E. Tsionas 指出随机变量的概率密度函数与其特征函数之间存在一一对应关系，且两相互独立变量相加构成的随机变量的特征函数是两者特征函数的乘积，可以使用快速傅里叶变换反推复合扰动项的概率密度函数，进而取得模型的对数似然函数（Tsionas，2012）。贝叶斯估计与极大似然估计同属参数化估计方法，J. van den Broeck 等假设随机前沿模型两部分随机扰动项的分布参数均服从伽马分布，并基于贝叶斯定理推导出所有模型参数的后验分布，由于其并不存在解析解，故而建议使用吉布斯抽样获取感兴趣的统计量（van den Broeck et al., 1994）。也有学者认为经典模型关于生产函数形式的设定可能并不准确，进而主张在半参数估计框架下测度厂商的技术效率（Fan et al., 1996；Prokhorov et al., 2021）。S. Kumbhakar 等最早提出随机前沿模型的非参数估计方法，其使用样本点的局部平均来近似生产函数，并假定随机扰动项分布参数是协变量的未知函数，估计结果具有较强的稳健性（Kumbhakar et al., 2007）。许多学者仍在不断探索非参数估计方法的理论性质，但在实证研究中的应用依然相对有限（Prokhorov et al., 2021）。

## 第二节 空间随机前沿模型的研究综述

### 一 空间随机前沿模型的早期发展

决策单元改善技术效率的重要途径之一是向其空间近邻学习先进经验，可通过检验个体之间技术效率空间溢出效应的显著性来判断该机制的存在与否。早期文献多依直觉采用"两步法"完成相关研究，即首先使用经典随机前沿模型测度出决策单元的技术效率水平，然后在测度结果的基础上构建空间计量模型，最后依据空间滞后项对应参数的显著性水平得出研究结论（Driffield，Munday，2001）。该研究策略的主要弊端在于，如果实证结果认为技术效率存在空间相关性，则意味着测度技术效率的非空间随机前沿模型忽略了技术效率的空间溢出效应，产生了模型误设问题，将严重影响效率测度结果的精确度和相应研究结论的可信度，应当在测度技术效率时便将空间溢出效应考虑在内以规避此遗漏变量问题。

V. Druska 和 W. Horrace 提出了首个空间随机前沿模型，其假定决策单元的生产率之间存在空间关联性，即模型的随机扰动项应当包含自身的空间滞后项，据此构建一个固定效应空间误差模型（Druska，Horrace，2004）。他们使用广义矩估计法取得模型参数估计量，将不具备时变性的个体异质性完全视为技术无效率项，并借鉴 P. Schmidt 和 R. Sickles 的研究方法计算各个决策单元的技术效率水平，即令所有个体效应均减去其最大值并取指数，故而样本内必然存在一个或多个完全技术有效的个体，个体效应取值越小的决策单元对应技术效率水平越低（Schmidt，Sickles，1984）。该模型实质上是对经典空间计量经济学模型的再阐释，并未产生新的模型估计问题，将个体异质性完全等同于技术无效率的做法也有待商榷，但该研究发现忽略空间溢出效应会对技术效率预测值的绝对数值和相对排名产生较大的影响，是空间随机前沿模型这一研究领域的开端。

许多学者受到 V. Druska 和 W. Horrace 研究策略的启发，纷纷开始在效率测度的框架下阐释一些经典空间计量经济学模型的估计结果（Druska，Horrace，2004）。比如 A. Glass 等最早将被解释变量的空间滞后项引入随机前沿模型，构建出首个空间自回归随机前沿模型，实质上是将空间自回归双向固定效应模型当中的个体固定效应估计值视为个体无时变的长期技术无效率，并参考 C. Cornwell 等的研究策略从模型的残差项当中继续剥离出一项具有时变性的短期技术无效率，计算两者之和后使用 P. Schmidt 和 R. Sickles 的算法取得所有个体的技术效率预测值（Glass et al.，2013；Cornwell et al.，1990；Schmidt，Sickles，1984）。A. Glass 等使用类似的设定提出了一个空间随机前沿成本函数模型，更加具体地阐述了空间随机前沿模型的经济学含义，其借鉴了空间计量经济学当中的直接效应、间接效应和总效应的概念，提出直接效率、间接效率和总效率等术语并提供了具体的计算方法（Glass et al.，2013；2014）。L. Kutlu 和 U. Nair-Reichert 给出了 A. Glass 等模型的另一种估计方法，其移去了原模型当中关于随机扰动项的分布设定，但额外地假定样本内所有个体可以区分为若干组，且同一组内所有个体对于某个决策单元的空间溢出效应完全相同，发现该模型设定经转换后满足经典线性模型的所有假设，可以使用 OLS 获取模型参数的一致估计量（Glass et al.，2013；Kutlu，Nair-Reichert，2019）。J. Han 等认为在以区域经济体为研究对象的实证研究中，允许空间权重矩阵会随时间变化而变化要更加合理，进而将 A. Glass 等模型拓展为时变权重空间自回归随机前沿模型，并基于拟极大似然估计法完成了模型的参数估计（Glass et al.，2013；Han et al.，2016）。

上述模型设定均未对技术无效率项施加分布设定，具备较强的稳定性，但它们作为经典空间计量经济学模型的简易拓展，理论创新相对有限，实证研究中更为流行的仍是带有分布设定的随机前沿模型。M. Adetutu 等保留了经典随机前沿模型的分布设定，并将自变量的空间滞后项引入模型当中以刻画投入变量的局部溢出效应，提出了首个 SLX 随机前沿模型，该模型在设定形式上与经典模型完全一致，可以直接使用 D. Aigner 等的研究方法完成模型参数估计，在模型的创新性上依然有所欠缺（Aigner et al.，1977；Adetutu et al.，2015）。

## 二 空间自回归模型的提出与拓展

A. Glass 等将经典随机前沿模型拓展到面板数据情形下，并引入模型被解释变量的空间滞后项，构建出一个空间自回归随机前沿模型。该模型的复合扰动项服从均值非 0 的偏态分布，无法直接适用现有的经典估计策略（Glass et al.，2016）。他们使用雅可比式处理了因引入被解释变量空间滞后项而产生的内生性问题，利用集中的极大似然估计法获得模型的参数估计量，据此测度了样本内决策单元的技术效率水平，并描述了其空间聚集特征与空间溢出模式。该模型设定形式相对简单，估计方法容易实现，经济学含义明晰，并且由 F. Jin 和 L. Lee 证明了其模型参数估计量具备优良的大样本性质，逐渐成为许多后续研究的基准模型（Jin，Lee，2020）。

L. Kutlu 指出 A. Glass 等虽然设定了两部分随机扰动项的分布，但在计算决策单元技术效率时，依然使用了 P. Schmidt 和 R. Sickles 的无分布测度方法，没有充分利用模型设定的所有信息，从而提出了一种新的效率预测方法，在处理极端异常值时更加稳健（Schmidt, Sickles, 1984；Glass et al., 2016；Kutlu, 2018b）。A. Gude 等认为个体间空间溢出效应具备一定的异质性，将 A. Glass 等模型当中空间滞后项对应参数设置为一系列外生变量的函数，构建出一个广义空间自回归随机前沿模型，发现该模型能够精准地测度任意两个决策单元之间的非对称溢出效应，能够为政策制定者提供丰富的参考信息（Glass et al., 2016；Gude et al., 2018）。A. Billé 等认为被解释变量空间滞后项主要描述了所有厂商控制之外的共同随机冲击，技术无效率项的空间滞后项可以刻画管理经验、生产工艺等厂商可控因素的空间关联性，进而将 A. Glass 等模型的技术无效率项调整为空间自相关形式，可以更好地把握决策单元之间的空间溢出模式（Glass et al., 2016；Billé et al., 2018）。A. Glass 等认为决策单元可能同时位处多个空间网络当中，从而提出一个多权重矩阵空间自回归随机前沿模型，发现该模型可用于识别空间网络中心，即对其空间近邻具有较强辐射能力的"明星"个体（Glass et al., 2020）。

### 三 动态面板数据模型的近期探索

面板数据是针对相同个体重复观测多期形成的数据集，可用于刻画经济变量的动态波动特征，基于此构建的时空动态面板数据随机前沿模型也在近期取得了一些探索性成果。

任燕燕等在空间自相关随机前沿模型的基础上，引入被解释变量的时间滞后项和该时间滞后项的空间滞后项，允许模型的复合扰动项存在空间自相关性，构建出一个设定形式相对复杂的时空动态空间随机前沿模型，并使用广义矩估计法完成模型参数估计，研究发现模型参数估计量具备一致性，能够更客观地测度决策单元的技术效率（任燕燕等，2019）。

E. Barrios 等认为决策单元所受外生冲击具备一定的时间连续性，技术效率水平之间普遍存在空间关联性，进而将随机前沿模型的白噪声项调整为时间自相关形式，技术无效率项调整为空间自相关形式（Barrios et al.，2021）。他们基于混合回溯算法（hybrid backfitting algorithm）完成了模型参数估计，即首先在不考虑技术无效率项的前提下，使用广义最小二乘法获取投入变量和时间自相关项的对应参数，然后从模型残差当中分离出技术无效率项，最后使用空间计量经济学方法估计模型的剩余参数并预测决策单元的技术效率水平。模拟实验表明这一估计方法得到的模型参数估计值与极大似然估计量非常接近，但在方法实现上要更为简便。

## 第三节  随机前沿模型中的内生性问题

### 一  横截面数据模型中的内生性问题

经典随机前沿模型在提出之初，假设了模型当中不存在内生性问题，即解释变量严格外生或其与随机扰动项之间不存在相关性（Aigner et al.，1977）。在模型内生性问题日益受到重视的今天，不难找到一些论据说明这个外生性假设严重偏离了现实，违反了经典估计方法的前提假设，将影响模型参数和技术效率估计值的准确度（Mutter et al.，2013）。由于经典随机前沿模型拥有两部分不同的随机扰动项，故而其存在三种不同情形的内生性问题：解释变量与白噪声项相关、与技术无效率项相关、与复合扰动项相关。当然，如果前两种情形中任有一类存在，则解释变量便会和复合扰动项相关，可将这两类情形视为后者的简化形式。

产生内生性的原因较多。如果厂商可以在观测到外生随机冲击后再组织生产，则其生产要素投入组合必然与白噪声项相关，比如医疗器械行业在获悉新冠疫情全球大流行这一黑天鹅事件后会适当扩大生产，而电影院、迪厅、酒吧等人群密集型经营场所可能会减少资本投入。农户往往依据其对于气候变化的预测确定农作物品种和播种规模，决策单元的管理水平会影响其要素投入组合，但研究者无法直接观测到农户脑中的信念和决策单元的管理水平，只能将其归入白噪声项或技术无效率项，从而产生了内生性问题。如果厂商能够感知到自身的技术效率水平，则它们在组织生产时也会将其考虑其中，导致投入变量与技术无效率项相关，例如手工作坊一般不会追求超过其最大产能的潜在订单（Kumbhakar et al.，2020）。

C. Amsler等提出了一种简单的调整两步最小二乘法（M2SLS）来处理随机前沿模型的内生性问题（Amsler et al.，2016）。具体来讲，首先用内生性变量对工具变量做第一阶段线性回归，然后使用所得预测值代替原模型当中的内生性变量，最后使用S. Afriat提出的MOLS取得所有模型参数的估计值（Afriat，1972）。该方法不限定内生性问题的表现形式，即解释变量具体与哪一部分随机扰动项相关，拥有一定的稳健性。但是其关于技术无效率项的总体参数的估计量构建于模型残差项的三阶样本中心距之上，当其取值为正时，只能认为模型不存在技术无效率项，样本内个体均处于完全有效的状态。除此以外，该估计量显然也不如极大似然估计量有效。

L. Kutlu使用有限信息极大似然法（LIML）研究了解释变量仅与白噪声相关时的模型参数估计问题（Kutlu，2010）。他引入了一个内生变量对工具变量的线性回归式，使其与经典随机前沿模型共同构成了一个联立方程模型，并假设前者的随机扰动项与后者的白噪声项的联合分布为多元正态分布，如果两者的协方差矩阵不为0，则随机前沿模型存在内生性问题。两个回归方程的被解释变量在给定工具变量的条件下相互独立，进而可以推导出模型的对数极大似然函数。L. Kutlu指出可以使用两阶段估计实现模型参数估计，即首先使用OLS求得内生变量回归式的样本残差项，然后用其替换似然函数当中的总体扰动项，最后求解剩余所有参数的极大似然估计量（Kutlu，2010）。C. Amsler等则提出了一种单步估计策略，可以有效规避两阶段估计无法取得模型参数标准差一致估计量的缺陷，但计算过程的复杂度相对较高（Amsler et al.，2016）。

事实上，两阶段最小二乘法和有限信息极大似然法都是处理计量经济学模型内生性问题的常用方法，L. Kutlu等的研究可以视为这两类通用方法在随机前沿分析领域的自然推广（Kutlu，2010；Amsler et al.，

2016）。C. Hansen 等提出的矩法估计量则颇具巧思，他们指出经典模型对数似然函数的一阶条件可以视为三组不同的矩条件，从而可将极大似然估计量理解为广义矩估计量（Hansen et al.，2010）。其中有两组矩条件的具体形式仅与白噪声项和技术无效率项的分布相关，和两者与解释变量之间的相关关系无关，因而它们在模型存在内生性问题时依然保持不变。对于唯一会受到影响的那一组矩条件，可以使用工具变量替换其中的内生性解释变量，据此得到了一组新的矩条件，进而可结合前两组矩条件得到模型参数的广义矩估计量。

上述估计方法均要求研究者能够取得内生变量的工具变量，K. Tran 和 E. Tsionas 则认为模型产生内生性的根源在于部分解释变量与模型的复合扰动项之间存在相关性，如果可以直接使用 Copula 函数将两者之间的相关性描述出来，那自然没有必要去寻找工具变量（Tran，Tsionas，2015）。基于此，他们从经典的扰动项分布设定中推导出复合扰动项的分布函数，使用内生性变量的经验分布函数作为其分布函数，采用高斯 Copula 函数刻画两者之间的相关性，从而给出模型的对数似然函数，并利用极大似然估计法完成模型参数的估计。模拟实验表明，该估计量在小样本情形下具备较小的偏误和均方误差，具备一定的实用性。

## 二 同质面板数据模型的内生性问题

同质面板数据随机前沿模型虽然以面板数据为研究对象，但在模型当中并不设置个体效应，与横截面模型的设定形式非常相近，两者的主要区别在于，面板数据针对同一个体拥有多期观测数据，能够刻画决策单元技术效率的时变特征。早期的时变效率模型均假设技术效率变化轨迹服从某特定模式，比如 C. Cornwell 等要求技术效率水平是时间 $t$ 的二次函数，G. Battest 和 T. Coelli 则限定技术效率在某基准水平上以指数函数形式随时间单调变化（Cornwell et al.，1990；Battest，Coelli，1992）。这些模型设计没有引入新的内生性解释变量，不会产生新的内生性问题，可以直接应用前述针对横截面模型内生性问题所设计的各种处理办法。

G. Battese 和 T. Coelli 最早将技术无效率项的分布参数设定为一系列外生变量的线性组合，由于这些外生变量会随时间变化而变化，故而该模型也是一个时变效率模型，其突出的优点之一在于，能够在测度技术效率的同时识别出效率影响因素（Battese，Coelli，1995）。一般将这些外生变量称为环境变量（environmental variables），如果这些环境变量违背了外生性假设，与模型的随机扰动项之间存在相关性，就会产生一类的新的内生性问题。M. Karakaplan 和 L. Kutlu 较早在横截面模型中研究了这一类内生性问题，其借鉴 L. Kutlu 的做法引入一个内生变量对工具变量的回归式，并使用控制函数来描述该回归式的扰动项与随机前沿模型扰动项之间的相关性，最终基于极大似然估计法获得模型参数估计量（Kutlu，2010；Karakaplan，Kutlu，2017a）。该方法可以通过检验控制函数相应参数的联合显著性来判断内生性的存在与否，研究结果表明其参数估计量的精确度显著高于忽略内生性问题的传统估计方法。M. Karakaplan 和 L. Kutlu 将其研究策略拓展到面板数据模型当中，允许模型的投入变量和环境变量同时存在内生性问题，并使用类似的控制函数方法刻画模型的内生性问题（Karakaplan，Kutlu，2017b）。他们参考 H. Wang 和 C. Ho 的研究设计，将技术无效率项调整为一个纯随机变量与一个缩放函数相乘的形式，使其具备缩放属性（scaling property），大大地简化了模型对数似然函数的数学表达式，降低了求解模型参数估计量的最优化算法的复杂度（Wang，Ho，2010；Karakaplan，Kutlu，2017a）。

L. Kutlu 和 K. Tran 指出，虽然 K. Tran 和 E. Tsionas 的研究方法并不是专为处理环境变量内生性问题而设计的，但其同样可以用于处理这一类内生性问题，关键原因在于他们的处理办法并未限制内生性的表现形式，广泛地适用于部分解释变量存在内生性的情形（Tran，Tsionas，2013；Kutlu，Tran，2019）。他们首先参考 L. Kutlu 的研究策略获取模型的对数似然函数并计算其一阶条件，然后将所有一阶条件均视为模型需要满足的矩条件，接着将工具变量与随机扰动项正交这一假设转化为另一部分矩条件，最后基于这两部分矩条件取得模型参数的广义矩估计量（Kutlu，2010）。研究发现广义矩估计量与极大似然估计量的差别不大，但在计算方法的便利性上具有显著的优势。

W. Griffiths 和 G. Hajargasht 在贝叶斯分析的视角下研究了面板数据随机前沿模型的内生性问题（Griffiths，Hajargasht，2016）。他们首先构建出一个技术效率无时变模型作为基准模型，并假设技术无效率项与部分回归元相关，即模型存在内生性问题。然后沿着两个方向拓展该基准模型，一个方向是参照 R. Colombi 等的设定，将时变的短期技术无效率引入模型当中，将模型调整为时变效率模型，但仍只假设厂商的长期技术无效率与解释变量相关（Colombi et al.，2014）；另一个方向是，将非时变技术无效率直接调整为允许其随时间变化而变化，假设模型回归元同时与白噪声项和技术无效率项相关，且白噪声项和技术无效率项之间同样存在相关性，并要求存在数目不少于内生性变量个数的工具变量。最后假设模型参数的先验分布为伽马分布，基于贝叶斯方法完成模型参数估计并预测决策单元的技术效率。研究发现，贝叶斯估计在极端异常值较少时表现得非常稳健；当允许技术效率存在时变性时，测得的技术效率水平略低于无时变模型，但模型存在内生性问题的概率大幅降低了，因为检验模型内生性问题的统计量减小了。

L. Kutlu 指出上述方法均假设模型的随机扰动项服从某个特定分布，需要推导模型的似然函数并求解其一阶条件，在算法实现上的难度明显高于 C. Cornwell 等的无分布模型，建议在保留 C. Cornwell 等模型基本设定的前提下，将其技术效率变化模式调整为一些个体属性的线性函数，并允许这些个体属性和投入变量与随机扰动项相关（Cornwell et al.，1990；Kutlu，2018a）。该模型可以在取得工具变量的基础上，直接使用两阶段最小二乘法完成参数估计，更加简便。

### 三 异质面板数据模型的内生性问题

构建面板数据模型的关键动因之一在于刻画个体的异质性，研究同时包含个体异质性和内生性问题的面板数据随机前沿模型具有重要的现实意义，但相关文献目前尚不多。

Z. Guan 等在研究荷兰农业的过度投资问题时，参考过剩生产能力这一术语，创造性提出了资本过剩能力（excess capital capacity）的概念，即决策单位在其他投入固定的情形下，为实现某特定产量所需要资本的最优投入量与实际投入量之间的差值，差值越大便意味着决策单元的资本效率越低，越有可能存在过度投资现象（Guan et al., 2009）。相比于经典随机前沿模型从产出视角出发考虑所有投入要素的综合技术效率，他们从投入角度出发仅考虑资本这一种生产要素的技术效率，提出了一个投入前沿模型，即接受随机前沿模型的基本设定，但将模型的被解释变量调整为资本投入量，解释变量则修改为决策单元的产出量和除资本以外的其他所有生产要素。新的"投入生产函数"代表在固定其他要素投入量时，实现特定产出量所需要的最小资本投入量，由于厂商的资本实际投入量不可能低于该最优值，所以还需要修改技术无效率项的正负号。该模型包含了个体异质性，且因为资本投入量也会影响产出量而存在内生性问题。Z. Guan 等提出了一种两阶段估计策略，在第一阶段利用工具变量需要满足的所有矩条件获取生产函数对应参数的广义矩估计量，在第二阶段将第一阶段的模型残差项作为被解释变量，构建一个常规的随机前沿模型，并使用极大似然估计法取得所有剩余参数的一致估计量（Guan et al., 2009）。

L. Orea 和 J. Steinbuks 在研究利润最大化型厂商的市场力量时，使用厂商理论构建商品市场价格与厂商边际成本之间的关系：如果厂商处于完全竞争市场，两者相等；如果厂商身处卡特尔组织当中，两者之间的背离达到最大值；当厂商具备一定的市场垄断能力时，两者之间会出现一定程度的背离，但不会超过卡特尔上界（Orea, Steinbuks, 2018）。由于两者之间的背离具有上下界并且下界为 0，他们假设其服从 P. Almanidis 等设计的双重截断正态分布，结合传统的高斯白噪声项，可以构建一个同时存在个体异质性和解释变量内生性的随机前沿模型（Almanidis et al., 2014）。所用参数估计方法与 Z. Guan 等的研究策略基本相同，都是先基于工具变量构建广义矩估计量，[①] 再利用残差项实施极大似然估计，最后参考 J. Jondrow 等提出的条件期望来预测具体的厂商效率值[②]（Jondrow et al.，1982；Guan et al.，2009）。

L. Kutlu 等首次系统性地研究了异质性面板数据随机前沿模型当中存在的内生性问题。他构建出一个非常一般（general）的模型，在模型当中引入个体异质性并允许其随时间变化而变化，假设投入变量与环境变量之间存在重叠部分，且这两部分变量都存在内生性问题，是对 W. Greene 等模型的自然拓展（Greene，2005；Guan et al.，2009；Wang，Ho，2010；Kutlu et al.，2019）。他们的模型估计策略大致可分为三步，首先借鉴 H. Wang 和 C. Ho 的组内差分方法消去数目众多的个体效应，缓解附带参数问题（incidental parameters problem）；然后使用乔姆斯基分解获得随机前沿模型和控制函数两部分随机扰动项的协方差矩阵，并使用 LIML 取得相关模型参数的估计值；最后可从模型残差项当中反推出个体效应相关参数（Wang，Ho，2010）。模拟实验和实例应用均表明该模型设定具备较好的实用性，认为应在使用随机前沿模型开展实证研究时，适当注意个体异质性可能存在的时变性以及解释变量可能存在的内生性问题。

# 第四节　内生空间权重矩阵的研究进展

## 一　外生权重矩阵的理论积累

空间计量经济学与传统计量经济学之间的关键区别在于，前者着重关注决策单元在样本空间当中的位置，并将它们之间的空间交互作用纳入考察视域。在具体的建模当中，空间交互作用一般以决策单元空间近

---

[①] 由于两篇文献在研究目标和研究设计上存在一些差异，L. Orea 和 J. Steinbuks 与 Z. Guan 等具体用到的矩条件其实并不相同，比如前者要求工具变量与模型的随机扰动项正交，后者则要求工具变量与随机扰动项的一阶差分正交（Guan et al.，2009；Orea，Steinbuks，2018）。

[②] 在 L. Orea 和 J. Steinbuks 的实例应用当中，该技术效率值被解释为厂商市场力量的测度值（Orea，Steinbuks，2018）。

邻加权和的形式出现在模型的解释变量当中，所用的权重被称为空间权重，由所有空间权重构成的矩阵便被称为空间权重矩阵。依照惯例，决策单元自身不是它的空间近邻，故而空间权重矩阵的对角线元素全部为 0；要求甲地对乙地的影响与乙地对甲地的影响相同，所以空间权重矩阵一般为对称矩阵，对空间权重矩阵执行行标准化操作，即令矩阵每一行的元素之和均为 1 后，该矩阵不再保持对称性，所有元素之和等于样本内个体数目，但此时可以将变量的空间滞后项直观地理解为所有空间近邻相应变量的加权平均和（Anselin，1988）。由于行标准化后的空间权重矩阵可解释性更强，对模型参数空间的限制更简单，如无特别说明，一般默认空间权重矩阵均为行标准化后矩阵。当然，行标准化不是唯一获取上述好处的处理方式，H. Kelejian 和 I. Prucha 提出的整体放缩法是另一种备选的可行策略，即令矩阵内所有元素均除以某个固定系数，可以保持矩阵的对称性（Kelejian，Prucha，2010）。

早期文献大多依据某特定准则判断两个决策单元是否为空间近邻，并据此确定相应的空间权重。常见的例子包括：如果两个决策单元拥有一段特定长度或更多的公共边界、地理距离在一定阈值以内或 $A$ 是距离 $B$ 最近的 $K$ 个决策单元时取相应空间权重为 1，否则为 0；令空间权重为两个决策单元之间地理距离或其他广义距离的倒数（Harris et al.，2011）；样本内所有个体两两互为空间近邻且权重相等，即权重矩阵除主对角线元素外全为 1（Lee，2002）；位处同一群组内的所有个体均视为彼此的空间近邻且权重为 1，同时不同群组之间个体均不构成空间近邻，则空间权重矩阵为分块对角矩阵（Anselin，Arribas-Bel，2013）。一般依据一定的常识或经济学背景假设空间权重严格外生，比如两区域经济体之间的地理距离完全不受任何经济变量的影响，基于该地理距离构建的空间权重矩阵自然不存在内生性问题。

尽管 J. LeSage 和 R. Pace 指出在阐述实证结果的经济学含义，比如汇报直接效应和间接效应时，不同空间权重矩阵设置方式带来的影响并不大，但大部分学者依然认为妥善地设置空间权重矩阵非常关键，并提出了一系列用于在诸多备选项当中挑选出最合适权重矩阵的策略（Harris et al.，2011；LeSage，Pace，2014）。直观的做法是比较不同模型的拟合优度，并取拟合优度最大者对应的权重矩阵，如 L. Anselin 提出使用赤池信息准则（AIC）（Anselin，1988），X. Zhang 和 J. Yu 构建出一个拓展的马洛斯 $C_p$ 统计量（Mallow's $C_p$）（Zhang，Yu，2018）。还有一种可行的做法是，使用统计检验程序判断是否接受某个权重矩阵更合理的原假设，如 L. Gerkman 和 N. Ahlgren 提出了一种基于非嵌套模型的空间 J 检验来确定 K 最近邻空间权重矩阵的最优 K 值，主要思路是首先固定住某个特定常数 $K_0$，然后逐次递增或递减地列出所有权重矩阵，基于这些权重矩阵对应的模型构建一个拓展模型，使得这些模型备选项均成为该拓展模型的特例形式，最后可以通过调整 $K_0$ 的取值并判断相关参数的联合显著性来确定最优的 K 值（Gerkman，Ahlgren，2014）。N. Debarsy 和 C. Ertur 采用了类似的研究策略，可从任意外生权重矩阵备选项当中确定一个最合理的设定形式（Debarsy，Ertur，2019）。

N. Debarsy 和 J. LeSage 指出不同的权重矩阵设定能够刻画出空间交互作用的不同方面，任选某一个空间权重矩阵都会损失蕴含在其他设定形式当中的先验知识，进而提出了一种基于贝叶斯模型平均化的组合模型，能够更为全面地捕捉决策单元之间的空间关联性（Debarsy，LeSage，2018）。常见的空间权重组合方式都是凸组合，倾向于将所有可行的空间权重矩阵均纳入模型当中，会造成模型设定形式过于复杂且容易产生过拟合问题，H. Seya 等添加了一个关于模型复杂度的惩罚项，可以挑选出使得模型 AIC 最低的空间权重矩阵最优组合（Seya et al.，2013）。

## 二 构建权重矩阵的更多方法

上述研究中构造空间权重矩阵的方法较为简单，大多从朴素的0—1权重矩阵或地理距离矩阵出发，实施行标准化或整体放缩后进入计量经济学模型当中。事实上，依据所研究问题的特殊性或计量经济学理论的需要，学者们往往需要更加灵活的空间权重矩阵设定方式，甚至是允许权重矩阵包含一个或更多的模型参数。例如，P. Bodson 和 D. Peeters 假设决策单元之间的空间交互效应会随地理距离的增加而呈指数形式衰减，同时衰减的速度可由某个参数加以控制，即两个体之间的空间权重 $w_{ij} = \exp(-\theta d_{ij})$，其中 $d_{ij}$ 为地理距离，$\theta$ 为参数（Bodson，Peeters，1975）。

G. Meen 指出当模型的随机扰动项具有空间自回归结构时，残差项的方差—协方差矩阵与空间权重矩阵之间存在一定的对应关系，即 $E(uu') = (I - \rho W)\Sigma(I - \rho W')$，可以在施加适当的对称性约束和稀疏性约束后，基于非线性最优化程序推导出一个最优的空间权重矩阵，不过该方法多用于样本时期较长但样本内个体较少的面板数据集，即适用于构建低维度空间权重矩阵，比如4维、5维、7维、9维等（Meen，1996；Bhattacharjee et al.，2012）。

J. Pinkse 等最早提出了一种确定空间权重的半参数方法，即在保持线性回归假设的同时，将空间权重设置为地理距离的广义函数式，进而使用多项式拟合的非参数方法近似该抽象函数，并使用工具变量估计法实现模型参数估计（Pinkse，2002）。Y. Sun 同样使用非参数方法构建空间权重矩阵，但将影响空间权重的因素从地理距离拓展到外生解释变量，即决策单元之间的空间交互效应除与地理距离相关外，还与自身或空间近邻的个体属性相关（Sun，2016）。

### 三　内生权重矩阵的最新进展

在空间计量经济学研究当中，经济距离矩阵占据非常重要的地位，因为一般认为地理距离矩阵无法准确地描述决策单元之间的空间关联性，例如，北京到上海和到哈尔滨的公路距离相差不大，但两个城市对之间的空间关联性存在较大的差异，显然北京与上海之间的人员往来与信息交流要更加频繁而密切。研究者多假设决策单元位处抽象的经济空间当中，并使用经济水平差异（胡鞍钢、刘生龙，2009）、进出口贸易额（Qu et al.，2021）或交通运输成本（Shin et al.，2007）等指标作为经济距离的度量值，后在此基础之上构建空间权重矩阵。大多数实证研究假设这些经济距离矩阵为外生权重矩阵，但上述经济指标往往同时决定了模型的被解释变量和空间权重矩阵,导致后者存在内生性问题(Qu,Lee,2015)。事实上,使用地理距离矩阵同样可能会存在内生性问题,对于微观企业而言,其生产经营场所的位置选择可能是由其利润最大化目标决定的,倾向于靠近产业链的上下游企业,同时远离行业内主导性厂商,导致厂商之间的地理距离同样存在一定的内生性问题(Pinkse et al.,2002)。

H. Kelejian 和 G. Piras 最早注意到空间权重矩阵可能存在的内生性问题,并提出了一种基于工具变量的两步估计策略,即第一步构建空间权重矩阵对工具变量的回归式,取得空间权重矩阵的预测值后再代替原有空间计量经济学模型中的权重矩阵,第二步使用常规估计方法获得所有模型参数的估计值(Kelejian,Piras,2014)。X. Qu 和 L. Lee 认为,H. Kelejian 和 G. Piras 的研究没有深入探索空间权重矩阵产生内生性的具体原因,进而将空间权重表示为一系列内生变量的抽象函数,并假设这些内生变量存在数目充足的工具变量,从而构建出一个内生变量关于工具变量的线性回归方程式,若该回归方程的随机扰动项与原模型的随机扰动项不相关,则空间权重矩阵不存在内生性问题,反之则存在。他们在原模型当中添加了上述回归方程式的随机扰动项作为控制函数,可以通过检验这个控制函数对应参数的显著性来判断空间权重矩阵是否存在内生性问题(Kelejian,Piras,2014;Qu,Lee,2015)。完成内生权重模型的设定后,X. Qu 和 L. Lee 提出了三种不同的参数估计方法并分别证明了其大样本性质,模拟实验表明它们均拥有较好的小样本性质(Qu,Lee,2015)。

X. Qu 等将 X. Qu 和 L. Lee 的研究方法应用到动态面板数据模型当中,假设空间权重矩阵存在内生性问题并使用控制函数加以刻画,同时允许空间权重矩阵随时间变化而变化,即被解释变量空间滞后项对应空间权重矩阵与其时间滞后项的空间滞后项所用权重不同(Qu,Lee,2015;Qu et al.,2016)。该模型设定形式复杂,X. Qu 等提出了一种两阶段工具变量估计法,即第一阶段使用工具变量回归残差项替代控制函数,第二阶段取得模型参数的矩法估计量,理论推导和模拟实验分别证明了这些估计量具有良好的大样本性质和小样本性质（Qu et al.，2016）。X. Qu 等指出实证研究中存在不少构建于双向（bilateral）变量之上的空间权重矩阵，如 C. Ertur 和 W. Koch 将空间权重 $w_{ij}$ 设置为 $i$ 区域对 $j$ 区域的进口量，显然有 $w_{ij} \neq w_{ji}$，由于 X. Qu 和 L. Lee 的研究方法仅适用于单向经济变量的情形，从而借鉴其使用控制函数描述空间权重矩阵内生性的基本思想，但提出了一种新的两阶段极大似然估计方法，并应用 N. Jenish 和 I. Prucha 验证的一致大数定理和中心极限定理证明了该估计量拥有良好的渐近性质，模拟实验则发现不正确地忽略空间权重矩阵存在的内生性问题将会严重影响参数估计结果的准确性（Ertur，Koch，2011；Jenish，Prucha，2012；Qu，Lee，2015；Qu et al.，2021）。

S. Chakraborty 等在研究复杂系统的关系网络时，指出不同网络节点之间的关系结构与节点本身的属性高度相关，且这些节点属性可能不为研究者所知，进而提出使用一个潜在邻接矩阵来刻画个体之间的关联度（Chakraborty，2021）。他们构建模型的动因并不是解决某个特定的空间计量经济学问题，但其数学形式与 X. Qu 和 L. Lee 研究中的模型比较接近，不同之处在于他们使用贝叶斯方法取得模型参数估计量（Qu，Lee，2015）。X. Han 等构建出一个和 X. Qu 等模型设定形式相近的内生权重动态空间面板数据模型，不过同样是在贝叶斯估计框架下完成模型参数的估计，并使用模拟实验验证了这一估计策略的有效性（Qu et al.，2016；Han et al.，2021）。

## 第五节　文献述评与启示

通过梳理技术效率测度方法、空间随机前沿模型、随机前沿模型中内生性问题和内生空间权重矩阵的研究脉络，有如下发现。

第一，随机前沿模型逐渐成为测度技术效率的主流方法之一。尽管技术效率在经济学研究中长期处于"非主流"地位，但是其理论基础与方法论还是取得了长足的发展，目前形成了确定性前沿模型、DEA

和随机前沿模型等主要测度方法。前两者不包含白噪声项,对于极端异常值比较敏感、未能分辨外生随机冲击和技术效率、统计基础相对薄弱,随机前沿模型不仅克服了这些缺陷,而且能够通过非参数、半参数等方向的拓展提升稳健性,即获取前两者的关键优势。随机前沿模型发展至今,其模型设定形式与估计方法已非常丰富,广泛地适用于各类应用场景,其中最常用的模型设定和估计方法是经典的正态—半正态分布和极大似然估计,但与经典模型专为横截面数据设计不同,现有研究多采用面板数据模型。

第二,现有空间随机前沿分析文献对于权重矩阵内生性的关注不足。空间随机前沿模型借鉴空间计量经济学的基本思想,使用权重矩阵描述决策单元之间的空间交互作用,弥补了经典模型假设个体间彼此独立的不足,如今已形成了空间误差、SLX、空间杜宾和空间自相关等丰富的模型设定。A. Glass 等提出的空间自相关随机前沿模型能够刻画全局空间溢出效应,且兼具估计简单、内涵清晰等多方面优点,逐渐成为许多研究者改进空间随机前沿模型的基准模型,许多设定更加贴近现实但形式相对复杂的模型也相继被提出(Glass et al., 2016)。但从本书目前所收集的文献来看,这些研究大多构建于空间权重矩阵严格外生的假设之上,较少讨论空间权重矩阵存在内生性时会产生的不良后果及相应的处理办法。

第三,现有关于内生性问题的研究主要集中在投入变量上。随机前沿模型相比普通的生产函数模型多出了一项技术无效率项,在应用于面板数据时,还可以将个体异质性列入模型当中,复杂的模型设定大大提升了研究其内生性问题的难度。许多研究为将研究重心聚焦在内生性问题上,只能适当精简模型,比如不考虑个体异质性或假设个体效应无时变性,主要考察模型的投入变量与复合扰动项之间存在相关性时的参数估计方法。大部分估计方法均构建于工具变量之上,或是使用工具变量回归的预测值替换内生性变量,或是通过控制函数在模型中直接刻画变量的内生性,或是利用工具变量满足的矩条件构建广义矩估计量。尽管现有文献较少直接讨论空间权重矩阵的内生性问题,但其研究方法仍有很强的借鉴意义。

第四，空间权重矩阵的内生性问题开始引起学者们的重视。传统的空间计量经济学理论假设空间权重矩阵严格外生，这在许多情形下无法得到满足，忽略内生性问题会严重影响参数估计量的精确度。现有研究在处理空间权重的内生性问题时，所用估计策略与投入变量存在内生性问题时的方法相似，都是在获取充足工具变量的基础上，使用控制函数方法刻画相应的内生性，在全参数或半参数估计框架下取得模型参数估计量。尽管研究者们很少探讨空间随机前沿模型当中的内生权重问题，但他们的研究方法与估计策略仍可为实现本书的研究目标提供许多有益的借鉴与参考。

综上所述，本书拓展经典空间随机前沿模型以刻画权重矩阵的内生性，并结合使用控制函数方法和传统估计方法完成模型参数的估计，应当具备一定的创新性和可行性。

# 第三章　内生权重空间随机前沿模型的理论基础与基本设定

本章回顾了微观经济学的经典厂商理论，介绍了技术效率的正式定义与度量方法，概述了经典随机前沿模型的设定形式。针对经典模型忽略个体间关联性的缺陷，详细地阐述了构建空间随机前沿模型的主要动机，并简要说明了空间自回归随机前沿模型的构建方式。由于常见的空间随机前沿模型大多构建于权重矩阵的外生性假设之上，较少关注空间权重矩阵可能存在的内生性问题，本章的第三节便细致地说明了在模型当中刻画空间权重矩阵内生性的基本策略，为后文估计模型参数和讨论估计量的统计性质打下了坚实的基础。

## 第一节　随机前沿模型的理论基础

### 一　生产过程的抽象与建模

决策单元指的是投入 $M$ 种生产要素 $x = (x_1, \cdots, x_M)' \in \mathbb{R}_+^M$ 后能够将其转化为 $N$ 种不同商品或服务 $y = (y_1, \cdots, y_N)' \in \mathbb{R}_+^N$ 的抽象经济实体，其中的 $\mathbb{R}_+^M$ 和 $\mathbb{R}_+^N$ 分别代表由所有 $M$ 维和 $N$ 维非负实数向量构成的集合，生产过程便是将投入转化为产出的"黑箱"过程。例如，一氧化碳制备厂便是一个典型的决策单元，其使用资本购置厂房、气化炉等固定资产，焦炭、纯氧等原材料，自动加焦系统、气体冷却除灰系统等工业软件，雇用各类工种的技术工人和经营管理人员，经燃烧、冷却、净化、提纯等工序后获得一氧化碳制成品（何文辉，2000）。在研究该制备厂的生产过程时,一般将其简单地抽象为投入资本和劳动力并生产一氧化碳的双投入单产出型决策单元。物流公司向社会提供运力服务,将物品从出发地运送至目的地,并未生产出物理形态的商品,可以使用货物重量或体积与运输距离之积作为产出的度量值。区域经济体同样可以抽象为投入物质资本、人力资本、劳动力、数据等生产要素,产出GDP或高质量发展指数的决策单元。受当前生产工艺或物理规律的限制,决策单元往往无法实现所有的投入产出组合,可以给出决策单元生产技术可行集 $T$ 的定义如下:

$$T \equiv \{(y,x): 投入 x 能够生产出 y\} \quad (3-1)$$

经典的微观经济学厂商理论假设 $T$ 满足如下假设(Kumbhakar, Lovell, 2000)。

(1)投入一定量生产要素后可以完全无产出,即 $(0,x) \in T$。但决策单元需满足"没有免费午餐定理",不可以无中生有,即如果有 $(y,0) \in T$,则必然可推知 $y = 0$。

(2)$T$ 为闭集合。如果 $T$ 中存在某个序列 $\{(y_n,x_n)\}_{n=1}^{\infty} \to (y_0,x_0)$,即前者收敛至后者,则其极限点 $(y_0,x_0)$ 同样也位处生产技术可行集当中,由此保证了生产前沿面的存在性。

(3)$T$ 关于任意投入向量 $x \in \mathbb{R}_+^M$ 均为有界集合,排除了有限投入获得无穷产出的异常情形。

(4)若 $(y_0,x_0) \in T$,则固定投入 $x_0$ 可以产出更少的 $y_1 \leq y_0$,使用更多的投入 $x_1 \geq x_0$,也能实现原产出水平 $y_0$,即投入产出组合 $(y_1, x)$ 和 $(y,x_1)$ 均属于生产技术可行集 $T$。

(5)$T$ 为凸集合。如果有 $(y_1,x_1) \in T$ 和 $(y_2,x_2) \in T$ 同时成立,则对于任意常数 $\lambda$ 而言,当其满足 $0 \leq \lambda \leq 1$ 时,都会有 $(\lambda y_1 + (1-\lambda)y_2, \lambda x_1 + (1-\lambda)x_2) \in T$。

满足如上假设条件的生产技术可行集边缘光滑无破损、内部稠密无孔洞。一个典型的单投入单产出型决策单元生产技术可行集的简易示意如图3-1所示。

第三章　内生权重空间随机前沿模型的理论基础与基本设定

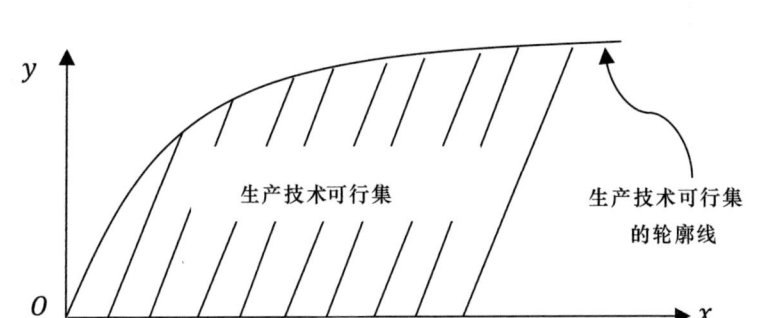

图3-1　单投入单产出型决策单元生产技术可行集的简易示意

与生产技术可行集 $T$ 密切相关的两个基本概念是投入可行集 $L(y)$ 和产出可行集 $P(x)$，其中 $L(y) \equiv \{x:(y,x) \in T\}$，代表由所有能够产出 $y$ 的投入要素组合 $x$ 组成的集合，由于 $L(y)$ 定义于生产技术可行集 $T$ 之上，故而其在 $T$ 满足前文所述基本假设后具备如下属性。

（1）任意非负的投入量均可获得0产出量，即 $L(0) = \mathbb{R}_+^M$。0投入量下不可能获得任意一种正数产出，即如果有 $y \geq 0$ 且 $y \neq 0$，[①] 则必然可推知 $0 \notin L(y)$ 成立。

（2）$L(y)$ 为闭集合。如果某个投入序列 $\{x_n\}_{n=1}^{\infty}$ 均能产出 $y$，且有 $x_n \to x$，则 $x \in L(y)$。

（3）有限投入不能获得无限产出。如果 $y$ 中存在任意分量为正无穷，则有限投入 $x \notin L(y)$。

（4）更多投入可以获得原产出水平，如果 $x_1 \geq x_0 \in L(y)$，则 $x_1 \in L(y)$。高产出水平对应的投入组合能够获得较低水平的产出量，如果 $y_1 \geq y_0$，则 $L(y_1) \subseteq L(y_0)$。

（5）对于任意的非负产出量 $y$ 而言，均有 $L(y)$ 为凸集合。

固定住产出水平 $y_0$ 后，可以绘制双投入单产出型决策单元生产技术可行集如图3-2所示。

---

[①] $y > 0$ 表示向量 $y$ 当中的所有分量均大于0，$y \geq 0$ 且 $y \neq 0$ 表示的是 $y$ 中至少存在某一个分量大于0。尽管从形式上来看，两种表达方式的含义是一样的，但实际上后者较前者能够更准确地表达文义。

❖❖ 内生权重空间随机前沿模型的估计与应用

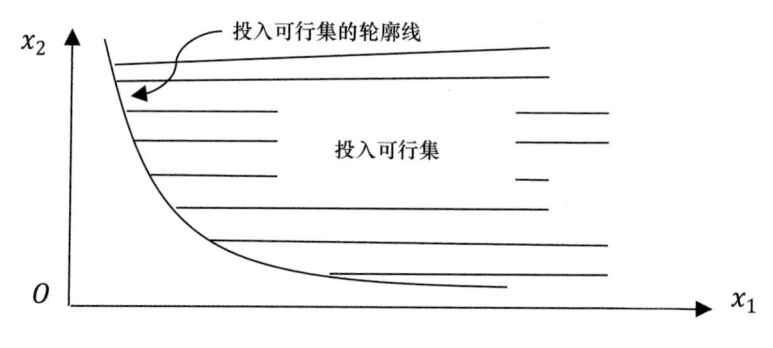

**图3-2 双投入单产出型决策单元生产技术可行集的简易示意**

如前文所述,图3-2当中的阴影部分和外侧轮廓线均代表同一产出水平 $y_0$,可将该轮廓线称为等产量线,其精确的数学定义为 $I(y) = \{x: x \in L(y), \lambda x \notin L(y), \lambda < 1\}$,意味着同时等比例缩减投入要素,或称径向缩减投入后,决策单元将不能再维持在原有产出水平上。与等产量集合相对应的一个概念是投入有效集合,即任意缩减某种投入后,决策单元都不能再维持在原有产出水平上,其具体数学定义为 $E(y) = \{x: x \in L(y), x_1 \notin L(y), x_1 \leq x\}$。由于径向缩减是缩减投入的一种形式,故而可以很自然地推知 $E(y) \subseteq I(y) \subseteq L(y)$,$I(y)$ 和 $E(y)$ 之间的联系与区别可以从图3-3中获得一些启示。

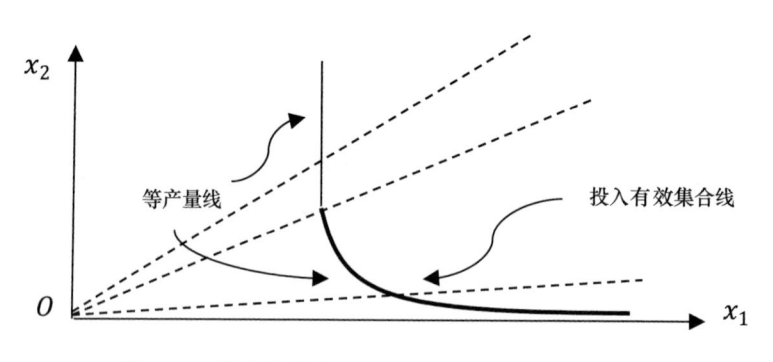

**图3-3 等产量线与有效投入集之间的联系与区别**

图3-3中粗线和细线上所有点的径向缩减路径都与原曲线仅有一个交点,也就是说这两条曲线都是等产量线 $I(y)$。注意到细线是一条

垂直线，它可以在保持投入要素 $x_1$ 不变时适当减少要素 $x_2$ 的投入，仍能得到原有产出量，无法满足投入有效集合 $E(y)$ 的定义，图 3-3 中的轮廓线仅有粗线部分才是投入有效集合 $E(y)$。从理论上来讲，投入有效集合的概念明晰，更加符合研究者对生产前沿面的直观理解，但是等产量线在实际操作中相对简单，反而应用面更广。$E(y)$ 与 $I(y)$ 之间的差异源自等产量线的曲线形态特征，如果取固定投入比例的列昂惕夫生产函数或超越对数生产函数，两者之间将存在一定差异；但如果取柯布—道拉斯生产函数，则两者无差异，也从侧面解释了柯布—道格拉斯生产函数的流行度。

产出可行集 $P(x) \equiv \{y:(y,x) \in T\}$，代表由投入 $x$ 可以产出的所有 $y$ 构成的集合，同样构建于生产技术可行集 $T$ 之上，具备一些与 $L(y)$ 相似的特殊属性，也能够定义出类似的等投入线和产出有效集合，但具体的推导过程与前文所述相差不大，此处不再展开论述。

### 二　技术效率的定义与度量

R. Shephard 最早提出使用距离函数来描述生产函数结构（Shephard，1953），并基于投入可行集和产出可行集分别定义了投入距离函数和产出距离函数，其中投入距离函数 $D_i(y,x)$ 的定义为：

$$D_i(y,x) = \max\{\lambda:(x/\lambda) \in L(y)\} \quad (3-2)$$

式（3-2）意指尽可能多地径向缩减投入，使得缩减后的投入产出组合 $(y,x/\lambda^*)$ 依然处在生产可行集 $T$ 当中。根据 $I(y)$ 的定义可知，此时必然有 $x/\lambda^* \in I(y)$，否则便意味着 $\lambda^*$ 存在进一步增长的空间，这将与距离函数的定义相悖。所以，距离函数 $D_i(y,x)$ 实际上描述的是当前投入产出组合 $(y,x)$ 距离等产量线 $I(y)$ 的距离，从图 3-4 中可以更为具体地看出这一点。

不难发现，投入变量 $(x_1^0,x_2^0)$ 的径向收缩线是其与坐标原点的连线，实线部分代表当前投入依然能够取得目标产量，但同时还存在进一步缩减投入的空间，虚线部分在决策单元的生产技术可行集之外，两者之间的临界点处在等产量线 $I(y)$ 之上，相应的缩减系数 $\lambda^*$ 即为投入变

❖ 内生权重空间随机前沿模型的估计与应用

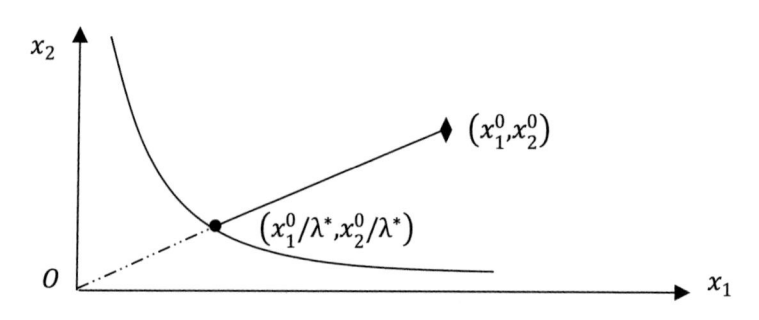

图 3-4 双投入单产出型决策单元距离函数与等产量线之间的关系

量 $(x_1^0, x_2^0)$ 与等产量线之间的距离。$D_i(y,x)$ 越大代表距离等产量线越远，越小则代表距离等产量线越近，最小的可能取值为 1，此时的投入组合将处在等产量线上。

等产量线与决策单元的投入前沿面之间存在一定的联系。当投入组合尚未处在等产量线上时，决策单元存在资源浪费现象。如果通过一定的手段将投入组合径向移动至等产量线上，表现为使用更少的投入获取了相同的产出水平，即生产要素的使用效率得到了提高，但同时也不可能再有进一步提升的空间了。G. Debreu 与 M. Farrell 注意到两者之间的联系（Debreu，1951；Farrell，1957），从而将等产量线上的投入要素组合视为技术有效的，称其为投入前沿面，并给出如下投入导向型技术效率的正式定义：

$$TE_i(y,x) = \min\{\theta : \theta x \in L(y)\} \qquad (3-3)$$

显然有 $TE_i(y,x) = 1/D_i(y,x)$，$TE_i(y,x)$ 的主要特点是取值范围为 $(0,1]$，更加符合人们对效率值的直观认知。当投入组合 $x \in I(y)$ 时，$TE_i(y,x)$ 取得最大值 1。对于单投入多产出型决策单元而言，可以给出投入前沿面的具体表达式为 $g(y) = \min\{x : x \in L(y)\}$，即在确定了目标产量 $y$ 以后的最小投入量，可以使用该最小投入量与决策单元真实投入量之间的比例 $g(y)/x$ 来表征其技术效率水平 $TE_i(y,x)$。不过在实际应用中，研究者多将决策单元抽象为多投入单产出型经济实体，定义其生产前沿面 $f(x) = \max\{y : y \in P(x)\}$，并将实际的产量 $y$ 与理想中最优产量 $f(x)$ 之间的比值 $y/f(x)$ 解释为产出导向型的技术效率

$TE_O(y,x)$。

### 三 经典模型的设定与估计

根据产出导向型技术效率 $TE_O(y,x)$ 的定义方式，可以很自然地给出其与决策单元的实际产量 $y$ 及生产前沿面 $f(x)$ 之间的关系式：

$$y = f(x)TE_O(y,x) \qquad (3-4)$$

在获取实际数据的基础上，使用计量经济学全参数方法测度技术效率 $TE_O(y,x)$ 时，需要为生产前沿面 $f(x)$ 设定一个合理的函数形式，一般将其设置为柯布—道格拉斯生产函数。此时等投入线与产出有效集合完全相同，G. Debreu 与 T. Koopmans 关于技术有效的定义能够保持一致（Debreu，1951；Koopmans，1951）。除此以外，$TE_O(y,x)$ 的取值范围为 $(0,1]$，可将其建模为 $\exp(-u)$，其中 $u$ 为不小于 0 的非负实数。对式（3-4）左右两侧取对数后可以得到如下确定性生产前沿模型：

$$\log y_i = \beta_0 + \sum_{k=1}^{K} \beta_k \log x_{ik} - u_i \qquad (3-5)$$

式（3-5）中的 $i = 1,\cdots,N$，代表决策单元的编号；$k = 1,\cdots,K$，代表生产要素的编号。相应的 $\log y_i$ 是第 $i$ 个决策单元的对数产出量，$\log x_{ik}$ 是第 $i$ 个决策单元的第 $k$ 种生产要素的对数投入量。$\beta_0$ 是模型的截距项，$\beta_k$ 代表第 $k$ 种生产要素的产出弹性。模型的随机扰动项 $-u_i$ 不是常见的高斯白噪声，而是恒不大于零的单侧扰动项。该模型设定与经典的生产函数模型非常接近，主要差别出现在随机扰动项的基本设定上。早期研究者主要尝试改造估计"平均"生产函数的最小二乘法，使其经过简单的修正或调整后，能够用以估计决策单元的生产前沿函数。比如，C. Winsten 最早提出了一种修正的最小二乘法（COLS），具体做法是使用最小二乘法取得所有模型参数的估计值，包括截距项 $\hat{\beta}_0$ 和投入要素的产出弹性 $\hat{\beta}_i$，但此时的模型残差项有正有负，无法满足模型中关于随机扰动项 $-u_i$ 恒不大于零的基本假设（Winsten，1957）。可令所有 OLS 残差项 $\hat{u}_i$ 均减去其最大值 $\max\{\hat{u}_i\}$，则有：

$$-\hat{u}'_i = \hat{u}_i - \max\{\hat{u}_i\} \qquad (3-6)$$

式（3-6）的变形使得模型残差项均不大于零，且至少存在一个决策单元对应的残差项为0。调整了残差项之后，同时还需要修正模型的截距项 $\hat{\beta}_0$，可令 $\hat{\beta}'_0 = \hat{\beta}_0 + \max\{\hat{u}_i\}$，即为它添加上 OLS 残差项所减去的常数值。决策单元技术效率预测值为 $TE_i = \exp(-\hat{u}'_i)$，自然会有 $0 < TE_i \leq 1$，且至少存在一个决策单元完全技术有效，即技术效率预测值等于1。

为更加细致地研究 COLS 与 OLS 之间的联系与区别，可以以单投入单产出型决策单元为例，将前者得到的生产前沿面与后者得到的"平均"生产函数都绘制在图 3-5 当中。[①] 不难看出，COLS 和 OLS 具有相同的斜率，即 COLS 认为决策单元的生产前沿面与平均水平生产函数具有相同的结构，这一点可能与现实世界的真实情况相违背；COLS 为将所有模型残差项均调整为不大于 0 的形式，其截距项相比 OLS 向上提升了较大的幅度，使得其更容易受到极端异常值的影响。尽管 COLS 存在的缺陷限制了其使用范围，但其无需设定随机扰动项的分布形式，具

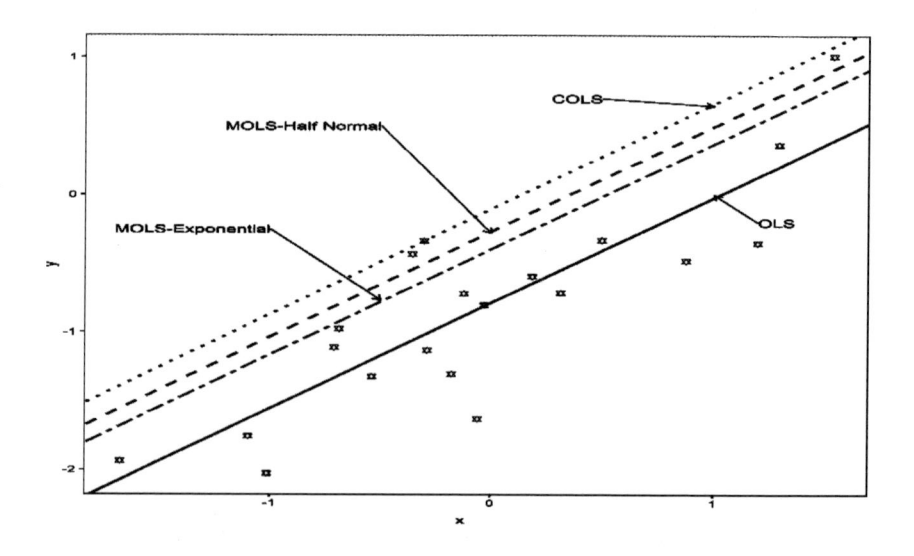

图 3-5　COLS、MOLS 和 OLS 的联系与区别

---

[①] 关于模拟数据生成方法和模型参数估计策略的 R 语言实现可参见书后附录。

备一定的稳健性,且其调整模型残差项的方法简单易操作,被后续许多理论研究借鉴和参考(Schmidt, Sickles, 1984; Glass et al., 2013; 任燕燕等, 2019)。

S. N. Afriat 针对 COLS 容易受极端异常值影响的缺陷(Afriat, 1972),提出了一种调整的最小二乘法(MOLS),该方法首先将模型(3-5)改造为如下形式:

$$\log y_i = \beta_0 - E(u_i) + \sum_{k=1}^{K} \beta_k \log x_{ik} - u_i + E(u_i)$$

$$\equiv \delta_0 + \sum_{k=1}^{K} \beta_k \log x_{ik} + \xi_i \quad (3-7)$$

式(3-7)中的第二个式子可以视为普通的生产函数模型,其满足经典线性回归模型的大部分基本假设,除了模型的随机扰动项 $\xi_i$ 并不一定服从正态分布。由 OLS 的基本性质可知,此时的模型参数的 OLS 估计量不再是有效估计量,但依然保持着一致性。如果可以得到 $E(u_i)$ 的一致估计量 $\hat{E}(u_i)$,则由 $\hat{\beta}_0 = \hat{\delta}_0 + \hat{E}(u_i)$ 和 $-\hat{u}_i = \hat{\xi}_i - \hat{E}(u_i)$ 能够取得原模型截距项 $\beta_0$ 和随机扰动项 $-u_i$ 的一致估计量,剩余所有模型参数估计值 $\hat{\beta}_k$ 无需任何调整。决策单元技术效率预测量与 COLS 相同,都是 $TE_i = \exp(-\hat{u}_i)$,但 MOLS 无法保证 $-\hat{u}_i$ 的取值恒不大于零,故而部分决策单元的技术效率值可能会超过1,违反了技术效率的基本定义。不过从图 3-5 中不难看出,MOLS 对于截距项的调整幅度相对较小,在面临极端异常值时,大部分决策单元仍有可能获取较为合理的技术效率预测值。MOLS 和 COLS 一样继承了大部分的 OLS 估计量,认为生产前沿面和"平均"生产函数具有相同的结构,依然限制了其在实证研究当中的应用范围。尽管 MOLS 存在诸多缺点,但 MOLS 能够取得所有模型参数的一致估计量,常被用作启动极大似然估计最优化算法的初始值(Battese, Corra, 1977)。

实施 MOLS 的关键在于获取 $E(u_i)$ 的一致估计量 $\hat{E}(u_i)$,S. N. Afriat 提出可以利用最小二乘估计残差项 $\hat{\xi}_i$ 的样本矩来实现(Afriat, 1972)。根据 $\xi_i \equiv -u_i + E(u_i)$,可以推知 $\text{var}(\xi_i) = \text{var}(u_i)$,其中的 $\text{var}(\cdot)$ 代

表随机变量的方差,则可以使用 $\xi \hat{E}_i$ 的样本方差 $s_\xi^2$ 给出 $\text{var}(u_i)$ 的一致估计量。假设 $u_i$ 服从仅有一个参数的半正态分布 $n^+(0,\sigma_u^2)$ 或指数分布 $Exp(\lambda)$,易知这些分布的方差分别为 $\sigma_u^2(1-2/\pi)$ 或 $1/\lambda^2$,那么可以结合样本方差 $s_\xi^2$ 反推出分布参数 $\sigma_u$ 或 $\lambda$ 的一致估计量,即有 $\sigma E_u = s_\xi/\sqrt{1-2/\pi}$ 或 $\hat{\lambda} = 1/s_\xi$,将其代入分布的数学期望式 $\sqrt{2}\sigma_u/\sqrt{\pi}$ 或 $1/\lambda$,便可以得到一个符合要求的一致估计量 $\hat{E}(u_i)$。

无论是 COLS 还是 MOLS,都将生产前沿面设定为确定性函数,无法描述决策单元最优产量受外生冲击或测量误差的影响,将相同投入决策单元实际产量之间的差异完全归咎于技术效率。D. Aigner 等认为决策单元的生产过程非常容易受到外生冲击的影响,应当将这部分决策单元无法控制的环境因素从技术效率当中剥离出来,进而将白噪声项引入生产前沿面的函数式当中(Aigner et al., 1977)。构建出如下形式的产出模型:

$$\log y_i = \beta_0 + \sum_{k=1}^{K} \beta_k \log x_{ik} + v_i - u_i$$
$$\equiv \beta_0 + \sum_{k=1}^{K} \beta_k \log x_{ik} + \epsilon_i \quad (3-8)$$

式(3-8)中的复合扰动项 $\epsilon_i \equiv v_i - u_i$,其中 $v_i$ 代表服从正态分布 $N(0,\sigma_v^2)$ 的高斯白噪声,用以刻画天气、疫情、停电等不可控因素,$u_i$ 是服从半正态分布 $n^+(0,\sigma_u^2)$ 的技术无效率项,刻画了决策单元内部的 X 非效率因素,其余各部分具体含义与式(3-5)完全一致。决策单元生产前沿面的数学表达式为 $\exp(\beta_0 + \sum_{k=1}^{K} \beta_k \log x_{ik} + v_i)$,将具备一定的随机性,该模型因此得名随机前沿模型。D. Aigner 等还假设两部分随机扰动项相互独立,且均与模型的解释变量 $x_{ik}$ 不相关(Aigner et al., 1977),从而可自然推知该模型的对数似然函数为:

$$\log \mathcal{L} = constant - N\log\sigma - \frac{1}{2\sigma^2}\sum_{i=1}^{n}\epsilon_i^2 + \sum_{i=1}^{n}\log\Phi(-\frac{\epsilon_i\lambda}{\sigma})$$
$$(3-9)$$

## 第三章　内生权重空间随机前沿模型的理论基础与基本设定

式 (3-9) 中的 $\sigma^2 \equiv \sigma_v^2 + \sigma_u^2$，$\lambda \equiv \sigma_u/\sigma_v$，$\Phi(\cdot)$ 代表标准正态分布的累积分布函数。该对数似然函数满足了极大似然估计所有的正则条件，可参考 T. Amemiya 的论述过程，证明模型参数估计量的一致性和渐进正态性（Amemiya，1973）。$\lambda$ 的估计值具备一定的经济学含义，若有 $\lambda \to 0$ 则代表白噪声项的分布参数 $\sigma_v \to +\infty$ 或技术无效率项分布参数 $\sigma_u \to 0$，意味着复合扰动项被白噪声项主导，基本上可认为样本内决策单元均为完全技术有效个体，不存在技术无效率问题。如果有 $\lambda \to +\infty$，则说明高斯白噪声项不存在，模型将退化为如式 (3-5) 所示的确定性随机前沿模型。可以通过判断 $\lambda$ 的显著性来评估样本内个体的平均技术效率水平，拒绝 $\lambda = 0$ 的原假设意味着存在技术无效率现象，应当使用随机前沿模型展开研究而非经典生产模型。

在使用牛顿法或各类拟牛顿法求解极大似然估计量时，均需要向最优化算法提供一组模型参数初始值，一般可以使用 S. N. Afriat 的 MOLS 估计量（Afriat，1972）。具体来讲，由于模型为两部分随机扰动项设置了具体的概率分布，并假设两者相互独立，可以得出如下总体矩条件：

$$E(\epsilon_i) = -E(u_i) = -\frac{\sqrt{2}\,\sigma_u}{\sqrt{\pi}}$$

$$\text{var}(\epsilon_i) = \text{var}(v_i) + \text{var}(u_i) = \sigma_v^2 + \sigma_u^2(1 - \frac{2}{\pi})$$

$$E[\epsilon_i - E(\epsilon_i)]^3 = \frac{2\sigma_u^3}{\sqrt{2\pi}}(1 - \frac{4}{\pi}) \qquad (3-10)$$

首先使用最小二乘法估计式 (3-8) 所代表的随机前沿模型，投入变量 $\log x_{ik}$ 对应的参数估计量 $\hat{\beta}_k$ 具备一致性，可以直接使用，需要调整或估计的模型参数是截距项 $\beta_0$、$\sigma_u$ 和 $\sigma_v$。截距项的调整方式与式 (3-7) 对应的确定性前沿模型完全一致，同样需要取得技术无效率项分布参数 $\sigma_u$ 的一致估计量 $\hat{\sigma}_u$。可以计算出 OLS 残差项的二阶中心矩 $\hat{\mu}_2$ 和三阶中心矩 $\hat{\mu}_3$，并将 $\hat{\mu}_3$ 作为模型复合扰动项三阶中心矩 $E[\epsilon_i - E(\epsilon_i)]^3$ 的估计量，将其代入式 (3-10) 的第三个等式，经简单数学运算后可得：

$$\hat{\sigma}_u = \sqrt[3]{\sqrt{\frac{\sqrt{2\pi}\hat{\mu}_3}{2(1-4/\pi)}}} \quad (3-11)$$

将式（3-11）继续代入式（3-10）的第二个等式当中，可以得到 $\sigma_v$ 的一致估计量 $\hat{\sigma}_v$ 为：

$$\hat{\sigma}_v = \sqrt{\hat{\mu}_2 - \hat{\sigma}_u(1-2/\pi)} \quad (3-12)$$

由参数 $\sigma_u$ 本身的数学含义可知，其取值必须为正数，但如果要在式（3-11）中取得符合这一要求的估计值，需要 $\hat{\mu}_3 < 0$ 成立。如果 OLS 模型残差项的偏度为正，则无法获得合理的参数估计值，使得基于 MOLS 估计量启动最优化算法的策略难以实施。事实上，正偏度问题带来的影响远不只如此，J. A. Olson 等的蒙特卡洛实验发现当样本数据出现正偏度问题时，随机前沿模型的极大似然估计会退化为最小二乘估计量，表现为样本内厂商不存在技术无效率，导致随机前沿模型失效（Olson et al., 1980）。Waldman 则在理论上证明了，出现正偏度问题时，最小二乘估计量是模型对数似然函数的局部极值点，但求解函数最大值的牛顿法会因陷入鞍点路径而将其错误地识别为全局最值点，由此导致了极大似然估计量的退化（Waldman, 1982）。冯冬发等综述了正偏度问题的研究脉络并提供了一种合理的解决方案（冯冬发等，2021），可供参考。

D. Aigner 等并未提出决策单元技术效率的测度方法，因为模型的残差项 $\hat{\epsilon}_i$ 当中同时包含了白噪声项和技术无效率项的估计值 $\hat{v}_i$ 和 $\hat{u}_i$，无法将两者区分开来，自然也无法取得技术无效率 $\exp(-u_i)$ 的估计值（Aigner et al., 1977）。J. Jondrow 等发现尽管无法直接取得 $\hat{u}_i$，但是可以证明在给定 $\epsilon_i$ 时，$u_i$ 将服从截断正态分布，即有 $u_i | \epsilon_i \sim n^+(-\sigma_u^2 \epsilon_i/\sigma^2, \sigma_u^2\sigma_v^2/\sigma^2)$，进而提出使用该分布的数学期望 $E(u_i | \epsilon_i) = \sigma_u^2\sigma_v^2/\sigma^2[\varphi(\epsilon_i\lambda/\sigma)/\Phi(-\epsilon_i\lambda/\sigma) - \epsilon_i\lambda/\sigma]$ 作为决策单元的技术效率预测值，其中的 $\varphi(\cdot)$ 代表标准正态分布的概率密度函数（Jondrow et al., 1982）。该方法自提出以后便成为随机前沿模型中预测决策单元技术效率的标准方法，当然在实际的效率预测过程中，需要使用模型参数的估计值去代替表达式当中的总体参数。

第三章　内生权重空间随机前沿模型的理论基础与基本设定

## 第二节　空间随机前沿模型的构建

### 一　构建空间随机前沿模型的动机

经典的厂商理论和随机前沿模型主要关注决策单元自身的生产过程，假设样本内个体相互独立，并未将个体之间的关联性纳入考察视域，这显然不太符合现实世界的真实情况。基于本部分即将阐述的几点理由，在开展效率分析的相关研究时，研究者应当具备充足的动机和坚实的理论基础，构建一个考虑了空间关联性的空间随机前沿模型。

#### （一）涟漪效应

决策单元的生产决策可能与其空间近邻的历史产量相关，例如当地农户在观察到外地农户种植的玉米遭遇玉米锈病而大幅减产时，可能会减少玉米的播种面积以降低感染玉米柄锈菌时的损失，也有可能扩大玉米的播种面积以期填补外地农户减产而出现的市场缺口。假设决策单元当期的产量为 $y_T$，其不仅与自身的独特属性 $x_T$ 相关，还会受到其空间近邻在上一期的产量 $Wy_{t-1}$ 的影响，其中 $W$ 代表空间权重矩阵。不难构建出如下时空动态回归模型：

$$y_T = \rho W y_{t-1} + x_T \beta + v_T - u_T \quad (3-13)$$

式（3-13）中的 $\rho$ 代表空间近邻时间滞后项对决策单元当期产量的影响力，$v_T$ 和 $u_T$ 是随机前沿模型的白噪声项和技术无效率项。进一步引入 J. D. Hamilton 提出的时间滞后算子 $L$，即有 $y_{t-1} = Ly_T$（Hamilton, 1994），可将式（3-13）变形为如下形式：

$$y_T = \rho W L y_T + x_T \beta + v_T - u_T \quad (3-14)$$

当式（3-14）满足一系列收敛条件，比如 $|\rho| < 1$ 且 $W$ 为行标准化矩阵时，可以求解出如下等式关系：

$$y_T = (I - \rho W L)^{-1}(x_T \beta + v_T - u_T) \quad (3-15)$$

对式（3-15）等号左右两侧同时取数学期望，由于常数 $c$ 的时间滞后项 $Lc = c$，可推知：

$$E(y_T) = (I - \rho W)^{-1}(E(x_T)\beta - E(u_T)) \quad (3-16)$$

式（3-16）可视为决策单元与其空间近邻在长期的博弈互动过程中形成的均衡解，经简单变形后可给出一个横截面空间自回归模型 $E(y_T) = \rho W E(y_T) + E(x_T)\beta - E(u_T)$，使用样本数据代替模型当中的数学期望并添加随机扰动项后，便可构建出一个空间自回归随机前沿模型 $y_T = \rho W y_T + x_T \beta + v_T - u_T$。式（3-13）与该回归式的区别在于，前者需要研究者拥有面板数据集，即对同一个体的重复多期的观测数据，而后者只需要横截面数据即可。简而言之，当难以断定样本内个体之间是否存在涟漪效应时，应当采用空间随机前沿模型。

（二）控制遗漏变量

实证研究当中存在许多研究者无法观测到的隐变量，这些隐变量会影响决策单元的产出量，可能存在空间关联性且与可观测的投入变量之间存在相关性。比如，蝗虫会在遭遇大旱时因食物匮乏而汇聚成群，尝试顺风迁徙至新的栖息地，途经之处所有的绿色植被和农作物都会被啃食一空，但是其对高海拔地区或社会治理能力较强的区域经济体造成的影响相对较小，因为虫群会主动避开前者或被后者快速消灭。由于蝗虫生命周期较短但流动性很强，很难准确把握蝗灾的具体范围，在农业经济相关研究中一般也无法获取相关数据，由此成为一个符合前述假设的隐变量。假设决策单元的产出量为 $y_T$，可观测到的变量为 $x_T$，不可观测到的隐变量为 $z_T$，且真实的数据生成过程为：

$$y_T = x_T \beta + z_T \delta - u_T \quad (3-17)$$

式（3-17）中不存在白噪声项，不过由于 $z_T$ 不可观测且服从正态分布，实际上可将其视为随机扰动项的一部分，$u_T$ 则是模型的技术无效率项。如果 $z_T$ 与 $x_T$ 之间不存在相关关系，将其排除在模型之外并不会影响参数估计量的一致性，即式（3-17）可视为经典的随机前沿模型。如果 $z_T$ 存在空间关联性 $z_T = \rho W z_T + \xi_T/\delta$，且与 $x_T$ 之间存在相关关系 $\xi_T = x_T \gamma + v_T$，将其排除在模型之外便会影响参数估计结果的准确性。可将式（3-17）变形为如下形式：

$$y_T = x_T \beta + (I - \rho W)^{-1}(x_T \gamma + v_T) - u_T$$

第三章　内生权重空间随机前沿模型的理论基础与基本设定

$$\Rightarrow y_T = \rho W y_T + x_T(\beta + \gamma) + W x_T(-\rho\beta) + v_T - u_T + \rho W u_T$$
(3-18)

式（3-18）代表的是一个空间杜宾随机前沿模型，使用产出变量和投入变量的空间滞后项作为潜变量的代理变量，且认为空间近邻的技术效率也存在溢出效应，非常贴近现实。

（三）刻画空间异质性

随着面板数据的逐渐丰富和面板数据模型的快速流行，研究者越来越重视个体异质性的刻画与建模。一般将个体异质性设定为与特定个体捆绑的无时变常数，然后利用针对同一个体的多期观测数据将其估计出来，当仅有横截面数据可供利用时，个体异质性模型将因为缺乏足够的样本数据而无法估计。J. LeSage 和 R. K. Pace 提出了一种在横截面数据模型中刻画个体异质性的建模策略，即假设个体异质性服从某个特定的空间关联模式，将需要估计的模型参数限定为两个，从而使得横截面数据也拥有充足的信息获取合理的参数估计量（LeSage, Pace, 2009）。具体来讲，首先构建如下个体异质性模型：

$$y_T = \alpha + x_T\beta - u_T \quad (3-19)$$

式（3-19）中的 $\alpha$ 代表由所有个体异质性 $\alpha_i$ 构成的列向量，假设其具备空间自回归形式 $\alpha = \rho W\alpha + v_T$ 且与投入变量 $x_T$ 不相关，由此可将原模型转化为如下空间误差模型：

$$y_T = x_T\beta + (I - \rho W)^{-1} v_T - u_T \quad (3-20)$$

与个体异质性相关的模型参数是描述空间关联性大小的 $\rho$ 和随机扰动项 $v_T$ 的方差 $\sigma_v^2$，该模型的设定形式与 V. Druska 和 W. Horrace 提出的空间误差随机前沿模型比较相近，不过在他们的模型设定当中，$v_T$ 被视为存在空间溢出效应的生产率，而 $-u_T$ 反被视为无时变性的个体异质性（Druska, Horrace, 2004）。J. LeSage 和 R. K. Pace 指出个体异质性 $\alpha$ 与投入变量 $x_T$ 不相关的假设可能并不符合实际（LeSage, Pace, 2009），从而假设 $\alpha$ 不仅存在空间关联性且与 $x_T$ 相关，即有 $\alpha = \rho W\alpha + x_T\gamma + v_T$，在此基础之上可以给出一个更加契合现实的数据生成过程：

$$y_T = x_T\beta + (I - \rho W)^{-1}(x_T\gamma + v_T) - u_T$$

$$\Rightarrow y_T = \rho W y_T + x_T(\beta + \gamma) + W x_T(-\rho\beta) + v_T - u_T + \rho W u_T$$
(3-21)

式（3-21）和式（3-18）在形式上完全相同，这是因为忽略个体异质性是遗漏变量的一种特殊类型，将空间近邻的相关属性纳入模型中可以缓解此类遗漏变量问题。

（四）外部性

决策单元的产量有可能与其空间近邻的部分属性高度相关，即空间近邻对其产生了一定的外部性。比如，交通基础设施在建设过程中作为一项公共投资可以直接拉动经济增长，建成以后又可以缩短人员和货物到达目的地的耗时，进一步为经济发展创造有利条件（刘生龙、胡鞍钢，2010）。尽管空间近邻与新修建的交通基础设施并不直接相邻，需要付出一定的成本才能对其加以利用，从中获取到的好处不及兴建交通基础设施的当地，但相比修建之前仍能有不小的益处（刘生龙、郑世林，2013）。当然，交通基础设施的修建也并不都能带来正向的外部性，欠发达地区的劳动力、资本、矿产资源等生产要素可能会在空间近邻修建铁路后加速流出，在促进空间近邻经济增长的同时削弱了自身的发展潜力，表现为负的外部性，即交通基础设施可能会加剧区域经济差异的马太效应（冯冬发、李奥，2021）。

在上述情形下，可以将解释变量 $x_T$ 的空间滞后项 $Wx_T$ 直接纳入经典模型中，构建出一个 SLX 随机前沿模型。如果原模型不存在内生性问题，即 $x_T$ 与模型的两部分随机扰动项均不相关，则引入该空间滞后项 $Wx_T$ 同样不会产生新的内生性问题，完全可以使用经典模型的估计方法实现参数估计并预测决策单元的技术效率。

（五）完全信息博弈

经典随机前沿模型将样本内个体均视为孤立的个体，但决策单元之间完全可能存在复杂的博弈行为。例如，X. Xu 和 L. F. Lee 指出空间自回归模型可以视为一个完全信息静态博弈的纳什均衡解，假设有 N 个决策单元参与到博弈过程当中，所有决策单元的目标都是最大化自身的效用（Xu，Lee，2019）。当个体 $i$ 采取行动 $y_i$ 时，所需要付出的成本是

## 第三章 内生权重空间随机前沿模型的理论基础与基本设定

$y_i^2/2$，所能获得的收益是行动值的特定比例 $y_i(\rho \sum_{j=1}^n W_{ij}y_j + x_i'\beta + v_i - u_i)$，即具体的比例同时取决于自身的特有属性和其他人采取的行动，$\rho$ 的符号决定了其他人的决策对自身收益产生正向影响或负向影响，在此基础之上可以确定决策单元 $i$ 在采取行动 $y_i$ 后获得的净效用 $u_i(y_i)$ 为：

$$u_i(y_i) = y_i(\rho \sum_{j=1}^n W_{ij}y_j + x_i'\beta + v_i - u_i) - \frac{y_i^2}{2} \quad (3-22)$$

如果式（3-22）中的 $x_i$、$v_i$ 和 $u_i$ 是所有决策单元都知晓的公开信息，则最大化该净效用值，由一阶条件可得该博弈模型的纳什均衡解为 $y_i = \rho \sum_{j=1}^n W_{ij}y_j + x_i'\beta + v_i - u_i$。

W. A. Brock 和 S. N. Durlauf 在研究社会交互作用时，提出了另一个设定完全不同但均衡解形式相近的博弈论模型（Brock, Durlauf, 2001），其假设决策单元 $i$ 在采取了行动 $y_i$ 后获得的净效用 $u_i(y_i)$ 为：

$$u_i(y_i) = y_i(x_i'\beta + v_i - u_i) - \frac{1}{2}(y_i - \rho \sum_{j=1}^n W_{ij}y_j)^2 \quad (3-23)$$

式（3-23）等号右侧的第一部分是决策单元 $i$ 在采取行动 $y_i$ 后获取到的私人效用，是行动值 $y_i$ 的特定比例，但具体的比例值仅与自身的独特属性相关。第二部分是以社会效用形式存在的惩罚项，即决策单元会在行动完以后比较自身与同侪之间的区别，如果与群体均值相距较远便认为自身不合群，从而损失一部分效用。该最优化问题的解析解构成了一个空间自回归随机前沿模型，合理的博弈论基础也提升了该模型设定的流行度（Xu, Lee, 2019）。

### 二 空间随机前沿模型的估计策略

A. J. Glass 等拓展了 D. J. Aigner 等的经典模型，将产出量的空间滞后项引入模型中，构建出一个空间自回归随机前沿模型（Aigner et al., 1977；Glass et al., 2016），具体的设定形式如下所示：

$$y_{it} = \rho \sum_{j=1}^n W_{ij}y_{jt} + x_{it}'\beta + \epsilon_{it}, i = 1,2,\cdots,N; t = 1,2,\cdots,T$$

$$\epsilon_{it} = v_{it} - u_{it}$$

$$v_{it} \sim IIDN(0,\sigma_v^2)$$
$$u_{it} \sim IIDN^+(0,\sigma_u^2) \qquad (3-24)$$

式（3-24）与式（3-8）最主要的区别在于：（1）允许样本数据出现时间下标，将仅适用于横截面数据的经典模型拓展至面板数据情形下；（2）引入了被解释变量的空间滞后项。除此以外，两个模型的其他设定基本保持一致，比如对两部分随机扰动项的分布假设和投入变量的外生性假设等。但模型包含的空间滞后项与随机扰动项之间存在相关性，由此产生了内生性问题，使得经典模型的估计策略无法给出合理的参数估计量，需要提出新的估计方法。A. J. Glass 等将原模型改写为如下向量形式（Glass et al.，2016）：

$$y_T = \rho W y_T + x_T \beta + \epsilon_T \qquad (3-25)$$

式（3-25）中的被解释变量向量为 $y_T = (y_{1t}, y_{2t}, \cdots, y_{Nt})'$，所有投入变量构成的数据矩阵 $x_T = (x_{1t}, x_{2t}, \cdots, x_{Nt})'$，复合扰动向量 $\epsilon_T = (\epsilon_{1t}, \epsilon_{2t}, \cdots, \epsilon_{Nt})'$。在此基础上，可以将该式移项调整为 $\epsilon_T = (I - \rho W) y_T - x_T \beta$，并使用 W. H. Greene 介绍的矩阵求导公式得到（Greene，2019）：

$$\frac{\partial \epsilon_T}{\partial y'_T} = I - \rho W \qquad (3-26)$$

在式（3-26）的基础上应用概率密度函数的雅可比转换公式，可以发现被解释变量 $y_T$ 的概率密度函数 $f(y_T)$ 和复合扰动项 $\epsilon_T$ 的概率密度函数 $f(\epsilon_T)$ 之间存在如下等式关系：

$$f(y_T) = f(\epsilon_T) abs(|I - \rho W|) \qquad (3-27)$$

式（3-27）中的 $abs(\cdot)$ 代表取绝对值，$|\cdot|$ 代表方形矩阵的行列式。L. Anselin 指出行列式 $|I - \rho W|$ 取值为正的充分条件是 $\rho$ 的取值范围被限定在 $(\min(\omega)^{-1}, \max(\omega)^{-1})$，其中 $\min(\omega)$ 和 $\max(\omega)$ 分别代表空间权重 $W$ 最小的和最大的两个实数特征值（Anselin，1988）。如果 $W$ 为行标准化后矩阵，则该矩阵最大的实数特征值为 1，相应的 $\rho \in (\min(\omega)^{-1}, 1)$。当 $|\rho| < 1$ 时，高阶空间近邻对于当地的影响会逐渐衰减，比如一阶近邻，即与当地直接相邻的决策单元，全部增加一个单

## 第三章　内生权重空间随机前沿模型的理论基础与基本设定

位对当地带来的影响为 $\rho$，二阶近邻，即一阶近邻的一阶近邻，全部增加一个单位后对当地带来的影响为 $\rho^2$，阶数越高产生的影响越小，最终趋近于零。这意味着外生冲击对空间网络产生的影响会逐渐减弱，系统会自动调节至新的稳态上，也是取得模型参数估计量良好大样本性质的关键前提（Kelejian, Prucha, 1998）。基于此，研究者一般都会对 $\rho$ 的取值范围做出一定的约束，从而保证 $|I-\rho W|>0$ 及其他相关性质成立。

对式（3-27）左右两侧同时取对数，将 $\log f(\epsilon_T)$ 的表达式即式（3-9）代入其中，并由不同时期样本数据相互独立的假设，得出 A. J. Glass 等的模型的对数似然函数（Glass et al., 2016）：

$$constant + T\log|I-\rho W| - NT\log\sigma - \frac{1}{2\sigma^2}\sum_{i=1}^{n}\sum_{t=1}^{T}\epsilon_{it}^2 + \sum_{i=1}^{n}\sum_{t=1}^{T}\log\Phi(-\frac{\epsilon_{it}\lambda}{\sigma})$$

(3-28)

式（3-28）与式（3-9）的主要区别在于：（1）引入了时间下标 $t$，使得模型可用于面板数据研究;① （2）添加了一项雅可比行列式，用以控制因引入空间滞后项而产生的内生性。在应用极大似然估计法实现模型参数估计的过程中，首先将模型视为普通的空间自回归模型，并使用 K. Ord 提出的估计方法取得所有模型参数的估计值，然后借鉴 MOLS 的做法利用模型残差项的样本矩获得截距项和两部分随机扰动项对应总体参数的一致估计量，最后将其作为模型参数的初始值，迭代若干次后得到目标极大似然估计量（Ord, 1975）。

迭代过程中需要频繁地进行矩阵的行列式运算，K. Ord 指出可以在确定空间权重矩阵 $W$ 后，首先求得其所有特征值 $\omega_i$，然后再利用 $\log|I-\rho W|=\sum_{i=1}^{n}\log(1-\rho\omega_i)$ 快速计算该对数行列式，能够有效节约算力并加快最优化算法的收敛速度（Ord, 1975）。但 A. J. Glass 等指出

---

① A. J. Glass 等的模型设定从形式上来看，需要为其提供一个平衡面板数据集，即所有个体的样本观测期均相等（Glass et al., 2016）。但实际上，可以将式（3-28）中的 $T$ 修改为 $T_i$，即该模型同样适用于非平衡面板数据集。

该方法需要计算空间权重矩阵 $W$ 所有的特征值，一些非对称矩阵可能会产生复数特征值，在另一个维度上增加运算的复杂度。而且对于某个特定的 $\rho_0$ 而言，在每一次迭代过程中都需要重新计算 $\log|I - \rho_0 W|$ 的具体取值，无疑浪费了大量的算力资源（Glass et al., 2016）。J. LeSage 和 R. K. Pace 认为，K. Ord 的计算方法在小样本情形下表现尚可，但在大样本情形下运行较为缓慢，建议使用 R. K. Pace 和 R. Barry 提出的向量化方法，即在取得 $\min(\omega)$ 和 $\max(\omega)$ 两个特征值后确定 $\rho$ 的取值范围，将该取值范围切割为间距 0.001 的均匀网格点，计算所有网格点上相应对数行列式的值，并存储下来，在迭代过程中便不再计算行列式取值，而是直接从存储表中读取数值（Ord, 1975; Pace, Barry, 1997; LeSage, Pace, 2009）。A. J. Glass 等的应用实例仅包含了 41 个欧洲国家，完全可以使用 K. Ord 的计算方法，但其依然采用了向量化方法，因为这种方法仅需两个特征值，在大样本情形下仍具备良好的适配性，适用面更为广泛（Ord, 1975; Glass et al., 2016）。

正如 J. LeSage 和 R. K. Pace 所指出的那样，被解释变量空间滞后项的介入使得模型参数的释义发生了变化（LeSage, Pace, 2009）。在经典模型当中，投入变量对应参数 $\beta$ 可被解释为投入对产出的边际效应，但在空间自回归随机前沿模型当中，投入 $x_T$ 与产出 $y_T$ 之间的确切关系如下：

$$\begin{aligned} y_T &= (I - \rho W)^{-1} x_T \beta + (I - \rho W)^{-1} v_T - (I - \rho W)^{-1} u_T \\ &= \sum_{k=1}^{K} (I - \rho W)^{-1} x_{tk} \beta_k + (I - \rho W)^{-1} v_T \\ &\quad - (I - \rho W)^{-1} u_T \\ &\equiv \sum_{k=1}^{K} S_k x_{tk} + (I - \rho W)^{-1} v_T - (I - \rho W)^{-1} u_T \end{aligned} \quad (3-29)$$

式（3-29）中的 $x_{tk}$ 代表数据矩阵 $x_T$ 的第 $k$ 列元素，即由 $t$ 时期所有决策单元在第 $k$ 种生产要素上的投入量组成的列向量，进而可以给出 $x_{tk}$ 对 $y_T$ 的边际效应为：

$$\frac{\partial y_T}{\partial x'_{tk}} = S_k \equiv (I - \rho W)^{-1} \beta_k \quad (3-30)$$

## 第三章 内生权重空间随机前沿模型的理论基础与基本设定

从式（3-30）中不难看出，投入变量的边际产出在样本时期内保持稳定，但对不同的决策单元而言具备一定的异质性，矩阵 $S_k$ 的第 $(i, j)$ 个元素代表第 $j$ 个决策单元的第 $k$ 种生产要素对第 $i$ 个决策单元产出量的边际影响。借鉴 J. LeSage 和 R. K. Pace 的做法，可将 $S_k$ 主对角线上的所有元素均视为投入变量 $x_{tk}$ 的直接效应，并使用其平均值 $tr(S_k)/N$ 概述性描述相应变量的平均边际效应，其中 $tr(\cdot)$ 代表方形矩阵的迹，即主对角线所有元素之和（LeSage，Pace，2009）。

在经典模型当中，一般使用 $\exp(-u_T)$ 代表 $t$ 时刻所有决策单元的技术效率，但在空间自回归随机前沿模型当中，如同被解释变量空间滞后项的引入使得 $\beta$ 失去了原本的经济学含义一样，$\exp(-u_T)$ 同样不再能刻画技术效率水平。依托技术效率的基本定义，即决策单元实际产出量与理想中最大产量的比值，似乎 $(I-\rho W)^{-1}\exp(-u_T)$ 才是更加合理的技术效率预测值。$\exp(-u_T)$ 受自身数学形式约束，取值范围天然地被限定在 $(0,1]$，符合研究者对于效率值的直观理解，但无法保证 $(I-\rho W)^{-1}\exp(-u_T)$ 也具备这样的属性，由此将会产生一些性质不佳的效率预测值。基于此，A. J. Glass 等借鉴了 P. Schmidt 和 R. C. Sickles 的研究方法，提出了一种相对效率评价方法（Schmidt，Sickles，1984；Glass et al.，2016）。具体来讲，他们首先提出如下定义式：

$$\xi_{i,t} \equiv \exp(-u_{it})$$
$$\xi_T^T \equiv (I-\rho W)^{-1}\exp(-u_T) \tag{3-31}$$

再利用矩阵相乘的基本运算法则，给出式（3-31）中两左侧变量的基本关系如下：

$$(I-\rho W)^{-1}\exp(-u_T) = (I-\rho W)^{-1}\begin{bmatrix}\xi_{1,t}\\\xi_{2,t}\\\vdots\\\xi_{N,t}\end{bmatrix}$$

$$= \begin{bmatrix} \xi_{11,t}^D + \xi_{12,t}^i + \cdots + \xi_{1N,t}^i \\ \xi_{21,t}^i + \xi_{22,t}^D + \cdots + \xi_{2N,t}^i \\ \vdots \\ \xi_{N1,t}^i + \xi_{N2,t}^i + \cdots + \xi_{NN,t}^D \end{bmatrix}$$

$$= \begin{bmatrix} \xi_{1,t}^T \\ \xi_{2,t}^T \\ \vdots \\ \xi_{N,t}^T \end{bmatrix} \equiv \xi_T^T \qquad (3-32)$$

式 (3-32) 中的 $\xi_{i,t}$ 代表由传统方法计算得到的技术效率评价值, $\xi_{i,t}^T$ 是由式 (3-29) 推导出的直观技术效率测度值, 代表决策单元 $i$ 在 $t$ 时刻的总技术效率 (total efficiency), 可以将其表示为 $\xi_{ii,t}^D$ 和 $\xi_{ij,t}^i$ 相加的形式, 有 $\xi_{i,t}^T = \xi_{ii,t}^D + \sum_{i \neq j} \xi_{ij,t}^i$, 其中 $\xi_{ii,t}^D$ 或 $\xi_{ij,t}^i$ 是矩阵 $(I - \rho W)^{-1}$ 的第 $i$ 行元素构成的向量与 $\exp(-u_T)$ 哈达玛积 (Hadamard product) 的第 $j$ 个元素。$\xi_{ii,t}^D$ 被定义为决策单元 $i$ 在 $t$ 时刻的直接技术效率 (direct efficiency), 即由自身各类因素决定的技术效率水平, $\xi_{ij,t}^i$ 代表决策单元 $j$ 对决策单元 $i$ 的间接技术效率 (indirect efficiency), 刻画了技术效率的空间溢出效应。

最后可在前述概念的基础上定义相对总技术效率 $RE^T$、相对直接技术效率 $RE^D$ 和相对间接技术效率 $RE^i$, 具体的计算方法如下:

$$RE_{i,t}^D = \frac{\xi_{ii,t}^D}{\max_i(\xi_{ii,t}^D)} = \frac{\xi_{jj,t}^D}{\max_j(\xi_{jj,t}^D)} = RE_{j,t}^D$$

$$RE_{i,t}^i = \frac{\sum_{j=1}^n \xi_{ij,t}^i}{\max_i(\sum_{j=1}^n \xi_{ij,t}^i)}$$

$$RE_{j,t}^i = \frac{\sum_{i=1}^n \xi_{ij,t}^i}{\max_j(\sum_{j=1}^n \xi_{ij,t}^i)}$$

$$RE_{i,t}^T = \frac{\xi_{ii,t}^D + \sum_{j=1}^n \xi_{ij,t}^i}{\max_i(\xi_{ii,t}^D + \sum_{j=1}^n \xi_{ij,t}^i)}$$

## 第三章 内生权重空间随机前沿模型的理论基础与基本设定

$$RE_{j,t}^{T} = \frac{\xi_{jj,t}^{D} + \sum_{i=1}^{n} \xi_{ij,t}^{i}}{\max_{j}(\xi_{jj,t}^{D} + \sum_{i=1}^{n} \xi_{ij,t}^{i})} \qquad (3-33)$$

如果 $\rho$ 的取值范围满足前述假设，则 $I-\rho W$ 和 $(I-\rho W)^{-1}$ 均为正定矩阵，所有元素的取值全都大于 0，进而可推知 $\xi_{ii,t}^{D}$ 和 $\xi_{ij,t}^{i}$ 均为正数，则式（3-33）中所有技术效率指标的取值范围均在 (0,1] 当中，可有效规避直接使用 $(I-\rho W)^{-1}\exp(-u_T)$ 测度技术效率的弊端。事实上，式（3-33）还可用于描述决策单元技术效率之间的非对称性溢出，即当地吸收的技术效率与输出的技术效率之间的差异。式中带 $i$ 下标的相对效率指标是从式（3-32）的横排元素当中寻找最大值作为基准值，带 $j$ 下标的指标则是从竖排元素当中选取基准值，前者代表从外部吸收的技术效率，后者代表向外部输送的技术效率。即便是在空间权重矩阵 $W$ 依然保持对称性的情形下，由于 $\xi_{i,t} \neq \xi_{j,t}$，还是会有 $\xi_{ij,t}^{i} \neq \xi_{ji,t}^{i}$，故而选取不同基准值会显著影响计算结果，两种计算方式取得的结果一般都截然不同，除非是在计算相对直接技术效率 $RE^{D}$。如果某个决策单元的 $RE_{i,t}^{i}$ 大于 $RE_{j,t}^{i}$，则说明其更加擅长吸收技术效率而非输出技术效率，反之则代表其对空间近邻具有较强的辐射作用。进一步考察相对直接技术效率 $RE^{D}$ 和相对间接技术效率 $RE^{i}$ 占相对总技术效率 $RE^{T}$ 的份额，可用以评判决策单元的经济类型，将其区分为独立自主型或随波逐流型。

A. J. Glass 等提出的空间自回归随机前沿模型具有设定简单、含义丰富等优点，可以沿着拓展 D. J. Aigner 等经典模型的方向进一步丰富其模型设定，同时其作为空间计量经济学模型，还存在这一方向上的拓展空间（Aigner et al.，1977；Glass et al.，2016）。事实上，A. J. Glass 等的模型设定要求空间权重矩阵完全由外生决定，仅能使用地理距离权重矩阵，无法如同经济距离矩阵那般准确地刻画区域经济体之间的经贸联系紧密度（Glass et al.，2016）。不过采用经济距离权重矩阵会带来新的内生性问题，这一难点未被 A. J. Glass 等提及，自然也没有得到妥善处理（Glass et al.，2016）。

## 第三节　内生权重模型的基本设定

### 一　空间随机场的基本性质

随机过程指由一连串随机变量 $x_\tau$ 构成的集合 $\{x_\tau,\tau\in\mathbb{T}\}$，是研究统计量大样本性质的基础工具，其中 $\mathbb{T}$ 代表 $\tau$ 的索引集。时间序列是最常见的一类随机过程，其索引集 $\mathbb{T}$ 是自然数集合 $\mathbb{N}$ 或整数集 $\mathbb{Z}$，所有的观测值均匀地分布在时间轴上，且存在明确的时序关系，即任取某个时间点 $t$，均有 $x_{t-1}$ 发生在 $x_T$ 之前。当随机过程的索引集 $\mathbb{T}$ 为多维欧式空间的子集时，称其为随机场（random field），例如空间计量经济学的研究对象散布在二维、三维甚至是更高维空间①当中，可以更加明确地将其命名为空间随机场（spatial random field）。空间随机场与时间序列同属于随机过程，后者的一些研究结论可以自然地推广至前者，但前者与后者之间还存在着一些显著的不同之处，比如个体一般不会均匀地排布在样本空间当中，不存在明确的偏序关系等，使得针对前者的相关研究相对复杂，在近期内才取得突破性进展。

借鉴 N. Jenish 和 I. R. Prucha 的基本设定，假设本书考察的空间随机场位处非均匀网格 $D\subseteq\mathbb{R}^D$ 中，其中 $d\geqslant 1$，并使用极大值范数 $L_\infty$ 来度量 $\mathbb{R}^D$ 上的距离，即对于 $\mathbb{R}^D$ 中任意的两个点 $x=(x_1,\cdots,x_D)'$ 和 $y=(y_1,\cdots,y_D)'$ 而言，两者之间的距离为 $\rho(x,y)=max_{1\leqslant i\leqslant d}|x_i-y_i|$，即两向量各个分量上差值的最大值，向量 $x$ 的模 $|x|$ 是其距离坐标原点 0 的距离，则有 $|x|=max_{1\leqslant i\leqslant d}|x_i|$，即向量上各分量绝对值的最大值（Jenish, Prucha, 2009; 2012）。网格 $D$ 中任意两个子集 $V,D\subseteq D$ 之间的距离为 $\rho(V,D)=\inf\{\rho(x,y):x\in V,y\in U\}$，即从两集合中取得所

---

① 二维空间示例：带经纬度标注的城市经济水平。三维空间示例：重庆市带经纬度和海拔高度标注的大型商超营业额。更高维空间示例：T. G. Conley 和 B. Dupor 将美国经济区分为 22 个不同的门类，并将每个门类在抽象空间当中的位置定义为各门类产出在其投入量中所占的份额，使用向量相似度来描述两个门类之间的距离，相似度越高代表距离越近，反之则越远（Conley, Dupor, 2003）。在该实例当中，索引集 $\mathbb{T}$ 是 22 维欧式空间的子集。

有元素组合对，计算距离后取其下界。为使后文能够使用 N. Jenish 和 I. R. Prucha 提出的各项极限定理（Jenish，Prucha，2012），令网格 D 服从如下假设条件。

**假设**1  网格 $D \subseteq \mathbb{R}^D$，$1 \leq d < \infty$ 是可数集。位置函数 $l:\{1,\cdots,n\} \to D_n \subseteq D$ 可将决策单元的编号 $i$ 映射到其空间位置 $l(i) \in D_n \subseteq \mathbb{R}^D$，其中 $D_n$ 为有限集合且满足 $lim_{n\to\infty}|D_n| = \infty$。从样本当中任取两个不同的决策单元 $i$ 和 $j$，它们在网格 D 当中的位置分别是 $l(i)$ 和 $l(j)$，两者之间的距离至少为 $\rho_0$，即 $\rho(l(i),l(j)) \geq \rho_0$。不失一般性，可令 $\rho_0 = 1$。

一些讨论随机场大样本性质的经典研究要求样本个体均匀分布在空间网格中，且样本区域的形状和增长模式需要符合一定的条件。例如，E. Bolthausen 要求网格 $D \subseteq \mathbb{Z}^D$，且样本区域边界线上元素个数的占比会随样本扩张而逐渐趋近于 0，即样本区域需要朝向所有可能的方向向外扩张，但不同方向上的速度可以有所不同，从而形成一些形状不规则的样本区域（Bolthausen，1982）。B. S. Nakhapetyan 则在保留均匀网格假设的基础上，进一步要求样本区域形状始终保持为矩形[①]（Nakhapetyan，1988）。均匀网格点假设使得研究者能够利用时间序列分析领域内的已有研究成果简化分析，但该假设与现实世界的真实情况相差较大。以二维平面为例，将三种假设下可能的样本区域形状绘制在图 3 - 6 当中，不难看出 N. Jenish 和 I. R. Prucha 的设定方式更为合理（Jenish，Prucha，2009）。事实上，自 N. Jenish 和 I. R. Prucha 首次提出假设 1 以来，其逐渐成为空间计量经济学的标准假设之一，被后续许多理论研究采用（Jenish，Prucha，2009；Qu，Lee，2015；Qu et al.，2021）。

**命题**3.1  在满足假设 1 的网格 D 当中，有界集合 $U \subseteq D$ 的势 $|U|$，即集合 U 包含的元素个数，存在有限的上界。[②]

由命题 3.1 可推知，当样本容量趋近于无穷时，样本区域不可能为有界集合，即样本区域会向外无限扩张，这种变化模式被 N. Cressie 称

---

① 高维空间当中的矩形指的是若干个彼此正交区间的笛卡尔积。
② 为保证正文内容的清晰简洁和可读性，本书所有命题的证明过程都被放置到文后的附录 B 当中。

E.Bolthausen（1982年）　　B.S.Nakhapetyan（1988年）　　N.Jenish 和 I.R.Pracha（2009年）

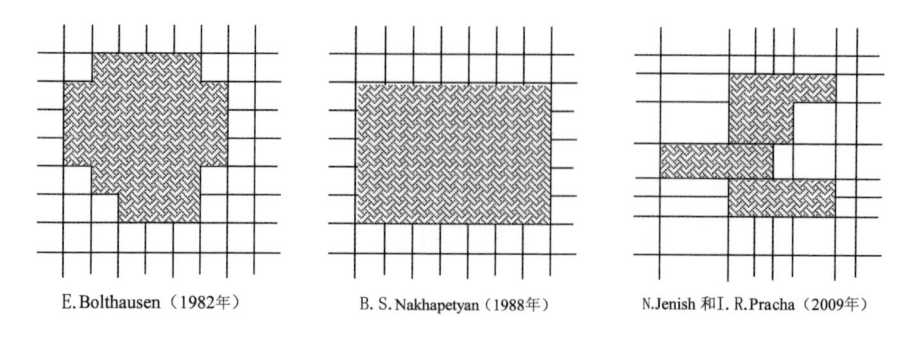

图 3-6　二维平面当中关于网格和样本区域的不同设定方式

为增长域（increasing domain）（Cressie，1993）。与此相对的另一种增长模式是"加密渐近"（infill asymptotics）[①]，指的是在固定的样本区域内，通过反复堆叠样本点以实现样本容量的扩张（Cressie，1993）。目前尚未有文献给出"加密渐进"情形下，空间近邻相依随机场的大样本性质（Qu，Lee，2015），故而假设1当中的最小距离假设非常重要。

在区域经济学研究当中，不同决策单元之间天然地存在一段物理间距，假设1可以很自然地得到满足。但在将空间计量经济学方法应用于社会网络分析，或研究对象位处抽象的经济空间当中时，则很难避免不同个体之间存在重叠。比如，胡鞍钢和刘生龙利用人均实际GDP之间的差值表征区域经济体之间的经济距离，数值越小代表距离越接近，反之则越远（胡鞍钢、刘生龙，2009）。尽管从他们的实例分析结果来看，不同决策单元之间经济距离确实均不为0，但该设计方法不能从理论上满足假设1，因为它无法排除两地区经济水平完全一致的极端情形。应当适当修改经济距离的定义方式，[②] 比如将地理距离引入距离定义当中，将经济距离定义为类似 $\rho(i,j) = \exp(|gdp_i - gdp_j|)$ 的复杂

---

① 该名词最早由 N. Cressie 提出并使用，主要参考了石油业的"加密钻井"这一概念，加密钻井指的是在已有生产井的基础上继续钻井，开采原先因技术原因或市场原因暂时储存起来的油气资源（Cressie，1993）。

② 假设1是构建空间近邻相依随机场大样本性质的必备要件，主要用于分析非线性模型参数估计量的渐近性质。经典的线性空间计量模型并不需要满足它，故而也无需实施如此修改。

形式或者是人为地设定某个阈值，当两个决策单元之间的经济距离小于该阈值时，直接在此处截断（Anselin，2003；Qu，Lee，2015）。

## 二 权重矩阵内生性的刻画

本书将 A. J. Glass 等提出的空间自回归随机前沿模型作为基准模型，除放松空间权重矩阵的外生性假设、允许其存在内生性问题以外，保留了该模型的其他所有设定（Glass et al.，2016）。从具体的模型设定上来讲，本书将式（3-25）所代表的空间自回归随机前沿模型调整为：

$$y_T = \rho W(Z_T) y_T + x_{1t} \beta + v_T - u_T \quad (3-34)$$

式（3-34）的 $x_{1t}$ 代表模型的外生性投入变量，$W(Z_T)$ 表示空间权重矩阵 $W$ 构建于内生性变量 $Z_T$ 之上。① 由于 $Z_T$ 会随时间变化而变化，故而 $W(Z_T)$ 具备时变性，后文将使用符号 $W_T$ 精简表示该空间权重矩阵。为使用控制函数方法刻画此类内生性问题，本书假设 $Z_T$ 存在数目充足的工具变量 $x_{2t}$，且两者之间可以构建出如下线性回归关系式（Wooldridge，2015）：

$$Z_T = x_{2t} \Gamma + \xi_T \quad (3-35)$$

要求随机场 $\{(v_{it,n}, u_{it,n}, \xi_{it,n}) : l(i) \in D_n, t \in \{1, \cdots, T\}, n \in \mathbb{N}\}$ 构建于概率空间 $(\Omega, F, P)$ 之上，索引集 $D_n \subset D$ 为有限集合且网格 $D$ 满足假设 1，$n$ 代表样本内决策单元的个数。式中的随机扰动向量 $v_T$ 和 $u_T$ 分别由 $t$ 时期所有的扰动项 $v_{it,n}$ 和 $u_{it,n}$ 组成，$\xi_T$ 则代表由 $t$ 时期所有扰动向量 $\xi_{it,n}$ 组成的矩阵，数据矩阵 $x_{2t}$ 的维度为 $n \times k_2$，回归系数矩阵 $\Gamma$ 的维度为 $k_2 \times p_2$，则 $Z_T$ 的维度为 $n \times p_2$。在此基础之上，要求模型的随机扰动项满足如下假设条件。

**假设 2** 随机扰动项 $v_{it,n}$ 和 $\xi_{it,n}$ 联合分布的期望为 0，协方差矩阵

---

① 该设定貌似要求空间权重矩阵完全构建于内生性变量之上，实则不然，因为可以把外生变量视为可将自身作为工具变量的内生性变量。给出如此设定的主要考虑是简化符号，避免复杂的分块矩阵运算。

$\Sigma_{v\xi} = \begin{pmatrix} \sigma_v^2 & \sigma'_{v\xi} \\ \sigma_{v\xi} & \Sigma_\xi \end{pmatrix}$，其中 $\sigma_v^2$ 为标量，$\sigma_{v\xi}$ 是长度为 $p_2$ 的向量，$\Sigma_\xi$ 是维度为 $p_2 \times p_2$ 的矩阵，且有 $E(v_{it,n} \mid \xi_{it,n}) = \xi'_{it,n}\tau$ 和 $var(v_{it,n} \mid \xi_{it,n}) = \sigma_\omega^2$ 成立。$u_{it,n}$ 服从独立同分布的半正态分布 $IIDN^+(0, \sigma_u^2)$，并独立于前述随机扰动项。所有随机扰动项均与 $x_{2t}$ 不相关。存在某个常数 $\delta > 0$，使得 $sup_{it,n} |v_{it,n}|^{4+\delta}$、$sup_{it,n} |u_{it,n}|^{4+\delta}$ 和 $sup_{it,n} |\xi_{it,n}|^{4+\delta}$ 均存在且有限。

从模型设定及相关假设中不难看出，空间权重矩阵 $W_T$ 的内生性源于 $v_{it,n}$ 和 $\xi_{it,n}$ 之间的相关性。如果这两部分随机扰动项之间不存在相关性，即有 $\sigma_{v\xi} = 0$ 或 $\tau = 0$，则可将 $W_T$ 视为完全外生的空间权重矩阵，式（3-34）所代表的模型除允许空间权重矩阵存在时变性外，与式（3-25）几乎完全一致，可以适当调整 A. J. Glass 等的估计方法以完成模型参数估计并预测技术效率（Glass et al.，2016）。如果这两部分随机扰动项之间存在相关性，即 $\sigma_{v\xi} \neq 0$ 或 $\tau \neq 0$，由于空间权重矩阵 $W_T$ 是 $Z_T$ 的函数，其自然也是 $\xi_T$ 的函数，进而会与模型残差项 $v_T$ 相关并因此产生内生性问题。经典估计方法未将此类内生性问题纳入考察视域，极有可能给出不恰当的参数估计量，需要另寻新的有效的参数估计方法。

**命题** 3.2 如果随机扰动项 $v_{it,n}$ 和 $\xi_{it,n}$ 满足假设 2 当中的所有要求，则应有 $\tau = \Sigma_\xi^{-1} \sigma_{v\xi}$ 和 $\sigma_\omega^2 = \sigma_v^2 - \sigma'_{v\xi} \Sigma_\xi^{-1} \sigma_{v\xi}$ 成立。

可定义出 $\omega_T \equiv v_T - \xi_T \tau = v_T - E(v_T \mid \xi_T)$，该随机变量关于 $\xi_T$ 的条件数学期望为 0，条件方差为 $\sigma_\omega^2 i_n$，其中 $i_n$ 代表维度为 $n \times n$ 的单位矩阵。由条件期望迭代律可知，$\omega_T$ 和 $\xi_T$ 的协方差矩阵为 0，代表两者之间不存在相关性，且 $\omega_T$ 的无条件方差同样为 $\sigma_\omega^2 i_n$，可将其理解为从原扰动项 $v_T$ 中提取出纯白噪声项。在此基础之上，可将式（3-34）所代表的内生权重空间随机前沿模型改写为如下形式：

$$y_T = \rho W_T y_T + x_{1t}\beta + (Z_T - x_{2t}\Gamma)\tau + \omega_T - u_T \quad (3-36)$$

式（3-36）实质上是将存在内生性问题的随机扰动项 $v_T$ 划分为彼此正交的两部分，分别是独立同分布且不存在内生性问题的白噪声项

$\omega_T$ 和条件期望式 $(Z_T - x_{2t}\Gamma)\tau$，其中后者当中的 $Z_T - x_{2t}\Gamma$ 是用来刻画空间权重矩阵 $W_T$ 内生性问题的控制函数（control function）。可以通过检验参数 $\tau$ 的联合显著性来判断空间权重矩阵内生性的强弱，当检验结果无法拒绝 $\tau = 0$ 的原假设时，可认为空间权重矩阵不存在内生性问题，仍能使用经典模型来测度决策单元的技术效率，反之则应采用式（3-36）所代表的内生权重空间随机前沿模型。如果研究者能够取得控制函数的真实值，则空间权重矩阵不再存在内生性问题，可以应用经典估计方法完成模型参数估计（Wooldridge, 2015）。不过模型参数 $\Gamma$ 的具体取值一般不可知，故而控制函数对于研究者而言不可观测，据此可将空间权重矩阵的内生性问题视为遗漏变量问题的一种特例形式。

假设 2 当中并没有为 $v_{it,n}$ 和 $\xi_{it,n}$ 的联合分布赋予具体的形式，只是对其矩条件施加了一定的约束，即 $v_{it,n}$ 和 $\xi_{it,n}$ 之间存在一定的线性相关关系。如果 $v_{it,n}$ 和 $\xi_{it,n}$ 的联合分布为多元正态分布，则 $v_{it,n} \mid \xi_{it,n}$ 将同样服从多元正态分布 $N(\xi'_{it,n} \Sigma_\xi^{-1} \sigma_{v\xi}, \sigma_v^2 - \sigma'_{v\xi} \Sigma_\xi^{-1} \sigma_{v\xi})$，$\omega_T$ 和 $\xi_T$ 不相关便意味着两者相互独立。

# 第四章 内生权重空间随机前沿模型的参数估计与效率预测

本章在前文所给出模型设定的基础上，提出了两阶段工具变量估计法、拟极大似然估计法和广义矩估计法三种不同的模型参数估计方法。在取得所有模型参数的估计值以后，还给出了决策单元技术效率的预测方法，并着重说明了引入模型被解释变量空间滞后项对预测结果经济学含义所产生的影响。

## 第一节 两阶段工具变量估计法

式（3-36）代表的是第 $t$ 时期所有样本数据构成的回归方程，可将所有时期对应回归方程构成的回归方程组改写为如下矩阵形式①：

$$y = \rho W y + x_1 \beta + (Z - x_2 \Gamma)\tau + \omega - u \qquad (4-1)$$

式（4-1）当中的被解释变量 $y \equiv (y_1, \cdots, y_T)'$，空间权重矩阵 $W \equiv diag(W_1, \cdots, W_T)$ 是由不同时期空间权重矩阵构成的分块对角矩阵。外生的数据矩阵 $x_1 \equiv (x'_{11}, \cdots, x'_{1T})'$，存在内生性问题的经济变量数据矩阵 $Z \equiv (Z'_1, \cdots, Z'_T)'$，工具变量数据矩阵 $x_2 \equiv (x'_{21}, \cdots, x'_{2T})'$，白噪声向量 $\omega \equiv (\omega_1, \cdots, \omega_T)'$，技术无效率向量 $u \equiv$

---

① 构建于 OLS 之上的估计方法要求模型随机扰动项的数学期望为 0，但这一点由于技术无效率项 $u$ 具有非 0 期望值而无法得到满足，需要对模型做适当调整。可以参照 MOLS 的基本思路，令技术无效率项 $-u$ 加上 $E(u)$ 后期望为 0，再从截距项中减去 $E(u)$ 以中和如此调整。调整完成后的随机扰动项为 $-u + E(u)$，但本书出于精简符号的考虑，仍将使用 $-u$ 表示这部分随机扰动项。

$(u_1, \cdots, u_T)'$。式（4-1）中的参数向量 $\Gamma$ 为未知参数，导致尽管 $Z$ 和 $x_2$ 均为可观测数据矩阵，但控制函数 $Z - x_2\Gamma$ 仍为不可观测变量，无法直接应用传统的参数估计方法，可以考虑为 $\Gamma$ 提供一个合理的参数估计值。

本书提出一种两阶段工具变量估计法：首先使用类似的方法将式（3-35）调整为包含所有样本时期数据的回归方程组 $Z = x_2\Gamma + \xi$，其中 $\xi \equiv (\xi_1, \cdots, \xi_T)'$，并将其作为第一阶段的回归方程式。基于 OLS 估计方法取得参数估计量 $\hat{\Gamma} = (x_2'x_2)^{-1}x_2'Z$，然后使用 $\hat{\Gamma}$ 替换原模型当中的未知参数 $\Gamma$，由此构成如下形式的第二阶段回归方程式：

$$y = \rho Wy + x_1\beta + (Z - x_2\hat{\Gamma})\tau + \hat{\omega} - u \qquad (4-2)$$

式（4-1）中的 $\hat{\omega} = \omega + x_2(\hat{\Gamma} - \Gamma)\tau \equiv \omega + P\xi\tau$，其中 $P \equiv x_2(x_2'x_2)^{-1}x_2'$，代表投影矩阵（projection matrix），其左乘任意维度合适的矩阵，所得结果皆为该矩阵在 $x_2$ 张成空间上的投影。$Z - x_2\hat{\Gamma} = (I - P)Z \equiv MZ$，其中 $M \equiv I - P$，代表残差矩阵（residual maker），其左乘任意维度合适的矩阵，所得结果皆为该矩阵对 $x_2$ 做 OLS 回归之后的残差项，且有 $PM = 0$。引入 $P$ 和 $M$ 两个矩阵之后，可以将式（4-2）所代表的模型简化为如下形式：

$$y = (Wy, x_1, MZ)\kappa + \omega + P\xi\tau - u \qquad (4-3)$$

式（4-3）中的 $\kappa \equiv (\rho, \beta', \tau')'$。由前述模型假设和残差矩阵 $M$ 的独特属性可知，$MZ$ 与式（4-3）中的三部分残差项均不相关。引入控制函数后，空间权重矩阵 $W$ 可被视为前定变量或外生变量（Qu, Lee, 2015），但回归方程式当中的 $Wy$ 依然为内生性解释变量，需要为其寻找合适的工具变量，并在此基础上实施第二阶段的工具变量回归。最常用的一类工具变量是 H. Kelejian 和 D. Robinson 提出的 $Wx_1$，因为其与 $Wy$ 相关，同时模型设定假设其与随机扰动项不相关，满足工具变量的两条关键假设（Kelejian, Robinson, 1993）。假设矩阵 $Q$ 为由所有工具变量构成的数据矩阵[①]，可以给出 $\kappa$ 的两阶段工具变量法估计量

---

[①] 前定变量或外生变量均可以使用自身作为它们的工具变量，故而矩阵 $Q$ 可包含 $x_1$ 和 $MZ$ 及其线性变换。

(2SIV) 为：

$$\hat{\kappa} = [(Wy, x_1, MZ)'Q(Q'Q)^{-1}Q'(Wy, x_1, MZ)]^{-1}(Wy, x_1, MZ)'Q(Q'Q)^{-1}Q'y \qquad (4-4)$$

如式（4-4）所示的两阶段工具变量法估计量，要求模型的随机扰动项具有同方差性。当该假设被违背时，相应的估计量将不再具备有效性。而在式（4-3）所代表的模型当中，复合扰动项 $\omega + P\xi\tau - u$ 的方差矩阵为 $\Pi = (\sigma_\omega^2 + \sigma_u^2(1-2/\pi))I + \tau'\Sigma_\xi\tau P$，无法满足同方差性假设，应当采用更加合理的广义两阶段工具变量法估计量（G2SIV），其具体形式如下所示：

$$\hat{\kappa}_g = [(Wy, x_1, MZ)'\Pi^{-1}Q(Q'\Pi^{-1}Q)^{-1}Q'\Pi^{-1}(Wy, x_1, MZ)]^{-1} \times (Wy, x_1, MZ)'\Pi^{-1}Q(Q'\Pi^{-1}Q)^{-1}Q'\Pi^{-1}y \qquad (4-5)$$

如果模型的随机扰动项能够满足同方差假设，则可令 $\Pi = I$，自然有 $\hat{\kappa}_g = \hat{\kappa}$ 成立，否则两个估计量不会相等。式（4-5）所代表的估计量使用了包含许多未知参数的方差矩阵 $\Pi$，而在一般情况下，这些未知参数均不为研究者所知。首先需要为这些未知参数提供一些合理的初始值，将其代入 $\Pi$ 的数学表达式当中，得到一个方差矩阵的一致估计量 $\hat{\Pi}$，然后在此基础之上重新应用式（4-5），所得估计量可被称为可行的 G2SIV（FG2SIV）。在实际操作过程当中，可以使用基于同方差假设的 2SIV 作为相关参数的初始值，还可以在得到 FG2SIV 之后再将其作为初始值，继续迭代一次得到一个新的 FG2SIV 估计量，甚至是可以多次重复上述步骤，直至参数估计值的波动幅度不超过某个预先设定的阈值或比例。

取得参数向量 $\kappa$ 的估计量 $\hat{\kappa}$ 或 $\hat{\kappa}_g$ 后，还需获取式（4-3）中复合扰动项 $\omega + P\xi\tau - u$ 所涉及的剩余参数的估计量，包括 $\hat{\sigma}_\omega^2$、$\hat{\sigma}_u^2$ 和 $\Sigma_\xi$。可以使用第一阶段回归模型残差项 $MZ$ 的样本方差矩阵 $Z'MZ/NT$ 作为 $\Sigma_\xi$ 的估计量 $\hat{\Sigma}_\xi$，进而有 $\hat{\sigma}_{u\xi} = \hat{\Sigma}_\xi\hat{\tau}$，然后将 $\hat{\rho}$、$\hat{\beta}$ 和 $\hat{\tau}$ 代入式（4-3）中，得到第二阶段回归的复合残差项为 $y - \hat{\rho}Wy - x_1\hat{\beta} - MZ\hat{\tau}$，进而参照 S. N. Afriat 提出的 MOLS 方法，利用该残差项的样本矩来近似随机扰动

项的总体矩，并使用式（3-11）和式（3-12）获取 $\sigma_\omega^2$ 和 $\sigma_u^2$ 的参数估计值，最后令模型截距项对应估计值加上 $\sqrt{2}\hat{\sigma}_u/\sqrt{\pi}$ 以完成全部的参数估计过程（Afriat，1972）。如有必要，可由 $\sigma_v^2 = \sigma_\omega^2 + \sigma'_{v\xi}\Sigma_\xi^{-1}\sigma_{v\xi}$ 取得 $\sigma_v^2$ 的估计值。

## 第二节 拟极大似然估计法

本书所构建模型的假设 2 要求随机扰动项 $v_{it,n}$ 和 $\xi_{it,n}$ 独立同分布，并且限定了联合分布函数的一阶原点矩和二阶中心矩的数学形式，但并未设定该联合分布函数的具体形式，而这是应用极大似然估计法不可或缺的必备要件。H. White 指出在这样的情形下，可以直接在 $v_{it,n}$ 和 $\xi_{it,n}$ 服从多元正态分布的设定下列出模型的（拟）对数似然函数，并依常规方法应用极大似然估计法，所得参数估计量被称为拟极大似然估计量（QMLE）（White，1982）。该估计量实质上最小化了假设分布与真实分布之间的 KL 散度（Kullback-Leibler divergence），具备良好的大样本性质，在满足了较弱的正则条件后存在一致性和渐近正态性。由多元正态分布的特殊性质可知，给定其数学期望与方差矩阵之后，其概率密度函数便可被唯一确定，从而可以列出式（3-34）和式（3-35）联立所代表模型的对数似然函数为[①]：

$$\log \mathcal{L}(\theta) = constant - \frac{1}{2}\sum_{t=1}^{T}\sum_{i=1}^{n}\left\{\frac{(\mathcal{L}_{it,n} - \sigma'_{v\xi}\Sigma_\xi^{-1}\xi_{it,n})^2}{(\sigma_u^2 + \sigma_v^2 - \sigma'_{v\xi}\Sigma_\xi^{-1}\sigma_{v\xi})}\right.$$

$$+ \xi'_{it,n}\Sigma_\xi^{-1}\xi_{it,n} - 2\log\Phi\left[-\frac{\sigma_u^2(\mathcal{L}_{it,n} - \sigma'_{v\xi}\Sigma_\xi^{-1}\xi_{it,n})}{\sqrt{(\sigma_v^2 - \sigma'_{v\xi}\Sigma_\xi^{-1}\sigma_{v\xi})(\sigma_u^2 + \sigma_v^2 - \sigma'_{v\xi}\Sigma_\xi^{-1}\sigma_{v\xi})}}\right]\right\}$$

$$+ T\log|I - \rho W| - \left(\frac{NT}{2}\right)\left(\log\sigma_u^2 + \log|\Sigma_{v\xi}| - \log\frac{\sigma_v^2 - \sigma'_{v\xi}\Sigma_\xi^{-1}\sigma_{v\xi}}{\sigma_u^2 + \sigma_v^2 - \sigma'_{v\xi}\Sigma_\xi^{-1}\sigma_{v\xi}}\right)$$

(4-6)

式（4-6）中 *constant* 代表某个不会影响参数估计结果的常数，该

---

① 模型对数似然函数的详细推导过程可见书后附录的相关内容。

拟对数似然函数涉及的参数向量为 $\theta = (\rho, \sigma_v^2, \sigma_u^2, \beta', vec(\Gamma)', vec(\Sigma_\xi)', \sigma'_{v\xi})'$，其中的 $vec(\cdot)$ 代表矩阵的向量化结果。由于矩阵 $\Sigma_\xi$ 具有对称性，所以 $vec(\Sigma_\xi)$ 中存在许多重复的元素，可以用另一种表达方式来描述这部分参数，即令 $\alpha$ 代表矩阵 $\Sigma_\xi$ 上三角部分所有元素构成的列向量，并据此将模型的参数向量改为 $\theta = (\rho, \sigma_v^2, \sigma_u^2, \beta', vec(\Gamma)', \alpha', \sigma'_{v\xi})'$。注意到参数向量 $\theta$ 的设定方式与第一节介绍的两阶段工具变量法估计量略有差异，为使得两种不同估计方法得出的估计结果具有一定的可比性，可以使用命题 3.2 中提及的 $\tau = \Sigma_\xi^{-1} \sigma_{v\xi}$ 和 $\sigma_\omega^2 = \sigma_v^2 - \sigma'_{v\xi} \Sigma_\xi^{-1} \sigma_{v\xi}$，将参数向量 $\theta$ 转化为 $(\rho, \sigma_\omega^2, \sigma_u^2, \beta', vec(\Gamma)', \alpha', \tau')'$，即与 2SIV 完全相同的参数向量。

拟极大似然估计量是以式（4-6）为最优化目标的解 $\hat{\theta} = \arg\max_{\theta \in \Theta} \log \mathcal{L}(\theta)$，其中 $\Theta$ 代表参数向量 $\theta$ 的取值范围，即模型的参数空间。经典的线性回归模型一般都可以从对数似然函数的一阶条件当中直接得到拟极大似然估计量的解析解，即求解由所有导数均为 0 的联立方程组 $\frac{\partial \log \mathcal{L}(\theta)}{\partial \theta} = 0$。不过对于式（4-6）所示的拟对数似然函数而言，其包含了一些样本数据的非线性函数，一阶条件的数学形式相对比较复杂，无法直接从中求得参数估计量的解析解，故而本书将使用数值优化方法获取目标参数估计值。具体来讲，便是使用数值梯度来近似拟对数似然函数的梯度，并使用 BFGS 算法求解参数估计值。该方法具备良好的数值稳定性，能够在其他优化方法失效的情形下仍取得合理的解（Broyden，1970），是研究人员自主编码实现前沿估计策略的惯用方法。

为减少高维度矩阵的求行列式运算，适当加快优化算法的收敛速度，提升估计效率，本书借鉴了 R. K. Pace 等的向量方法，事先计算了一部分行列式值并存储下来，在最优化算法迭代过程中直接读取这些数值而非反复地重新计算它们（Pace，Barry，1997；Glass et al.，2016）。

## 第三节　广义矩估计法

本章第一节所提出的两阶段工具变量估计法构建于一系列矩条件之

## 第四章 内生权重空间随机前沿模型的参数估计与效率预测

上,比如要求数据矩阵 $X_1$ 和 $X_2$ 均由外生变量构成,与式(3-34)和式(3-35)中的随机扰动项不相关,还要求数据矩阵 $Q$ 与第二阶段回归的复合扰动项 $\omega + P\xi\tau - u$ 不相关。事实上,从本书给出的模型设定中还能推导出许多其他的矩条件。举例来说,如果令 $X$ 代表 $X_1$ 和 $X_2$ 剔除重复变量后横向拼接而成的数据矩阵,其与复合扰动项 $\epsilon = \omega - u$ 不相关,且其线性组合 $AX$ 同样与 $\epsilon$ 不相关,常用的矩阵 $A$ 主要构造自单位矩阵 $I$ 和空间权重矩阵 $W$,包括 $I$、$W^{k_1'}W^{k_2}$、$G$、$G'$ 和 $G'G$ 等,其中的 $k_1$ 和 $k_2$ 均代表任意自然数,矩阵 $G \equiv W(I-\rho W)^{-1}$。数据矩阵 $Z$ 及其线性组合 $AZ$ 同样与复合扰动项 $\epsilon$ 不相关,可将上述提及的这些矩条件概括为如下数学期望式:

$$E(X'\xi) = 0$$
$$E((AX)'\epsilon) = 0$$
$$E((AZ)'\epsilon) = 0 \qquad (4-7)$$

式(4-7)中的第一个等式描述的是数据矩阵 $X$ 严格外生,后两个等式可由期望迭代法则保证成立,因为已知 $E(\epsilon \mid \xi) = 0$,且矩阵 $AX$ 或 $AZ$ 在给定 $\xi$ 的情形下可被视为常数矩阵,则有 $E((AX)'\epsilon) = E_\xi(E((AX)'\epsilon \mid \xi)) = E_\xi((AX)'0) = 0$,同理可得 $E((AZ)'\epsilon) = 0$。矩阵 $A$ 是空间权重矩阵 $W$ 的函数,又有 $Z = X_2\Gamma + \xi$ 成立,则矩阵 $A$ 与 $\xi$ 之间必然存在相关关系,导致形如 $E((AX)'\xi) = 0$ 的矩条件无法成立。式(4-7)中罗列的矩条件均为线性矩条件,事实上依据 $var(\epsilon \mid \xi) = (\sigma_\omega^2 + \sigma_u^2(1 - 2/\pi))i_{NT}$,还可以给出如下形式的二次型矩条件:

$$E(\epsilon'(A - tr(A)i_{NT}/(NT))\epsilon) = 0 \qquad (4-8)$$

在式(4-7)和式(4-8)所列出矩条件的基础之上,很自然地可以尝试使用广义矩估计法取得模型参数的估计值。定义 $\hat{\epsilon} = y - \hat{\rho}Wy - X_1\hat{\beta} - (Z - X_2\hat{\Gamma})\hat{\tau}$,并在此基础上使用样本矩去近似对应的总体矩,可以给出如下样本矩表达式:

$$X'(Z - X_2\widetilde{\Gamma})$$
$$(AX)'\hat{\epsilon}$$
$$(AZ)'\hat{\epsilon}$$

$$\hat{\epsilon}'(A - tr(A)i_{NT}/(NT))\hat{\epsilon} \qquad (4-9)$$

式（4-9）中的矩阵 $A$ 可以有许多不同的设定形式，每多添加一种设定方式，便可以多出三组可用的样本矩，分别是 $(AX)'\hat{\epsilon}$、$(AZ)'\hat{\epsilon}$ 和 $\hat{\epsilon}'(A - tr(A)i_{NT}/(NT))\hat{\epsilon}$。为了精简符号表示，后文将只使用矩阵 $A$ 表示这一族矩阵，而非使用 $A^{(i)}$ 这样的形式将其全部罗列出来。这些矩条件涉及的参数向量为 $\theta_g = (\rho, \beta', vec(\Gamma)', \tau')'$，与 2SIV 和 QMLE 的参数向量相比还缺少了 $(\sigma_\omega^2, \sigma_u^2, vec(\Sigma_\xi)')'$，可以在取得 $\theta_g$ 的估计值 $\hat{\theta}_g$ 之后，再借鉴 MOLS 的基本思路得到这些剩余参数的估计值，具体的计算方法可参见本章第一节的相关内容。为了取得 $\hat{\theta}_g$，可将式（4-9）中的所有样本矩条件表示为向量 $g(\theta_g) = (vec(x'\xi)', \epsilon'(AX), \epsilon'(AZ), \epsilon'(A - tr(A)i_{NT}/(NT))\epsilon)'$，最优化问题 $\arg\max_{\theta_g \in \Theta} g'(\theta_g) a'ag(\theta_g)$ 的解 $\hat{\theta}_g$ 便是欲求得的广义矩估计量（GMM）。其中，$\Theta$ 代表参数向量 $\theta_g$ 的取值范围，$a'a$ 代表某个正定的权重矩阵，可能与样本数据相关，但不能是 $\theta_g$ 的函数，描述了不同矩条件的重要程度（Greene，2019）。

不难发现，尽管本书所提出的三种不同估计方法均构建于假设 1 和假设 2 之上，但它们所依赖的理论基础并不相同。比如，QMLE 假设模型的随机扰动项服从多元正态分布，而另两类估计方法并无此要求。2SIV 相比 GMM 使用了更少的样本矩条件，但计算方法相对更加简单。可以预见，当数据生成过程确实如 QMLE 所假设的那样，则 QMLE 估计量就是模型参数的 MLE 估计量，能够触及参数估计量方差矩阵的下界，会比 2SIV 和 GMM 更加有效。GMM 相比 2SIV 使用了更多的矩条件，又会比后者更加有效，甚至可能和 QMLE 一般有效。当数据生成过程并不符合 QMLE 的分布设定，即模型随机扰动项服从非正态分布时，QMLE 估计量会在保持一致性的同时失去有效性。2SIV 和 GMM 都会比 QMLE 估计量更加有效，2SIV 还是会因为相同的原因不及 GMM 有效。当然，这样的结论仅是不同估计框架的一般性质，其在内生权重空间随机前沿模型当中是否成立，仍有待进一步研究。

## 第四节 技术效率预测方法

D. J. Aigner 等提出，随机前沿模型的关键动因是测度决策单元的技术效率。本书拓展经典模型设定的核心目标是更加精确地测度技术效率，在取得所有模型参数估计值以后，有必要就技术效率的预测方法做进一步讨论（Aigner et al.，1977）。A. Glass 等指出在经典模型中引入产出量的空间滞后项以后，极大地改变了模型参数估计值和残差项的经济学含义，造成传统的效率测度方法不再适用。进而参考 P. Schmidt 和 R. C. Sickles 的研究策略提出了一种新的效率预测方法，不仅能够较好地评价决策单元的总技术效率，而且能够将其区分为直接效率和间接效率两部分，后者刻画的是空间近邻技术效率对本地的溢出效应（Schmidt，Sickles，1984；Glass et al.，2016）。

L. Kutlu 指出 A. Glass 等提出的技术效率测度方法没有充分利用蕴含在假设条件当中的信息，在预设了随机扰动项的概率分布之后，却没有将其应用于效率预测，只是简单地用统计量之间的相对比值来表征决策单元的技术效率，非常容易受到极端异常值的影响，从而提出了另一种更为科学的技术效率测度方法（Glass et al.，2016；Kutlu，2018）。尽管 L. Kutlu 的研究方法是针对外生权重空间自回归随机前沿模型所设计的，但是经过简单的修改后同样能够用于本书的模型设定（Kutlu，2018）。具体来讲，在取得所有模型参数估计量之后，可将其代入式（4-1）中，得到模型的复合扰动项为 $\hat{\epsilon} = y - \hat{\rho}Wy + x_1\hat{\beta} + (Z - x_2\hat{\Gamma})\hat{\tau}$，然后利用 J. Jondrow 等的经典方法获得 $u_{it}$ 的估计量为 $\hat{u}_{it} = \hat{E}(u_{it} | \epsilon_{it}) = \hat{\sigma}_u^2 \hat{\sigma}_\omega^2 / \hat{\sigma}^2 [\varphi(\hat{\epsilon}_{it}\hat{\lambda}/\hat{\sigma})/\Phi(-\hat{\epsilon}_{it}\hat{\lambda}/\hat{\sigma}) - \hat{\epsilon}_{it}\hat{\lambda}/\hat{\sigma}]$，其中的 $\hat{\sigma}^2 = \hat{\sigma}_\omega^2 + \hat{\sigma}_u^2$，$\hat{\lambda} = \hat{\sigma}_u/\hat{\sigma}_\omega$（Jondrow et al.，1982）。在经典模型当中，取得 $\hat{u}_{it}$ 之后，可以直接使用 $\exp(-\hat{u}_{it})$ 作为第 $i$ 个决策单元在第 $t$ 时期的技术效率水平，但被解释变量的空间滞后项被引入模型后，该统计量不再具备这一经济学含义。A. Glass 等使用 $[(I - \hat{\rho}W)^{-1}\exp(-\hat{u}_T)]_i$ 描述决策

单元的技术效率，其中 [·]$_i$ 代表取向量的第 $i$ 个元素，不过需要做更进一步的调整使其取值范围为 [0, 1]，使其更加符合研究者对于效率的直观感知（Glass et al.，2016）。L. Kutlu 则认为上述测度方法的缺陷主要源自其选择了不恰当的效率评价指标，导致需要执行额外的调整步骤，更加准确的评价指标应当是 $E_{it}^{tot} = [\exp(-(I-\hat{\rho}W)^{-1}\hat{u}_T)]_i$，即将指数函数的位置从内侧移至外侧（Kutlu，2018）。

**命题 4.1** 如果空间权重矩阵 $W$ 是对角线元素全为 0 的行标准化矩阵，且 $0 \leq \rho < 1$，则矩阵 $(I-\rho W)^{-1}$ 的所有元素均为非负实数。

本书所提出模型设定需要满足假设 2，要求技术无效率项 $u_{it}$ 服从半正态分布，取值恒不小于 0。从 J. Jondrow 等关于 $\hat{u}_{it}$ 的推导过程中，不难看出 $\hat{u}_{it} \geq 0$ 同样恒成立（Jondrow et al.，1982）。若空间权重矩阵满足命题 4.1 的前提条件，$(I-\hat{\rho}W)^{-1}\hat{u}_T$ 的所有元素都将不小于 0，意味着 $E_{it}^{tot}$ 的取值范围为 (0, 1]，符合效率值的基本要求，不再需要做额外的调整。当 $\hat{u}_T = 0$ 时，传统的效率测度方法将认为决策单元实现了完全技术有效，不存在任何物料浪费的现象，同时新的效率预测值也会取值为 1，具有相同的经济学含义。除此以外，新的效率预测值还是 $\hat{u}_T$ 的减函数，会随着 $\hat{u}_T$ 的逐渐增加而递减，与传统的效率预测方法有相同的变化趋势。当样本内个体不存在空间关联性时，即有 $\rho = 0$，矩阵 $I - \rho W$ 等同于单位矩阵，其逆矩阵同样为单位矩阵，则 L. Kutlu 的技术效率预测值与经典方法的测算结果完全一致，该测度方法的多方面优势促使本书将基于此讨论实证结果的经济学含义（Kutlu，2018）。

与 A. Glass 等的研究类似，L. Kutlu 同样提出了一种将决策单元总体技术效率分解为直接效率和间接效率两部分的方法（Glass et al.，2016；Kutlu，2018）。具体来讲，由矩阵乘法运算的基本法则可知，$[(I-\hat{\rho}W)^{-1}\hat{u}_T]_i$ 是矩阵 $(I-\hat{\rho}W)^{-1}$ 第 $i$ 个行向量与 $\hat{u}_T$ 的哈达玛积的所有元素之和，可将该向量第 $j$ 个元素占所有元素之和的比值 $SE_{it}^j$，视为第 $j$ 个决策单元对决策单元 $i$ 的技术效率溢出占总体技术效率的比例，即有如下定义式成立：

## 第四章 内生权重空间随机前沿模型的参数估计与效率预测

$$SE_{it}^{j} \equiv \frac{\{[(I-\hat{\rho}W)^{-1}]_{i\cdot} \circ \hat{u}_T\}_j}{[(I-\hat{\rho}W)^{-1}\hat{u}_T]_i} \tag{4-10}$$

式（4-10）中的 $[(I-\hat{\rho}W)^{-1}]_{i\cdot}$ 代表矩阵 $(I-\hat{\rho}W)^{-1}$ 第 $i$ 个行向量，$\circ$ 代表了哈达玛积符号。在此基础上，可以很自然地将直接效率所占份额 $SE_{it}^{dir}$ 定义为：

$$SE_{it}^{dir} \equiv SE_{it}^{i} \tag{4-11}$$

相应的间接效率所占的份额 $SE_{it}^{ind}$ 可被定义为：

$$SE_{it}^{ind} \equiv \sum_{j \neq i} SE_{it}^{j} \tag{4-12}$$

由式（4-11）和式（4-12）中的定义式可推知，$SE_{it}^{dir} + SE_{it}^{ind} = 1$，可以通过比较直接效率和间接效率的占比来判别，决策单元在空间网络中扮演的角色是属于效率输出型还是效率输入型。

# 第五章　模型参数估计量和技术效率预测量的统计性质

本章将使用理论推导的方法分析两阶段工具变量估计量、拟极大似然估计量和广义矩估计量的大样本性质，分析它们在样本容量趋近于无穷时的收敛特征和渐近分布，以此说明这些参数估计方法的科学性。使用蒙特卡洛模拟实验来探索上述估计方法的参数估计量和技术效率预测值的小样本性质，并与经典方法相对比，试图发掘出忽略空间权重矩阵内生性将会产生的不良后果，并说明本书所提出估计方法的实用性。

## 第一节　大样本性质

### 一　更多的假设条件

前文所提出的各种参数估计量都只是样本数据的简单代数运算，为了讨论它们的大样本性质，还需要针对样本数据背后的数据生成过程做出更多的假设。

**假设3**　（3a）空间权重矩阵 $W_T$ 的主对角线元素全为0，非主对角线元素全不小于0，且满足 $\sup \|W_T\|_\infty = c_W < \infty$。空间权重矩阵经行标准化操作后再进入模型当中。

（3b）模型参数向量 $\theta = (\rho, \sigma_\omega^2, \sigma_u^2, \beta', vec(\Gamma)', \alpha', \tau')'$ 的取值范围 $\Theta$ 是欧式空间 $R^K$ 中的紧子集，且参数真值 $\theta_0$ 是 $\Theta$ 的内点。$K = 3 + k_1 + k_2 p_2 + p_2 + J$，其中 $k_1$ 是 $\beta$ 的维度，$k_2$ 是数据矩阵 $X_2$ 包含的变量个数，$p_2$ 是数据矩阵 $Z$ 包含的变量个数，同样也是 $\xi$ 和 $\tau$ 的维度，$k_2 p_2$ 则是

$vec(\Gamma)$ 的维度，$\alpha$ 是由 $\Sigma_\xi$ 上三角部分所有元素组成的向量，其维度 $J = (1+p_2)p_2/2$。除此以外，还要求有 $\sup_{\rho \in P}|\rho|c_W < 1$，其中 P 是参数 $\rho$ 的取值范围。

（3c）令 $X$ 代表 $X_1$ 和 $X_2$ 剔除重复变量后横向拼接而成的数据矩阵。$X$ 当中的所有元素均为非随机或固定的，且它们的绝对值有界。$lim_{NT \to \infty}(X'X)/(NT)$ 存在且为非奇异矩阵。

假设（3a）和假设（3b）都是空间计量经济学文献当中的经典假设。假设（3a）中提及的 $\|\cdot\|_\infty$ 是矩阵的正无穷范数，代表各行元素绝对值之和当中的最大值。由于假设了权重矩阵的所有元素均不小于 0，则 $\|W\|_\infty$ 是 $W$ 各行元素之和中的最大值。$\sup \|W\|_\infty = c_W < \infty$ 表示任意维度下的空间权重矩阵，包括样本容量扩张至正无穷时，均有 $\|W\|_\infty = c_W < \infty$ 成立，说明各行元素之和始终小于某个固定实数 $c_W$，表明决策单元之间的空间交互作用始终保持在一定的幅度内。如果空间权重矩阵为行标准后矩阵，则该假设自然会得到满足，因为行标准化后矩阵每一行所有元素之和均为 1，可以取 $c_W = 1$。一般的空间计量经济学研究并不一定需要行标准化后矩阵，假设（3a）之所以做出如此要求，主要是为了让空间权重矩阵满足命题 4.1 的前置条件，以此保证本书所用的效率预测量处在合理的取值范围内。如果空间权重矩阵为对称矩阵，则由行向量元素之和存在上界可推知列向量同样具备这样的性质，但行标准化后矩阵一般不是对称矩阵，可能在行向量有上界时依然存在较大的列向量之和。

本书所提出的三种估计量均可转化为某个最优化问题的解，比如两阶段工具变量估计量和广义矩估计量对应着最小化样本矩条件的加权平方和，拟极大似然估计量对应着最大化模型的拟对数似然函数。为论证最优化问题解的存在性，一般都需要假设或证明最优化目标具备一定的连续性且参数空间为欧式空间的紧子集（Gallant, White, 1988），假设（3b）的前半部分便保证了参数空间是一个紧子集。该假设的后半部分要求 $\sup_{\rho \in P}|\rho|c_W < 1$，意味着空间网络将具备一定的稳定性，外生冲击在个体间传递的过程中会逐渐衰减，高阶空间滞后项对本地的影响会

随着阶数的提升而逐渐减少，最终促使整个系统达到新的稳态点。

假设（3c）要求数据矩阵 $X$ 在样本量趋近于无穷时不存在完全共线性，这意味着数据矩阵 $X_1$ 和 $X_2$ 同样也不存在完全共线性，是经典线性模型当中的关键假设之一。当然，该假设条件允许 $X_1$ 和 $X_2$ 之间存在重叠部分，甚至可以是完全相同的两个矩阵。

**假设 4** 决策单元 $i$ 和 $j$ 之间的空间关联性 $W_{ij}$ 由 $Z_i$、$Z_j$ 和 $\rho_{ij}$ 三者共同决定，前两者表示用于构建空间权重矩阵的经济变量，后者代表两个决策单元之间的地理距离。当两个决策单元之间的地理距离超过某个特定阈值 $\rho_0$ 时，取 $W_{ij} = 0$。不失一般性地，可以令 $\rho_0 = 1$。如果地理距离在阈值 $\rho_0$ 以内，则 $W_{ij} = h(Z_i, Z_j) / \sum_{\rho_{ik} \leq \rho_0} h(Z_i, Z_k)$。其中，$h(\cdot)$ 代表某个取值非负且一致有界的函数。更加紧凑的表达方式为 $W_{ij} = h(Z_i, Z_j) I(\rho_{ij} \leq \rho_0) / \sum_{\rho_{ik} \leq \rho_0} h(Z_i, Z_k)$，其中 $I(\cdot)$ 代表示性函数，当且仅当括号内的条件得到满足时，取值才为 1，否则取值为 0。

假设 4 在较大程度上是为了更加明确地满足前文提及的假设 1 和假设 3。比如地理距离矩阵在该假设当中扮演了重要的角色，只有地理距离和经济距离同时比较相近的两个决策单元才会拥有较大的空间权重；若经济距离比较接近而地理距离相对遥远，仍会被认为是不存在空间关联性的两个个体。这样的模型设定减少了权重矩阵当中非零权重组合对的数目，降低了经济距离为 0 的概率，能够更好地满足假设 1 中的最小间距要求；① 也使得空间权重矩阵更加接近稀疏矩阵，可以在稀疏矩阵相关算法的帮助下提升算法运行效率，更有可能使得参数估计量拥有更快的收敛速度（Lee，2004）。假设 4 中的空间权重显然是经历了行标准化操作后的结果，其每一行的元素之和均为 1，能够直接满足假设（3a）。假设 4 并没有要求 $h(Z_i, Z_j) = h(Z_j, Z_i)$，允许行标准化操作之前的空间权重矩阵为非对称矩阵，即不同决策单元之间的空间关联度存在不对称性，比如发达经济体可能会对周边的欠发达经济体产生较强的

---

① 如果把 $h(\cdot)$ 设计为取值恒为正的函数，则假设 1 会更容易得到满足，比如令 $h(Z_i, Z_j) = \exp(-|Z_i - Z_j|)$。

溢出效应，而欠发达经济体对发达经济体的影响相对较小甚至是完全无任何影响，非常符合现实世界中的真实情况。

独立同分布假设是经典大样本理论的基础，但它们很难在空间计量模型中成立。因为空间计量模型的理论基础便是个体之间存在空间关联性，这显然违背了独立性假设。同分布假设则要求所有决策单元面临的空间结构均能保持一致，这又严重脱离了实际。众所周知，证明大样本性质的假设条件可区分为三类：依赖性、异质性和波动性，且三类条件之间存在一定的权衡取舍关系（trade-offs），可以用更强的矩条件限制随机过程的波动性为代价，换取更加宽松的依赖性和异质性假设（White，2001）。比如，N. Jenish 和 I. R. Prucha 假设空间随机场为强混合随机场或一致混合随机场，即当两个决策单元之间的距离趋近于无穷时，相应随机变量具有渐近独立性。如果随机变量存在异质性但具备一致 $L_2$ 可积性，即极端值下的积分可忽略不计，便可推导出包括大数定理和中心极限定理在内的各类大样本理论（Jenish，Prucha，2009）。如果一个随机序列的元素都是某混合随机场当中有限个元素的函数，则该随机序列同样也是一个混合序列（Davidson，2021），能够直接应用 N. Jenish 和 I. R. Prucha 的研究结论，进而可以验证一大类统计量的大样本性质（Jenish，Prucha，2009）。构建于无穷多个混合随机场元素之上的随机序列却并不一定是混合序列，使得 N. Jenish 和 I. R. Prucha 的研究成果无法直接应用于空间自回归模型。因为该模型的被解释变量可被改写为无穷多个随机扰动项空间滞后项的线性组合，且已被 D. Andrews 证明不属于能够保留混合性的特例情形，自然也无法适用于本书所提出的内生权重空间自回归随机前沿模型（Andrews，1984；Jenish，Prucha，2009）。

N. Jenish 和 I. R. Prucha 参考时间序列分析领域内的空间近邻相依，提出了一个空间近邻相依随机场的概念，即其中的元素虽然是无穷多个随机变量的函数，但可以很好地使用若干个空间近邻来近似拟合，而该拟合序列可以继承输入序列的混合性。如果真实序列与拟合序列之间的误差在大样本情形下可以忽略不计，那便可以利用 N. Jenish 和

I. R. Prucha 的已有结论取得相应的大数定理和中心极限定理（Jenish，Prucha，2009；2012）。近邻相依性与混合性不同，构建于无穷多个近邻相依序列之上的随机序列依然具备近邻相依性（Davidson，2021），广泛地适用于各类常见的空间计量模型，至少是可用于本书所需的空间自回归模型，也逐渐成为研究者讨论空间计量模型非线性参数估计量时的标准假设（Qu，Lee，2015；Jin，Lee，2020）。

**定义 5.1** 假设存在两个不同的空间随机场 $T = \{T_{it,n}, l(i) \in D_n, n \geq 1\}$ 和 $\zeta = \{\zeta_{it,n}, l(i) \in D_n, n \geq 1\}$，以及一个有限的正常数数列 $d = \{D_{it,n}, l(i) \in D_n, n \geq 1\}$，对于某个 $p \geq 1$ 而言，有 $\|T_{it,n}\|_p < \infty$ 成立，网格 $D_n \subset D$ 且 $|D_n| = n$。若 $\|T_{it,n} - E(T_{it,n} | ?_{it,n}(s))\|_p \leq D_{it,n}\varphi(s)$，其中序列 $\varphi(s)$ 为非负实数序列且有 $\lim_{s \to \infty} \varphi(s) = 0$，则可称 $T$ 是构建于 $\zeta$ 之上的 $L_p$ 空间近邻相依随机场，$D_{it,n}$ 和 $\varphi(s)$ 分别是该随机场的近邻相依比例因子和近邻相依系数。

定义 5.1 中的 $\|\cdot\|_p$ 代表随机变量（向量）的 $L_p$ 范数，表达式为 $\|Y\|_p = [E|Y|^p]^{1/p}$，其中 $|Y|$ 代表随机向量 $Y$ 的欧几里得范数。$F_{it,n}(s)$ 是由闭球[①]$B(i,s)$ 内所有 $\zeta_{jt,n}$ 生成的 $\sigma$ 域，代表了蕴含在空间近邻相关随机变量中的信息集。$T_{it,n}$ 一般是不具备强混合性或一致混合性的原始序列，$E(T_{it,n} | F_{it,n}(s))$ 是基于空间近邻构建的拟合序列，常常具备所需的混合性。

使用向量 $\zeta_{it,n}$ 表示决策单元 $i$ 在第 $t$ 时期的所有模型随机扰动项 $\{\xi'_{it}, \omega_{it}, u_{it}\}'$，使用 $\zeta^*_{it,n}$ 表示构建于随机扰动项 $\zeta_{it,n}$ 和数据矩阵 $X$ 之上的向量函数，比如 $\zeta^*_{it,n} = f_i(\xi_{it}, \omega_{it}, u_{it}, X, \theta_0)$。假设（3c）要求数据矩阵 $X$ 非随机或固定，假设（3b）设定了 $\theta_0$ 为模型参数真实值，则 $\zeta^*_{it,n}$ 的取值仅与决策单元自身的编号 $i$ 或其空间位置 $l(i)$ 相关，与任意其他决策单元相应随机扰动项均不相关。可令第 $t$ 时期所有 $\zeta^*_{it,n}$ 构成的矩阵为 $\zeta^*_{t,n} = (\zeta^*_{1t,n}, \cdots, \zeta^*_{nt,n})'$，所有时期 $\zeta^*_{t,n}$ 构成的矩阵为 $\zeta^*_n = (\zeta^*_{1,n}, \cdots,$

---

[①] 闭球的定义可参见书后附录部分的相关内容。

$\zeta_{T,n}^*$)。假如有矩阵 $A = B'C$,其中矩阵 $B$ 和矩阵 $C$ 均可从 $W^{k_1}$ 或 $G^{k_2}$ 中任意选取,$k_1$ 和 $k_2$ 均代表某个有限的自然数,那么由 X. Qu 和 L. F. Lee 的附录 C.2 可知,对于所有维度合适的常数向量 $a$ 和 $b$ 而言,统计量 $a'\zeta_n^{*'}A\zeta_n^*b$ 均为构建于 $\{\zeta_{it,n}\}$ 之上的空间近邻相依随机场(Qu, Lee, 2015)。在此基础上,可以取得如下大样本理论①:

**命题 5.2** 当假设 1、假设(3a)和假设 4 得到满足时,如果有 $\sup_{it,n}\|\zeta_{it,n}\|_4 < \infty$,可推知 $E|a'\zeta_n^{*'}A\zeta_n^*b|/(NT) = O(1)$,且有 $[a'\zeta_n^{*'}A\zeta_n^*b - E|a'\zeta_n^{*'}A\zeta_n^*b|]/(NT) = O_p(1)$。

命题 5.2 是适用于空间近邻相依随机场的(逐点)大数定理,可用于研究各种参数估计量的一致性,即其在样本容量趋近于无穷时的收敛特征。两阶段工具变量估计量具有明确的解析解形式,可以直接应用命题 5.2 探讨其一致性,但拟极大似然估计量和广义矩估计量并没有这样的性质,它们被表示为某个最优化问题的解。A. R. Gallant 和 H. White 总结了一种证明此类参数估计量一致性的标准方法 Gallant, White, 1988),即首先证明最优化目标函数会一致收敛到某个非随机函数,然后便可以证明前者的解会强收敛到后者的唯一解,基本思路如图 5-1 所示。

**图 5-1 一种证明参数估计量一致性的基本思路示意**

为证明拟极大似然估计量和广义矩估计量的一致性,需要取得它们最优化目标的一致收敛值,这一证明策略需要用到如下一致大数定理(uniform laws of large numbers)。

---

① 命题 5.2、命题 5.3 和命题 5.4 的具体详细证明过程可参见 X. Qu 和 L. F. Lee 的附录 C.3(Qu, Lee, 2015)。

**命题**5.3　当假设1、假设（3a）、假设（3b）和假设4得到满足时，如果有 $\sup_{it,n} \|\zeta_{it,n}\|_4 < \infty$，可推知 $a' \zeta_n^*(\theta)' G^{k_1}(\rho)' G^{k_2}(\rho) \zeta_n^*(\theta) b/(NT)$ 随机等度连续[①]，且有：

$$\sup_{\theta \in \Theta} \frac{1}{NT} | a'\zeta_n^*(\theta)' G^{k_1}(\rho)' G^{k_2}(\rho) \zeta_n^*(\theta) b - E[a'\zeta_n^*(\theta)' G^{k_1}(\rho)' G^{k_2}(\rho)\zeta_n^*(\theta)b] |$$
$$= O_p(1) \tag{5-1}$$

式（5-1）中的 $\zeta_{it,n}^* = f_i(\xi_{it}, \omega_{it}, u_{it}, X, \theta)$，且参数向量 $\theta$ 以多项式形式进入 $f_i$ 中，$k_1$ 和 $k_2$ 均代表某个有限的自然数，$a$ 和 $b$ 是两个维度合适的常数向量。

大数定理指出，统计量会在样本容量趋近于正无穷时，收敛到某个特定常数，即从随机变量退化为非随机变量，使得研究者无法得知统计量在收敛点附近的分布情况，无法实施区间估计和假设检验。中心极限定理讨论的便是统计量在标准化以后的极限分布，尽管该极限分布在样本量趋近于无穷时才有意义，但仍可为有限样本下的实际研究提供丰富的启示。如果令 $R_n$ 表示参数估计量与其数学期望之间的差值，后者是前者在大样本情形下的收敛值，有：

$$R_n = \sum_{j=1}^{M} [a'_j \zeta_n^{*'} A_j \zeta_n^* b_j - E(a'_j \zeta_n^{*'} A_j \zeta_n^* b_j)] \tag{5-2}$$

式（5-2）中的 $R_n$ 包含了 $m$ 个不同的矩阵 $A_j$，每个 $A_j = B'_j C_j$，$B_j$ 和 $C_j$ 均从 $W^{k_1}$ 或 $G^{k_2}$ 中选取，其中 $k_1$ 和 $k_2$ 均代表某个有限自然数。令 $\sigma_R^2 \equiv plim_{NT \to \infty} var(R_n)$，即 $R_n$ 的方差在样本量趋近于无穷时的渐近值，存在如下中心极限定理。

**命题**5.4　当假设1、假设2、假设（3a）和假设4得到满足时，如果有 $\sup_{it,n} \|\zeta_{it,n}\|_{4+\delta} < \infty$，其中 $\delta$ 为某个大于0的实数，且 $\inf_{NT} \sigma_R^2/(NT) > 0$，则有 $R_n/\sigma_R \xrightarrow{D} N(0,1)$。

命题5.2、命题5.3和命题5.4是研究本书所提出模型参数估计量

---

① "随机"是指该统计量是样本数据的函数，存在一定的随机性。"等度连续"描述的是在参数空间 $\Theta$ 中任取一个参数 $\theta$ 时，所得函数均为一致连续函数，即全由一致连续函数构成的函数族具备等度连续性。

大样本性质的关键工具,接下来将在此基础上展开论述,尝试阐明这些估计方法的科学性。

## 二 两阶段工具变量估计量

由第四章第一节的内容可知,两阶段工具变量法估计量(2SIV)是广义两阶段工具变量法估计量(G2SIV)的一种特例形式。如果能够证明后者拥有某种大样本性质,则前者自然也会具备类似的大样本性质,故而此处仅以 G2SIV 为例展开论述。由 G2SIV 的数学表达式可知,参数估计量 $\hat{\kappa}_g$ 与参数真值 $\kappa$ 之间的差值 $\hat{\kappa}_g - \kappa$ 为:

$$\hat{\kappa}_g - \kappa = [(Wy, X_1, MZ)' \Pi^{-1} Q (Q' \Pi^{-1} Q)^{-1} Q' \Pi^{-1} |$$
$$(Wy, X_1, MZ)]^{-1} \times (Wy, X_1, MZ)' \Pi^{-1} Q (Q' \Pi^{-1} Q)^{-1}$$
$$Q' \Pi^{-1} (\omega + P\xi\tau - u) \tag{5-3}$$

式(5-3)中的矩阵 $\Pi$ 代表复合扰动项的协方差矩阵 $(\sigma_\omega^2 + \sigma_u^2(1 - 2/\pi))I + \tau'\Sigma_\xi\tau P$,则可推知 $\Pi^{-1} = (I - (\tau'\Sigma_\xi\tau)/(\sigma_\omega^2 + \sigma_u^2(1 - 2/\pi) + \tau'\Sigma_\xi\tau)P)/(\sigma_\omega^2 + \sigma_u^2(1 - 2/\pi))$。从而不难看出,为分析 $\hat{\kappa}_g - \kappa$ 的大样本性质,需要细致讨论的细项包括 $Q'Q$、$Q'X_2$、$Q'(Wy, X_1, M\xi)$、$X_2'(Wy, X_1, M\xi)$、$Q'\omega$、$Q'P\xi\tau$ 和 $Q'u$ 等。其中,$Wy = G(X_1\beta + \xi\tau + \omega - u)$,矩阵 $Q$ 代表模型中所有解释变量对应的工具变量数据矩阵,$X_1$ 和 $MZ$ 为外生变量,可以用自身做工具变量,存在内生性的 $Wy$ 可以使用 $W^{k_1}X_1$ 和 $W^{k_2}MZ$ 及其线性组合做工具变量,$k_1$ 和 $k_2$ 可为任意有限的自然数。为能够继续展开分析,还需要对数据生成过程做出如下假设。

**假设5** (5a)工具变量矩阵 $Q$ 的所有列向量都是 $AX$ 或 $AZ$ 中的某一列,其中 $A = B'C$,且矩阵 $B$ 和矩阵 $C$ 均可从 $W^{k_1}$ 或 $G^{k_2}$ 中任意选取,$k_1$ 和 $k_2$ 代表某个有限的自然数。

(5b)极限 $lim_{NT \to \infty} E(Q'Q)/(NT)$ 存在且为非奇异矩阵。

(5c)极限 $lim_{NT \to \infty} E(Q'(G(x_1\beta + \xi\tau), x_1, \xi))/(NT)$ 为列满秩矩阵。

**命题5.5** 当假设1—5成立时,2SIV 和 G2SIV 均有一致性和渐近正态性。对于 2SIV 而言,有 $\hat{\ } - \kappa \xrightarrow{p} 0$ 且 $\sqrt{NT}(\hat{\ } - \kappa) \xrightarrow{D} N(0, \Sigma)$,

其中 $\Sigma = plim_{NT\to\infty}[U'JU]^{-1}U'J\Pi JU[U'JU]^{-1}$，且矩阵 $U \equiv (G(x_1\beta + \xi\tau), x_1, \xi)$、$J \equiv Q(Q'Q)^{-1}Q'$。对于 G2SIV 而言，有 $\hat{\kappa}_g - \kappa \xrightarrow{P} 0$，且 $\sqrt{NT}(\hat{\kappa}_g - \kappa) \xrightarrow{D} N(0, \Sigma_g)$，其中 $\Sigma_g = plim_{NT\to\infty}[U'\Pi^{-1}Q(Q'\Pi^{-1}Q)^{-1}Q'\Pi^{-1}U]^{-1}$。

取得模型参数 $\kappa$ 的估计量以后，还要在此基础上继续获取剩余参数的估计值。如前文所述，$\Sigma_\xi$ 的估计量用的是第一阶段回归残差项的方差矩阵 $\Sigma_\xi$，由于该阶段回归满足经典线性回归的所有假设条件，显然会具有良好的大样本性质。$\sigma_\omega^2$ 和 $\sigma_u^2$ 的参数估计量是参考 MOLS 提出的，在样本量趋近于无穷时，同样拥有一致性和渐近正态性（Afriat, 1972）。本书在实际操作过程中，将使用 Delta 方法取得这些参数估计量的标准差。

由于 2SIV 忽略了模型复合扰动项方差矩阵的结构，简单地将其假设为单位矩阵，没有充分利用蕴含在模型设定当中的信息，显然其方差矩阵将不小于 G2SIV 的方差矩阵①，即其不如 G2SIV 有效。由于采用不同的工具变量数据矩阵 $Q$ 会产生不同的估计量，故而完全有可能会存在一组最优的工具变量，使得相应 G2SIV 的方差矩阵最小。事实上，由柯西—施瓦茨不等式可知，有 $U'\Pi^{-1}Q(Q'\Pi^{-1}Q)^{-1}Q'\Pi^{-1}U \leqslant U'\Pi^{-1}U$ 恒成立，等号当且仅当矩阵 $U$ 的所有列向量均属于 $Q$ 中列向量的线性组合时成立（Qu, Lee, 2015）。由此可见，当矩阵 $Q$ 包含了 $GX$、$GZ$、$X$ 和 $Z$ 时，G2SIV 的方差矩阵达到了此类估计量的下界，可称其为最优 G2SIV 估计量（BG2SIV），相应的渐近方差矩阵为 $\Sigma_{bg} = plim_{NT\to\infty}[U'\Pi^{-1}U]^{-1}$。尽管 BG2SIV 拥有理论上的长处，但它在实践中一般都是不可行的，因为研究者无法掌握 $\Pi$ 的确切取值，只能基于 2SIV 参数估计量获得一致估计量 $\hat{\Pi}$ 和 $\hat{\rho}$ 以后，构造出可行的工具变量矩阵 $\hat{Q}$，然后再将它们代入 BG2SIV 的计算公式，最终所得估计量可被称为可行的最优 G2SIV（FBG2SIV）。

---

① W. H. Greene 指出当两个矩阵之差是一个半正定矩阵时，可称被减者不小于减者（Greene, 2019）。

**命题 5.6** 当假设 1—5 成立时，FBG2SIV 具有一致性和渐近正态性，即 $\hat{\kappa}_{fbg} - \kappa \xrightarrow{P} 0$ 且有 $\sqrt{NT}(\hat{\kappa}_{fbg} - \kappa) \xrightarrow{D} N(0, \Sigma_{bg})$，其中 $\Sigma_{bg} = plim_{NT \to \infty} [U' \Pi^{-1} U]^{-1}$。

命题 5.6 指出尽管 FBG2SIV 使用的是 $\Pi$ 的估计量 $\hat{\Pi}$，但是它的大样本性质和 BG2SIV 的完全相同。本书接下来在提及广义两阶段工具变量法估计量（G2SIV）时，如未特别说明，指代的都是可行的最优广义两阶段工具变量法估计量（FBG2SIV）。

### 三 拟极大似然估计量

参考 A. R. Gallant 和 H. White 的相关论述，证明拟极大似然估计量一致性的关键步骤包括两个部分，分别是证明模型的对数似然函数会一致收敛到某个特定的非随机函数、证明该特定的非随机函数存在唯一的最优化解（Gallant, White, 1988）。在此基础上，便可以应用他们提出的定理 3.19 证明：模型参数的拟极大似然估计量会收敛到前述唯一的最优化解。一般研究者所选的非随机函数都是模型对数似然函数的数学期望，其在模型参数真值处取得唯一的最优化解，由此便证明了拟极大似然函数的一致性。渐近正态性的证明可以在一致性的基础上应用命题 5.4 得到。为应用该研究策略，需要做出如下假设。

**假设 6** 极限 $lim_{NT \to \infty} E((G(X_1\beta + \xi\tau), X_1, \xi)'(G(X_1\beta + \xi\tau), X_1, \xi))/(NT)$ 存在且为非奇异矩阵。

**命题 5.7** 如果假设 1—4 和假设 6 同时成立，则拟极大似然估计量 $\hat{\theta}$ 具备一致性和渐近正态性，有 $\sqrt{NT}(\hat{\theta} - \theta) \xrightarrow{D} N(0, \Sigma_q)$，其中 $\Sigma_q = (\lim_{NT \to \infty} \frac{1}{NT} E(\frac{\partial^2 \log \mathcal{L}(\theta)}{\partial \theta \partial \theta'}))^{-1} \lim_{NT \to \infty} \frac{1}{NT} E(\frac{\partial \log \mathcal{L}(\theta)}{\partial \theta} \frac{\partial \log \mathcal{L}(\theta)}{\partial \theta'}) (\lim_{NT \to \infty} \frac{1}{NT} E(\frac{\partial^2 \log \mathcal{L}(\theta)}{\partial \theta \partial \theta'}))^{-1}$。

如果拟极大似然估计量所依赖的正态分布假设成立，即两部分随机扰动项 $v_{it,n}$ 和 $\xi_{it,n}$ 的联合分布为多元正态分布，则该估计量就是模型参数的极大似然估计量。在正态分布假设之下，模型对数似然函数海塞矩阵的负值等于费雪信息矩阵（Greene，2019），此时极大似然估计量的方差矩阵便是 $-(lim_{NT\to\infty}\frac{1}{NT}E(\frac{\partial^2 \log \mathcal{L}(\theta)}{\partial \theta \partial \theta'}))^{-1}$，触及了所有具备一致性和渐近正态性的参数估计量的方差下界，即克拉默—拉奥下界（Cramér-Rao bound），将在此类估计量中具备有效性。如果正态分布假设并不成立，则拟极大似然估计量不再具备如此有效性。

### 四 广义矩估计量

广义矩估计量和拟极大似然估计量类似，均是某个最优化问题的解，但前者对应的最优化问题相对简单，仅为样本矩条件的二次型，后者则包含了计算困难的矩阵行列式和形式复杂的非线性函数。A. R. Gallant 和 H. White 总结的研究策略同样适用于证明广义矩估计量的大样本性质，即首先论述最优化目标函数会一致收敛到某特定函数，然后说明该函数仅在参数真值处取得最优解，由此便可推知广义矩估计量具备一致性（Gallant，White，1988）。渐近正态性的证明则需要将相关数学式改写为命题 5.4 中的特殊形式，然后再取得合理的方差矩阵估计量。为完成具体的论述过程，需要对数据生成过程提出如下额外假设。

**假设 7** （7a）样本矩条件使用的外生变量全都具有 $AX$ 或 $AZ$ 的形式，其中 $A = B'C$，且矩阵 $B$ 和矩阵 $C$ 均可从 $W^{k_1}$ 或 $G^{k_2}$ 中任意选取，$k_1$ 和 $k_2$ 代表某个有限的自然数。

（7b）$\text{plim}_{NT\to\infty} ag(\theta_g)/(NT) = 0$ 仅在参数真值 $\theta_{g0} \in \Theta_g$ 处取得唯一的根。

（7c）$\text{plim}_{NT\to\infty} aD/(NT)$ 存在且为列满秩矩阵，其中 $D = -\text{plim}_{NT\to\infty} \frac{1}{NT} \frac{\partial g(\theta_{g0})}{\partial \theta'_{g0}}$。

假设（7a）和假设（5a）基本相同，通过限定工具变量数据矩阵的选取范围，为应用相关命题提供基础。假设（7b）是为了保证广义矩估计量对应最优化目标的极限值存在且仅存在唯一一个可行解，从而仅需在证得最优化目标的一致收敛性后，便可获得广义矩估计量的一致性。本书直接假设该条件成立，而不是提供一些低级的充分条件以保证其成立。这因为所需的充分条件相对较弱，其中的证明过程却较为复杂（Lee，2007）。为精简论述，做出如此假设是合理的。假设（7c）用于确保某些矩阵的逆矩阵存在，进而保证广义矩估计量存在合理的渐近方差矩阵。

**命题** 5.8  如果假设 1—4 和假设 7 同时成立，则广义矩估计量 $\theta_g$ 是参数真值 $\theta_{g0}$ 的一致估计量，且具备渐近正态性，有 $\sqrt{NT}(\theta_g - \theta_{g0}) \xrightarrow{D} N(0, \Sigma_{gmm})$。其中，$\Sigma_{gmm} = \lim_{NT \to \infty}(1/NT)(D'a'aD)^{-1}D'a'a\Omega a'aD(D'a'aD)^{-1}$，其中 $D = -\frac{1}{NT}\frac{\partial\, g(\theta_{g0})}{\partial\, \theta_{g0}'}$，$\Omega = var(g(\theta_{g0}))$。

广义矩估计量和两阶段工具变量法估计量类似，在某种条件下都存在着一种最优的估计量。对于广义矩估计量而言，应用柯西—施瓦茨不等式可知，如果最优化目标函数当中的权重矩阵 $a'a$ 取值为所有矩条件方差矩阵 $\Omega$ 的逆矩阵 $\Omega^{-1}$ 时，对应估计量的渐近方差矩阵将触及此类估计量的方差下界 $\lim_{NT \to \infty}(1/NT)(D'\Omega^{-1}D)^{-1}$。由于研究者几乎不可能掌握方差矩阵的具体结构，故而该最优广义矩估计量实际上并不可行。一般情况下，首先需要依据样本矩条件取得 $\Omega$ 的一个一致估计量 $\hat{\Omega}$，然后将最优化问题 $\arg\max_{\theta_g \in \Theta} g'(\theta_g)\hat{\Omega}^{-1}g(\theta_g)$ 的解作为模型参数的估计值。基于 $\hat{\Omega}$ 取得的广义矩估计量被称为可行的最优广义矩估计量，具备命题 5.8 中提及的一致性和渐近正态性，且其方差矩阵为 $\lim_{NT \to \infty}(1/NT)(D'\Omega^{-1}D)^{-1}$。尽管假设（7a）已经极大地限制了工具变量的选择范围，但仍未给出一个具体的矩阵形式。本书将使用 FBG2SIV 所用的最优工具变量矩阵，即有 $\hat{Q} = [G(\hat{\rho})X, G(\hat{\rho})Z, X, Z]$。

事实上，拟极大似然估计量某种程度上也可以被视为广义矩估计量，只不过其使用的矩条件是拟对数似然函数的一阶条件。换言之，如果能够正确地设定随机扰动项的分布函数并选取了合适的矩条件，广义矩估计量可以成为极大似然估计量并达到方差下界。不过这些前置条件一般很难被满足，可认为广义矩估计量使用部分有效性置换了更强的稳健性。

## 第二节　小样本性质

### 一　蒙特卡洛模拟实验设计

尽管本书所提出的三种估计量都具有良好的大样本性质，但在现实应用当中，研究者一般无法获取到拥有无限样本点的数据集，故而还需要讨论参数估计量和技术效率预测量的小样本性质，以便于更好地指导实践，这部分内容将基于蒙特卡洛模拟实验加以实现。

参照式（3-34）和式（3-35）所代表的模型设定，可以设计出一个带有内生权重的空间自回归随机前沿模型，具体的数据生成过程如下所示：

$$y_T = (I - \rho W_T)^{-1}(X_T\beta + v_T - u_T) \quad (5-4)$$

式（5-4）描述的是一个单投入单产出型决策单元的生产函数，其中 $y_T$ 代表产出量，是一个长度为 $N$ 的列向量，意味着模拟样本包含了 $N$ 个不同的决策单元。$X_T$ 代表数据矩阵，仅包含两列。其中一列 $x_{1t}$ 的所有元素取值均为1，代表模型的截距项；另一列 $x_{2t}$ 代表了唯一的投入变量，该列向量当中的所有元素相互独立，且均从标准正态分布 $N(0,1)$ 中抽样。这两列对应的总体参数为 $\beta_0$ 和 $\beta_1$，且均取值为1。$v_T$ 和 $u_T$ 分别代表的是空间随机前沿模型的白噪声项和技术无效率项，并设定两者分别从标准正态分布 $N(0,1)$ 和半正态分布 $n^+(0,1)$ 中抽样。参数 $\rho$ 刻画的是决策单元之间空间溢出效应的大小，取值为0意味着不同决策单元之间不存在空间关联性，模型将退化经典的非空间随机前沿模型，反之则存在空间溢出效应，且取值越大代表空间关联性越强，但因不得违背假设（3b）而存在上界。经典空间计量模型当中的空间权重矩阵 $W_T$ 被设定为前定变量或外生变量，可直接采用现实世界当中的地理距离矩阵或使用随机数发生器来生成，但本书假定其存在内生性，需要采用如下步骤才能生成一个满足要求的空间权重矩阵。

（1）设定随机扰动项（$v_{it},\xi_{it}$）服从独立同分布的二元正态分布，该分布的数学期望为 0，协方差矩阵 $\Sigma_{v\xi} = \begin{pmatrix} 1 & \sigma_{v\xi} \\ \sigma_{v\xi} & 1 \end{pmatrix}$。$v_{it}$ 是生产函数模型当中的白噪声项，其边缘分布为标准正态分布，与前文设定保持一致。$\xi_{it}$ 是内生变量对工具变量回归方程式当中的白噪声项，将用于构建空间权重矩阵。当两部分随机扰动项之间的相关性为 0 时，即 $\sigma_{v\xi} = 0$，两者相互独立，意味着空间权重矩阵完全外生；反之则存在内生性问题，且取值越大代表内生性越严重。

（2）设定内生性变量 $Z_T = \gamma_0 x_{1t} + \gamma_1 x_{2t} + \xi_T$，即使用前文已经抽取出的变量 $x_{2t}$ 作为工具变量，$\xi_T$ 是由上一步骤中所生成 $\xi_{it}$ 构成的列向量，可令总体参数 $\gamma_0 = \gamma_1 = 1$。在取得内生性变量的基础之上，可构建出一个经济距离矩阵 $W_T^E$，该矩阵的主对角线元素全为 0，非对角线元素 $W_{ij}^E = \exp(-|z_{it} - z_{jt}|)$。该矩阵的特殊构造方式保证了其符合假设 1，即不同决策单元之间存在着最小间距，即便是两者具有相同的经济变量取值，即 $z_{it} = z_{jt}$。

（3）假设 4 要求最终的空间权重矩阵构建于地理距离之上，故而在取得一个经济距离矩阵之后，还需要继续构造出一个地理距离矩阵 $W^g$。本书使用最简单的 0—1 空间权重矩阵，即该矩阵内元素会在两个决策单元相邻时取值为 1，不相邻时取值为 0，而两个决策单元是否相邻则由参数为 0.3 的 0—1 分布抽样决定。矩阵维度与样本内决策单元个数相等，为保证模拟实验结果的可比性，特定维度的地理距离矩阵一经生成，便在模拟实验期间保持不变。

（4）令空间权重矩阵 $W_T = W_t^e \circ W^g$，即有 $w_{ij} = w_{ij}^e \times w_{ij}^g$，该矩阵经过行标准化操作后进入模型。不难验证，最终生成的矩阵满足假设 4 当中提及的所有要求。

上述数据生成过程当中已经确定的总体参数为 $\beta_0 = \beta_1 = 1$、$\sigma_v^2 = \sigma_u^2 = \sigma_\xi^2 = 1$ 和 $\gamma_0 = \gamma_1 = 1$，尚未提及的相关参数包括样本内决策单元的个数 $N$、样本时期的长度 $T$、空间溢出效应大小 $\rho$ 和内生性强弱相关参数 $\sigma_{v\xi}$，这些参数的不同取值将对应着不同的实验情形。为使得模拟实验设计更加贴近现实情况，本书参考中国区域经济相关研究中常用数据集的维度，设定决策单元个数 $N=\{20,80,320\}$，样本时期长度 $T=\{3,12,48\}$，两个数列当中相邻数值之间的倍数均为 4，可用于对比分析决策单元个数扩张和样本时期增加所产生的不同影响。比如相比 $20\times3$ 的小样本，$80\times3$ 和 $20\times12$ 是两个样本点个数相同但结构不同的中型样本，相关统计量的不同表现将具有丰富的含义。设定空间溢出效应大小 $\rho=\{0,0.4,0.8\}$，分别代表了不存在空间溢出效应、存在中等程度空间溢出效应和存在较高程度空间溢出效应三种不同情形。设定内生性相关参数 $\sigma_{u\xi}=\{0,0.4,0.8\}$，分别代表了空间权重矩阵不存在内生性问题、存在中等程度内生性和存在较高程度内生性三种不同的情形。针对每种实验情形，模拟实验均重复 1000 次，每次单独实验前均设置并保存好随机种子，以便复现实验结果。

针对所生成模拟样本，本书将应用四种不同的估计方法。（1）经典估计方法，即由 A. J. Glass 等首次提出的极大似然估计法（以下标记为 GKS），具体细节可见本书第三章相关内容（Glass et al.，2016）。该方法假设空间权重矩阵为外生变量，没有考虑到它存在内生性问题的可能性，是其他估计方法的参照物。（2）BG2SIV，因为样本数据由计算机程序模拟抽样生成，其背后的数据生成过程对于我们而言是完全透明的，能够掌握所有模型参数的真值和复合扰动项的方差结构，足以取得基于最优工具变量数据矩阵构建的两阶段工具变量估计量，该估计量还将为 QMLE 提供启动最优化算法的参数初始值。（3）QMLE，由于真实的数据生成过程符合 QMLE 的基本假设，故而该估计量实质上会成为极大似然估计量，在理论上拥有极佳的大样本性质。（4）GMM，基于 BG2SIV 所用工具变量数据矩阵构建样本矩条件，但具体用到的矩条件相比 BG2SIV 在数目上要更多一些。

如果经典估计方法对应参数估计量和技术效率预测量的精确度低于本书所提出的估计方法，那便说明本书所提出的估计方法具有一定的必要性，能够有效弥补经典估计方法的不足之处。如果所提出参数估计量的精确度在小样本情形下相对较高，且会随着样本容量的增加而逐渐提升，那便说明了这些估计方法具备一定的有效性。两者相结合，可为应用本书所提出的内生权重空间随机前沿模型以及相应估计方法提供较强的理论依据。

### 二 参数估计量的精确度

参考冯冬发等的实验设计，本书使用三种评价指标来刻画模型参数估计量的精确度（冯冬发等，2021），分别是均方根误差（RMSE）、标准差（SD）和绝对偏误（Bias），其中均方根误差指的是参数估计值 $\theta_i$ 与相应参数真值 $\theta_0$ 之差平方数均值的平方根，具体表达式为：

$$RMSE = \sqrt{\frac{1}{N}\sum_{i=1}^{n}(\theta_i - \theta_0)^2} \tag{5-5}$$

式（5-5）中的 $\theta_i$ 代表在第 $i$ 次模拟实验中取得的参数估计结果，$N$ 代表模拟实验的总次数。均方根误差越小代表参数估计量的精确度越高，反之则越低。标准差指的是所有参数估计值 $\theta_i$ 的样本标准差，具体的表达式为：

$$SD = \sqrt{\frac{1}{N-1}\sum_{i=1}^{n}(\theta_i - \bar{\theta})^2} \tag{5-6}$$

式（5-6）中的 $\bar{\theta}$ 代表所有参数估计值的样本均值。标准差越小代表参数估计量的波动性越小，意味着估计方法的稳定性越高；反之则稳定性较差，更容易受到异常值的影响。绝对偏误指的是参数估计值 $\theta_i$ 与相应参数真值 $\theta_0$ 之差绝对值的均值，具体的表达式为：

$$Bias = \frac{1}{N}\sum_{i=1}^{n}|\theta_i - \theta_0| \tag{5-7}$$

与绝对偏误相似的一个评价指标是偏误，即略去式（5-7）中的绝对值符号。本书之所以采用绝对偏误而非偏误，是因为偏误在计算过程中存在着正值和负值的中和抵消，使得一些精确度较低的估计量可能会拥有较小的偏误值，而绝对偏误并不存在这样的缺陷。与均方根误差一样，较小的绝对偏误值意味着更高的估计精度，反之则代表精确度较差。

模拟实验的具体结果汇总在表5-1至表5-9中，每个表均对应着一种参数 $\rho$ 和参数 $\sigma_{v\xi}$ 的组合情形，表中各个板块从左到右对应的是决策单元个数扩张的情形，从上到下对应的是样本时期增加的情形。板块中展示的便是各种参数估计量的精确度，从左到右依次代表着经典估计方法（GKS）、最优广义两阶段工具变量估计法（BG2SIV）、拟极大似然估计法（QMLE）和广义矩估计法（GMM）[①]，从上到下展示的依次是估计量的均方根误差、标准差和绝对偏误。因为模型截距项一般不具有重要的经济学含义，所以为了适当缩减实验结果表所占的篇幅，本书将不会在正文中汇报 $\beta_0$ 和 $\gamma_0$ 这两个估计量的精确度。

表5-1　　$\rho=0$ 且 $\sigma_{v\xi}=0$ 时，四种估计方法对应参数估计量的精确度

| 样本 方法 | \multicolumn{4}{c\|}{N=20 T=3} | \multicolumn{4}{c\|}{N=80 T=3} | \multicolumn{4}{c}{N=320 T=3} |
|---|---|---|---|---|---|---|---|---|---|---|---|---|
| | GKS | 2SIV | MLE | GMM | GKS | 2SIV | MLE | GMM | GKS | 2SIV | MLE | GMM |
| $\rho$ | 0.232 | 0.302 | 0.260 | 0.289 | 0.221 | 0.285 | 0.253 | 0.271 | 0.153 | 0.189 | 0.166 | 0.171 |
| | 0.286 | 0.373 | 0.302 | 0.353 | 0.253 | 0.308 | 0.285 | 0.293 | 0.201 | 0.231 | 0.213 | 0.225 |
| | 0.410 | 0.472 | 0.391 | 0.464 | 0.316 | 0.422 | 0.372 | 0.401 | 0.257 | 0.279 | 0.260 | 0.262 |
| $\beta_1$ | 0.087 | 0.129 | 0.092 | 0.112 | 0.065 | 0.110 | 0.085 | 0.099 | 0.041 | 0.064 | 0.053 | 0.060 |
| | 0.121 | 0.145 | 0.101 | 0.137 | 0.112 | 0.134 | 0.127 | 0.129 | 0.087 | 0.115 | 0.098 | 0.103 |
| | 0.093 | 0.119 | 0.098 | 0.107 | 0.075 | 0.096 | 0.082 | 0.089 | 0.047 | 0.086 | 0.061 | 0.075 |
| $\gamma_1$ | — | 0.124 | 0.098 | 0.116 | — | 0.113 | 0.091 | 0.109 | — | 0.085 | 0.073 | 0.079 |
| | — | 0.175 | 0.149 | 0.168 | — | 0.164 | 0.135 | 0.152 | — | 0.127 | 0.103 | 0.114 |
| | — | 0.182 | 0.149 | 0.179 | — | 0.157 | 0.133 | 0.141 | — | 0.112 | 0.096 | 0.098 |
| $\sigma_v^2$ | 0.246 | 0.283 | 0.259 | 0.274 | 0.231 | 0.253 | 0.246 | 0.249 | 0.193 | 0.224 | 0.203 | 0.212 |
| | 0.253 | 0.327 | 0.290 | 0.319 | 0.247 | 0.298 | 0.256 | 0.284 | 0.201 | 0.227 | 0.206 | 0.214 |
| | 0.398 | 0.440 | 0.417 | 0.429 | 0.373 | 0.424 | 0.403 | 0.405 | 0.295 | 0.328 | 0.311 | 0.317 |
| $\sigma_u^2$ | 0.327 | 0.393 | 0.342 | 0.383 | 0.302 | 0.351 | 0.329 | 0.336 | 0.236 | 0.260 | 0.247 | 0.254 |
| | 0.318 | 0.418 | 0.351 | 0.390 | 0.301 | 0.348 | 0.322 | 0.342 | 0.215 | 0.243 | 0.234 | 0.237 |
| | 0.501 | 0.631 | 0.569 | 0.602 | 0.463 | 0.519 | 0.491 | 0.519 | 0.305 | 0.325 | 0.316 | 0.317 |

---

[①] 显然，实验结果表中各个估计量的标注符号与此处的论述存在一定的差异，这纯粹是因为表格的单行无法容纳下如此多的字符，故而本书将BG2SIV简写为2SIV，QMLE简写为MLE。

续表

| 样本 | \multicolumn{4}{c}{N = 20 T = 3} | \multicolumn{4}{c}{N = 80 T = 3} | \multicolumn{4}{c}{N = 320 T = 3} |
|---|---|---|---|---|---|---|---|---|---|---|---|---|
| 方法 | GKS | 2SIV | MLE | GMM | GKS | 2SIV | MLE | GMM | GKS | 2SIV | MLE | GMM |
| $\sigma_\xi^2$ | — | 0.326 | 0.313 | 0.327 | — | 0.311 | 0.301 | 0.306 | — | 0.256 | 0.243 | 0.251 |
|  | — | 0.292 | 0.273 | 0.293 | — | 0.254 | 0.245 | 0.252 | — | 0.217 | 0.194 | 0.205 |
|  | — | 0.313 | 0.293 | 0.311 | — | 0.283 | 0.250 | 0.278 | — | 0.227 | 0.197 | 0.206 |
| $\sigma_{v\xi}$ | — | 0.333 | 0.306 | 0.325 | — | 0.282 | 0.266 | 0.277 | — | 0.237 | 0.218 | 0.224 |
|  | — | 0.191 | 0.175 | 0.182 | — | 0.176 | 0.142 | 0.165 | — | 0.125 | 0.109 | 0.117 |
|  | — | 0.364 | 0.326 | 0.359 | — | 0.329 | 0.294 | 0.316 | — | 0.242 | 0.227 | 0.239 |

| 样本 | \multicolumn{4}{c}{N = 20 T = 12} | \multicolumn{4}{c}{N = 80 T = 12} | \multicolumn{4}{c}{N = 320 T = 12} |
|---|---|---|---|---|---|---|---|---|---|---|---|---|
| 方法 | GKS | 2SIV | MLE | GMM | GKS | 2SIV | MLE | GMM | GKS | 2SIV | MLE | GMM |
| $\rho$ | 0.224 | 0.287 | 0.257 | 0.275 | 0.155 | 0.191 | 0.168 | 0.176 | 0.103 | 0.114 | 0.107 | 0.112 |
|  | 0.259 | 0.310 | 0.288 | 0.298 | 0.212 | 0.234 | 0.216 | 0.227 | 0.116 | 0.125 | 0.119 | 0.121 |
|  | 0.317 | 0.425 | 0.375 | 0.406 | 0.258 | 0.282 | 0.265 | 0.264 | 0.164 | 0.187 | 0.175 | 0.183 |
| $\beta_1$ | 0.071 | 0.114 | 0.086 | 0.105 | 0.041 | 0.068 | 0.057 | 0.068 | 0.035 | 0.046 | 0.038 | 0.043 |
|  | 0.117 | 0.137 | 0.129 | 0.131 | 0.089 | 0.119 | 0.102 | 0.106 | 0.065 | 0.076 | 0.068 | 0.072 |
|  | 0.081 | 0.099 | 0.083 | 0.095 | 0.050 | 0.089 | 0.066 | 0.079 | 0.032 | 0.044 | 0.035 | 0.040 |
| $\gamma_1$ | — | 0.117 | 0.091 | 0.114 | — | 0.087 | 0.075 | 0.083 | — | 0.056 | 0.046 | 0.052 |
|  | — | 0.165 | 0.139 | 0.163 | — | 0.129 | 0.108 | 0.117 | — | 0.078 | 0.071 | 0.077 |
|  | — | 0.157 | 0.137 | 0.147 | — | 0.121 | 0.103 | 0.114 | — | 0.071 | 0.062 | 0.069 |
| $\sigma_v^2$ | 0.238 | 0.258 | 0.248 | 0.253 | 0.197 | 0.227 | 0.208 | 0.228 | 0.112 | 0.123 | 0.116 | 0.118 |
|  | 0.250 | 0.302 | 0.259 | 0.289 | 0.209 | 0.229 | 0.209 | 0.229 | 0.158 | 0.172 | 0.165 | 0.169 |
|  | 0.375 | 0.429 | 0.407 | 0.413 | 0.298 | 0.331 | 0.314 | 0.321 | 0.203 | 0.216 | 0.212 | 0.215 |
| $\sigma_u^2$ | 0.316 | 0.355 | 0.347 | 0.346 | 0.237 | 0.266 | 0.248 | 0.264 | 0.195 | 0.207 | 0.201 | 0.205 |
|  | 0.312 | 0.352 | 0.327 | 0.345 | 0.218 | 0.247 | 0.235 | 0.243 | 0.193 | 0.204 | 0.196 | 0.201 |
|  | 0.467 | 0.536 | 0.494 | 0.535 | 0.308 | 0.326 | 0.318 | 0.320 | 0.247 | 0.267 | 0.262 | 0.266 |
| $\sigma_\xi^2$ | — | 0.316 | 0.303 | 0.312 | — | 0.257 | 0.242 | 0.255 | — | 0.166 | 0.159 | 0.165 |
|  | — | 0.259 | 0.246 | 0.258 | — | 0.218 | 0.196 | 0.208 | — | 0.171 | 0.167 | 0.169 |
|  | — | 0.288 | 0.255 | 0.281 | — | 0.225 | 0.198 | 0.209 | — | 0.173 | 0.162 | 0.167 |
| $\sigma_{v\xi}$ | — | 0.287 | 0.268 | 0.279 | — | 0.241 | 0.221 | 0.227 | — | 0.165 | 0.157 | 0.159 |
|  | — | 0.178 | 0.145 | 0.169 | — | 0.127 | 0.117 | 0.118 | — | 0.101 | 0.092 | 0.098 |
|  | — | 0.328 | 0.298 | 0.317 | — | 0.245 | 0.228 | 0.242 | — | 0.185 | 0.176 | 0.182 |

| 样本 | \multicolumn{4}{c}{N = 20 T = 48} | \multicolumn{4}{c}{N = 80 T = 48} | \multicolumn{4}{c}{N = 320 T = 48} |
|---|---|---|---|---|---|---|---|---|---|---|---|---|
| 方法 | GKS | 2SIV | MLE | GMM | GKS | 2SIV | MLE | GMM | GKS | 2SIV | MLE | GMM |
| $\rho$ | 0.156 | 0.194 | 0.170 | 0.178 | 0.104 | 0.115 | 0.108 | 0.113 | 0.054 | 0.062 | 0.057 | 0.059 |
|  | 0.216 | 0.236 | 0.218 | 0.229 | 0.117 | 0.126 | 0.120 | 0.123 | 0.086 | 0.104 | 0.092 | 0.097 |
|  | 0.261 | 0.287 | 0.266 | 0.267 | 0.166 | 0.189 | 0.176 | 0.184 | 0.093 | 0.105 | 0.097 | 0.098 |

续表

| 样本 | N=20 T=48 ||||  N=80 T=48 |||| N=320 T=48 ||||
| --- | --- | --- | --- | --- | --- | --- | --- | --- | --- | --- | --- | --- |
| 方法 | GKS | 2SIV | MLE | GMM | GKS | 2SIV | MLE | GMM | GKS | 2SIV | MLE | GMM |
| $\beta_1$ | 0.042 | 0.069 | 0.059 | 0.069 | 0.036 | 0.047 | 0.039 | 0.043 | 0.023 | 0.036 | 0.029 | 0.032 |
|  | 0.091 | 0.123 | 0.103 | 0.111 | 0.068 | 0.079 | 0.069 | 0.074 | 0.054 | 0.064 | 0.058 | 0.059 |
|  | 0.056 | 0.093 | 0.067 | 0.084 | 0.033 | 0.046 | 0.037 | 0.041 | 0.028 | 0.038 | 0.032 | 0.035 |
| $\gamma_1$ | — | 0.089 | 0.078 | 0.086 | — | 0.057 | 0.047 | 0.056 | — | 0.042 | 0.036 | 0.039 |
|  | — | 0.132 | 0.110 | 0.119 | — | 0.081 | 0.074 | 0.078 | — | 0.067 | 0.057 | 0.060 |
|  | — | 0.125 | 0.105 | 0.116 | — | 0.074 | 0.067 | 0.074 | — | 0.046 | 0.041 | 0.043 |
| $\sigma_v^2$ | 0.199 | 0.228 | 0.209 | 0.231 | 0.116 | 0.125 | 0.118 | 0.119 | 0.094 | 0.106 | 0.098 | 0.099 |
|  | 0.212 | 0.234 | 0.212 | 0.232 | 0.162 | 0.176 | 0.167 | 0.171 | 0.126 | 0.146 | 0.137 | 0.141 |
|  | 0.301 | 0.334 | 0.316 | 0.326 | 0.207 | 0.217 | 0.215 | 0.216 | 0.153 | 0.174 | 0.169 | 0.171 |
| $\sigma_u^2$ | 0.238 | 0.267 | 0.249 | 0.265 | 0.198 | 0.208 | 0.204 | 0.206 | 0.136 | 0.173 | 0.150 | 0.156 |
|  | 0.219 | 0.249 | 0.237 | 0.245 | 0.203 | 0.206 | 0.201 | 0.202 | 0.146 | 0.182 | 0.174 | 0.178 |
|  | 0.314 | 0.327 | 0.323 | 0.322 | 0.251 | 0.269 | 0.265 | 0.267 | 0.195 | 0.209 | 0.205 | 0.206 |
| $\sigma_\xi^2$ | — | 0.258 | 0.246 | 0.257 | — | 0.167 | 0.161 | 0.164 | — | 0.117 | 0.112 | 0.116 |
|  | — | 0.219 | 0.203 | 0.212 | — | 0.174 | 0.168 | 0.170 | — | 0.116 | 0.105 | 0.107 |
|  | — | 0.228 | 0.204 | 0.216 | — | 0.177 | 0.165 | 0.168 | — | 0.132 | 0.126 | 0.129 |
| $\sigma_{v\xi}$ | — | 0.245 | 0.226 | 0.228 | — | 0.168 | 0.158 | 0.163 | — | 0.119 | 0.117 | 0.118 |
|  | — | 0.130 | 0.119 | 0.120 | — | 0.105 | 0.094 | 0.099 | — | 0.069 | 0.065 | 0.067 |
|  | — | 0.247 | 0.232 | 0.246 | — | 0.189 | 0.178 | 0.186 | — | 0.113 | 0.103 | 0.105 |

表 5-2　$\rho=0$ 且 $\sigma_{v\xi}=0.4$ 时，四种估计方法对应参数估计量的精确度

| 样本 | N=20 T=3 |||| N=80 T=3 |||| N=320 T=3 ||||
| --- | --- | --- | --- | --- | --- | --- | --- | --- | --- | --- | --- | --- |
| 方法 | GKS | 2SIV | MLE | GMM | GKS | 2SIV | MLE | GMM | GKS | 2SIV | MLE | GMM |
| $\rho$ | 0.234 | 0.312 | 0.257 | 0.284 | 0.219 | 0.279 | 0.249 | 0.272 | 0.152 | 0.191 | 0.162 | 0.173 |
|  | 0.287 | 0.375 | 0.305 | 0.356 | 0.248 | 0.309 | 0.282 | 0.295 | 0.203 | 0.233 | 0.216 | 0.226 |
|  | 0.408 | 0.477 | 0.384 | 0.468 | 0.317 | 0.419 | 0.370 | 0.403 | 0.256 | 0.281 | 0.265 | 0.265 |
| $\beta_1$ | 0.088 | 0.123 | 0.089 | 0.116 | 0.068 | 0.106 | 0.088 | 0.102 | 0.043 | 0.067 | 0.052 | 0.061 |
|  | 0.119 | 0.144 | 0.096 | 0.139 | 0.114 | 0.128 | 0.129 | 0.127 | 0.088 | 0.116 | 0.099 | 0.100 |
|  | 0.092 | 0.121 | 0.099 | 0.106 | 0.070 | 0.097 | 0.080 | 0.083 | 0.046 | 0.087 | 0.066 | 0.075 |
| $\gamma_1$ | — | 0.123 | 0.102 | 0.115 | — | 0.115 | 0.092 | 0.103 | — | 0.088 | 0.074 | 0.080 |
|  | — | 0.176 | 0.142 | 0.167 | — | 0.165 | 0.136 | 0.150 | — | 0.128 | 0.107 | 0.115 |
|  | — | 0.184 | 0.145 | 0.176 | — | 0.159 | 0.136 | 0.145 | — | 0.115 | 0.102 | 0.105 |

续表

| 样本 | N = 20 T = 3 | | | | N = 80 T = 3 | | | | N = 320 T = 3 | | | |
|---|---|---|---|---|---|---|---|---|---|---|---|---|
| 方法 | GKS | 2SIV | MLE | GMM | GKS | 2SIV | MLE | GMM | GKS | 2SIV | MLE | GMM |
| $\sigma_v^2$ | 0.247 | 0.286 | 0.246 | 0.279 | 0.238 | 0.255 | 0.247 | 0.252 | 0.196 | 0.227 | 0.202 | 0.217 |
| | 0.255 | 0.328 | 0.289 | 0.320 | 0.245 | 0.301 | 0.253 | 0.288 | 0.205 | 0.229 | 0.205 | 0.223 |
| | 0.399 | 0.442 | 0.418 | 0.422 | 0.376 | 0.426 | 0.401 | 0.407 | 0.297 | 0.329 | 0.313 | 0.318 |
| $\sigma_u^2$ | 0.328 | 0.395 | 0.343 | 0.380 | 0.293 | 0.354 | 0.327 | 0.338 | 0.239 | 0.258 | 0.248 | 0.258 |
| | 0.315 | 0.419 | 0.351 | 0.389 | 0.299 | 0.349 | 0.320 | 0.340 | 0.214 | 0.244 | 0.235 | 0.241 |
| | 0.492 | 0.633 | 0.564 | 0.611 | 0.459 | 0.522 | 0.494 | 0.521 | 0.307 | 0.328 | 0.318 | 0.326 |
| $\sigma_\xi^2$ | — | 0.327 | 0.315 | 0.324 | — | 0.315 | 0.295 | 0.305 | — | 0.252 | 0.245 | 0.254 |
| | — | 0.294 | 0.275 | 0.290 | — | 0.257 | 0.242 | 0.257 | — | 0.217 | 0.198 | 0.209 |
| | — | 0.310 | 0.290 | 0.306 | — | 0.287 | 0.253 | 0.279 | — | 0.229 | 0.199 | 0.207 |
| $\sigma_{v\xi}$ | — | 0.335 | 0.303 | 0.317 | — | 0.284 | 0.268 | 0.274 | — | 0.238 | 0.221 | 0.225 |
| | — | 0.193 | 0.176 | 0.180 | — | 0.178 | 0.143 | 0.168 | — | 0.126 | 0.114 | 0.119 |
| | — | 0.365 | 0.327 | 0.348 | — | 0.332 | 0.295 | 0.325 | — | 0.240 | 0.232 | 0.240 |
| 样本 | N = 20 T = 12 | | | | N = 80 T = 12 | | | | N = 320 T = 12 | | | |
| 方法 | GKS | 2SIV | MLE | GMM | GKS | 2SIV | MLE | GMM | GKS | 2SIV | MLE | GMM |
| $\rho$ | 0.223 | 0.284 | 0.255 | 0.276 | 0.154 | 0.195 | 0.169 | 0.174 | 0.101 | 0.115 | 0.109 | 0.114 |
| | 0.261 | 0.312 | 0.287 | 0.301 | 0.210 | 0.237 | 0.215 | 0.226 | 0.114 | 0.127 | 0.121 | 0.123 |
| | 0.316 | 0.425 | 0.375 | 0.407 | 0.259 | 0.284 | 0.267 | 0.261 | 0.161 | 0.189 | 0.178 | 0.186 |
| $\beta_1$ | 0.072 | 0.116 | 0.087 | 0.106 | 0.042 | 0.069 | 0.058 | 0.064 | 0.033 | 0.047 | 0.035 | 0.044 |
| | 0.118 | 0.134 | 0.132 | 0.134 | 0.094 | 0.123 | 0.101 | 0.102 | 0.063 | 0.073 | 0.064 | 0.077 |
| | 0.083 | 0.102 | 0.088 | 0.097 | 0.056 | 0.094 | 0.064 | 0.075 | 0.030 | 0.046 | 0.036 | 0.043 |
| $\gamma_1$ | — | 0.115 | 0.095 | 0.117 | — | 0.089 | 0.073 | 0.081 | — | 0.059 | 0.047 | 0.055 |
| | — | 0.166 | 0.138 | 0.167 | — | 0.131 | 0.105 | 0.114 | — | 0.076 | 0.070 | 0.078 |
| | — | 0.158 | 0.135 | 0.148 | — | 0.124 | 0.102 | 0.111 | — | 0.074 | 0.064 | 0.071 |
| $\sigma_v^2$ | 0.235 | 0.256 | 0.247 | 0.255 | 0.198 | 0.229 | 0.207 | 0.224 | 0.117 | 0.126 | 0.117 | 0.119 |
| | 0.252 | 0.312 | 0.263 | 0.291 | 0.212 | 0.232 | 0.206 | 0.225 | 0.159 | 0.177 | 0.168 | 0.173 |
| | 0.376 | 0.427 | 0.409 | 0.418 | 0.301 | 0.339 | 0.313 | 0.320 | 0.203 | 0.218 | 0.214 | 0.216 |
| $\sigma_u^2$ | 0.315 | 0.357 | 0.350 | 0.347 | 0.239 | 0.268 | 0.241 | 0.262 | 0.196 | 0.205 | 0.194 | 0.198 |
| | 0.311 | 0.350 | 0.334 | 0.344 | 0.225 | 0.248 | 0.236 | 0.241 | 0.190 | 0.208 | 0.197 | 0.205 |
| | 0.467 | 0.537 | 0.497 | 0.538 | 0.312 | 0.327 | 0.317 | 0.318 | 0.243 | 0.268 | 0.265 | 0.265 |
| $\sigma_\xi^2$ | — | 0.314 | 0.306 | 0.315 | — | 0.259 | 0.240 | 0.258 | — | 0.164 | 0.157 | 0.166 |
| | — | 0.256 | 0.247 | 0.259 | — | 0.219 | 0.197 | 0.206 | — | 0.174 | 0.164 | 0.167 |
| | — | 0.284 | 0.258 | 0.284 | — | 0.226 | 0.195 | 0.204 | — | 0.176 | 0.163 | 0.168 |

续表

| 样本 | N=20 T=12 ||||  N=80 T=12 |||| N=320 T=12 ||||
|---|---|---|---|---|---|---|---|---|---|---|---|---|
| 方法 | GKS | 2SIV | MLE | GMM | GKS | 2SIV | MLE | GMM | GKS | 2SIV | MLE | GMM |
| $\sigma_{v\xi}$ | — | 0.286 | 0.269 | 0.280 | — | 0.244 | 0.224 | 0.223 | — | 0.164 | 0.158 | 0.153 |
|  | — | 0.179 | 0.144 | 0.172 | — | 0.128 | 0.116 | 0.114 | — | 0.107 | 0.094 | 0.104 |
|  | — | 0.324 | 0.295 | 0.318 | — | 0.246 | 0.229 | 0.240 | — | 0.188 | 0.177 | 0.187 |

| 样本 | N=20 T=48 |||| N=80 T=48 |||| N=320 T=48 ||||
|---|---|---|---|---|---|---|---|---|---|---|---|---|
| 方法 | GKS | 2SIV | MLE | GMM | GKS | 2SIV | MLE | GMM | GKS | 2SIV | MLE | GMM |
| $\rho$ | 0.154 | 0.195 | 0.174 | 0.181 | 0.103 | 0.113 | 0.109 | 0.115 | 0.053 | 0.061 | 0.056 | 0.058 |
|  | 0.215 | 0.237 | 0.216 | 0.232 | 0.115 | 0.125 | 0.122 | 0.127 | 0.085 | 0.105 | 0.090 | 0.098 |
|  | 0.263 | 0.288 | 0.267 | 0.272 | 0.167 | 0.187 | 0.178 | 0.186 | 0.092 | 0.106 | 0.094 | 0.099 |
| $\beta_1$ | 0.045 | 0.064 | 0.062 | 0.063 | 0.035 | 0.044 | 0.042 | 0.045 | 0.024 | 0.037 | 0.026 | 0.033 |
|  | 0.090 | 0.125 | 0.105 | 0.116 | 0.067 | 0.078 | 0.066 | 0.078 | 0.055 | 0.065 | 0.057 | 0.063 |
|  | 0.058 | 0.092 | 0.069 | 0.087 | 0.032 | 0.048 | 0.035 | 0.044 | 0.029 | 0.037 | 0.030 | 0.036 |
| $\gamma_1$ | — | 0.088 | 0.079 | 0.085 | — | 0.056 | 0.048 | 0.057 | — | 0.040 | 0.035 | 0.035 |
|  | — | 0.134 | 0.112 | 0.118 | — | 0.088 | 0.075 | 0.079 | — | 0.065 | 0.056 | 0.059 |
|  | — | 0.127 | 0.106 | 0.115 | — | 0.076 | 0.068 | 0.075 | — | 0.048 | 0.040 | 0.044 |
| $\sigma_v^2$ | 0.205 | 0.229 | 0.208 | 0.229 | 0.115 | 0.124 | 0.119 | 0.121 | 0.092 | 0.105 | 0.095 | 0.098 |
|  | 0.217 | 0.235 | 0.214 | 0.231 | 0.161 | 0.177 | 0.169 | 0.178 | 0.125 | 0.143 | 0.136 | 0.141 |
|  | 0.303 | 0.337 | 0.317 | 0.329 | 0.204 | 0.217 | 0.216 | 0.217 | 0.152 | 0.175 | 0.168 | 0.174 |
| $\sigma_u^2$ | 0.239 | 0.268 | 0.244 | 0.267 | 0.197 | 0.206 | 0.205 | 0.208 | 0.135 | 0.171 | 0.149 | 0.155 |
|  | 0.219 | 0.254 | 0.238 | 0.246 | 0.202 | 0.205 | 0.204 | 0.204 | 0.147 | 0.180 | 0.168 | 0.179 |
|  | 0.315 | 0.336 | 0.322 | 0.327 | 0.250 | 0.267 | 0.267 | 0.268 | 0.193 | 0.211 | 0.204 | 0.208 |
| $\sigma_\xi^2$ | — | 0.261 | 0.247 | 0.258 | — | 0.168 | 0.162 | 0.167 | — | 0.116 | 0.111 | 0.113 |
|  | — | 0.225 | 0.205 | 0.215 | — | 0.173 | 0.169 | 0.173 | — | 0.115 | 0.107 | 0.111 |
|  | — | 0.231 | 0.206 | 0.218 | — | 0.176 | 0.166 | 0.169 | — | 0.130 | 0.126 | 0.127 |
| $\sigma_{v\xi}$ | — | 0.249 | 0.229 | 0.229 | — | 0.167 | 0.159 | 0.165 | — | 0.121 | 0.118 | 0.119 |
|  | — | 0.133 | 0.120 | 0.123 | — | 0.104 | 0.095 | 0.101 | — | 0.065 | 0.066 | 0.066 |
|  | — | 0.248 | 0.234 | 0.237 | — | 0.186 | 0.179 | 0.184 | — | 0.110 | 0.104 | 0.107 |

表5-3　$\rho=0$且$\sigma_{v\xi}=0.8$时，四种估计方法对应参数估计量的精确度

| 样本 | N=20 T=3 |||| N=80 T=3 |||| N=320 T=3 ||||
|---|---|---|---|---|---|---|---|---|---|---|---|---|
| 方法 | GKS | 2SIV | MLE | GMM | GKS | 2SIV | MLE | GMM | GKS | 2SIV | MLE | GMM |
| $\rho$ | 0.235 | 0.313 | 0.259 | 0.287 | 0.220 | 0.278 | 0.251 | 0.274 | 0.153 | 0.192 | 0.164 | 0.175 |
|  | 0.288 | 0.376 | 0.306 | 0.357 | 0.249 | 0.314 | 0.284 | 0.296 | 0.204 | 0.235 | 0.215 | 0.227 |
|  | 0.409 | 0.478 | 0.387 | 0.469 | 0.318 | 0.417 | 0.372 | 0.405 | 0.255 | 0.283 | 0.267 | 0.266 |

## 第五章 模型参数估计量和技术效率预测量的统计性质

续表

| 样本 | N = 20 T = 3 |  |  |  | N = 80 T = 3 |  |  |  | N = 320 T = 3 |  |  |  |
|---|---|---|---|---|---|---|---|---|---|---|---|---|
| 方法 | GKS | 2SIV | MLE | GMM | GKS | 2SIV | MLE | GMM | GKS | 2SIV | MLE | GMM |
| $\beta_1$ | 0.087 | 0.124 | 0.092 | 0.117 | 0.069 | 0.105 | 0.089 | 0.103 | 0.048 | 0.066 | 0.051 | 0.062 |
|  | 0.115 | 0.145 | 0.097 | 0.142 | 0.115 | 0.126 | 0.132 | 0.128 | 0.087 | 0.115 | 0.098 | 0.104 |
|  | 0.094 | 0.125 | 0.102 | 0.108 | 0.068 | 0.094 | 0.084 | 0.084 | 0.047 | 0.089 | 0.067 | 0.078 |
| $\gamma_1$ | — | 0.124 | 0.105 | 0.117 | — | 0.117 | 0.093 | 0.105 | — | 0.084 | 0.075 | 0.083 |
|  | — | 0.177 | 0.145 | 0.168 | — | 0.168 | 0.137 | 0.152 | — | 0.127 | 0.109 | 0.116 |
|  | — | 0.184 | 0.147 | 0.177 | — | 0.161 | 0.138 | 0.146 | — | 0.116 | 0.101 | 0.108 |
| $\sigma_v^2$ | 0.249 | 0.287 | 0.248 | 0.282 | 0.235 | 0.258 | 0.248 | 0.254 | 0.195 | 0.226 | 0.203 | 0.216 |
|  | 0.256 | 0.329 | 0.292 | 0.322 | 0.247 | 0.304 | 0.254 | 0.287 | 0.204 | 0.225 | 0.206 | 0.225 |
|  | 0.403 | 0.441 | 0.419 | 0.424 | 0.378 | 0.428 | 0.403 | 0.408 | 0.296 | 0.324 | 0.312 | 0.317 |
| $\sigma_u^2$ | 0.329 | 0.396 | 0.345 | 0.386 | 0.294 | 0.357 | 0.328 | 0.336 | 0.237 | 0.257 | 0.246 | 0.255 |
|  | 0.317 | 0.422 | 0.353 | 0.388 | 0.302 | 0.346 | 0.321 | 0.343 | 0.215 | 0.242 | 0.234 | 0.243 |
|  | 0.494 | 0.636 | 0.566 | 0.614 | 0.464 | 0.524 | 0.495 | 0.520 | 0.305 | 0.327 | 0.315 | 0.327 |
| $\sigma_\xi^2$ | — | 0.325 | 0.316 | 0.325 | — | 0.318 | 0.296 | 0.304 | — | 0.251 | 0.248 | 0.255 |
|  | — | 0.298 | 0.276 | 0.292 | — | 0.259 | 0.243 | 0.255 | — | 0.216 | 0.195 | 0.208 |
|  | — | 0.314 | 0.293 | 0.308 | — | 0.287 | 0.254 | 0.276 | — | 0.226 | 0.195 | 0.206 |
| $\sigma_{v\xi}$ | — | 0.338 | 0.304 | 0.319 | — | 0.286 | 0.269 | 0.273 | — | 0.235 | 0.223 | 0.224 |
|  | — | 0.196 | 0.177 | 0.182 | — | 0.179 | 0.146 | 0.166 | — | 0.125 | 0.116 | 0.118 |
|  | — | 0.368 | 0.328 | 0.349 | — | 0.334 | 0.298 | 0.324 | — | 0.241 | 0.235 | 0.239 |

| 样本 | N = 20 T = 12 |  |  |  | N = 80 T = 12 |  |  |  | N = 320 T = 12 |  |  |  |
|---|---|---|---|---|---|---|---|---|---|---|---|---|
| 方法 | GKS | 2SIV | MLE | GMM | GKS | 2SIV | MLE | GMM | GKS | 2SIV | MLE | GMM |
| $\rho$ | 0.225 | 0.286 | 0.258 | 0.277 | 0.155 | 0.196 | 0.168 | 0.175 | 0.103 | 0.116 | 0.112 | 0.115 |
|  | 0.260 | 0.314 | 0.289 | 0.303 | 0.212 | 0.238 | 0.216 | 0.227 | 0.117 | 0.128 | 0.124 | 0.127 |
|  | 0.314 | 0.428 | 0.376 | 0.406 | 0.265 | 0.285 | 0.267 | 0.260 | 0.165 | 0.188 | 0.176 | 0.184 |
| $\beta_1$ | 0.073 | 0.117 | 0.088 | 0.108 | 0.043 | 0.072 | 0.059 | 0.065 | 0.035 | 0.046 | 0.038 | 0.045 |
|  | 0.119 | 0.135 | 0.134 | 0.135 | 0.095 | 0.125 | 0.103 | 0.101 | 0.064 | 0.074 | 0.064 | 0.078 |
|  | 0.085 | 0.104 | 0.089 | 0.098 | 0.057 | 0.097 | 0.065 | 0.075 | 0.033 | 0.048 | 0.037 | 0.045 |
| $\gamma_1$ | — | 0.118 | 0.096 | 0.118 | — | 0.092 | 0.075 | 0.080 | — | 0.057 | 0.048 | 0.057 |
|  | — | 0.167 | 0.139 | 0.164 | — | 0.136 | 0.106 | 0.113 | — | 0.074 | 0.071 | 0.075 |
|  | — | 0.159 | 0.136 | 0.149 | — | 0.121 | 0.101 | 0.110 | — | 0.078 | 0.065 | 0.070 |
| $\sigma_v^2$ | 0.238 | 0.256 | 0.248 | 0.256 | 0.196 | 0.227 | 0.208 | 0.223 | 0.116 | 0.127 | 0.118 | 0.117 |
|  | 0.253 | 0.313 | 0.264 | 0.292 | 0.214 | 0.232 | 0.209 | 0.226 | 0.154 | 0.179 | 0.169 | 0.174 |
|  | 0.377 | 0.428 | 0.407 | 0.419 | 0.305 | 0.338 | 0.314 | 0.322 | 0.205 | 0.219 | 0.215 | 0.215 |

续表

| 样本 | | N=20 T=12 | | | | N=80 T=12 | | | | N=320 T=12 | | | |
|---|---|---|---|---|---|---|---|---|---|---|---|---|---|
| 方法 | | GKS | 2SIV | MLE | GMM | GKS | 2SIV | MLE | GMM | GKS | 2SIV | MLE | GMM |
| $\sigma_u^2$ | | 0.316 | 0.356 | 0.352 | 0.346 | 0.237 | 0.267 | 0.243 | 0.263 | 0.197 | 0.207 | 0.196 | 0.199 |
| | | 0.313 | 0.353 | 0.335 | 0.345 | 0.225 | 0.246 | 0.237 | 0.242 | 0.195 | 0.209 | 0.198 | 0.204 |
| | | 0.468 | 0.536 | 0.498 | 0.537 | 0.313 | 0.325 | 0.318 | 0.319 | 0.244 | 0.267 | 0.267 | 0.266 |
| $\sigma_\xi^2$ | | — | 0.315 | 0.307 | 0.316 | — | 0.258 | 0.243 | 0.259 | — | 0.165 | 0.158 | 0.167 |
| | | — | 0.257 | 0.248 | 0.253 | — | 0.218 | 0.198 | 0.207 | — | 0.176 | 0.163 | 0.168 |
| | | — | 0.285 | 0.259 | 0.275 | — | 0.225 | 0.196 | 0.205 | — | 0.177 | 0.165 | 0.169 |
| $\sigma_{v\xi}$ | | — | 0.284 | 0.267 | 0.281 | — | 0.246 | 0.225 | 0.224 | — | 0.165 | 0.157 | 0.154 |
| | | — | 0.177 | 0.145 | 0.163 | — | 0.129 | 0.117 | 0.115 | — | 0.108 | 0.094 | 0.105 |
| | | — | 0.326 | 0.296 | 0.307 | — | 0.247 | 0.223 | 0.242 | — | 0.189 | 0.178 | 0.188 |
| 样本 | | N=20 T=48 | | | | N=80 T=48 | | | | N=320 T=48 | | | |
| 方法 | | GKS | 2SIV | MLE | GMM | GKS | 2SIV | MLE | GMM | GKS | 2SIV | MLE | GMM |
| $\rho$ | | 0.157 | 0.197 | 0.175 | 0.182 | 0.104 | 0.114 | 0.110 | 0.113 | 0.055 | 0.064 | 0.057 | 0.059 |
| | | 0.216 | 0.238 | 0.217 | 0.235 | 0.116 | 0.126 | 0.123 | 0.124 | 0.086 | 0.106 | 0.092 | 0.099 |
| | | 0.264 | 0.289 | 0.268 | 0.274 | 0.168 | 0.188 | 0.179 | 0.185 | 0.093 | 0.107 | 0.095 | 0.105 |
| $\beta_1$ | | 0.047 | 0.065 | 0.063 | 0.066 | 0.034 | 0.045 | 0.044 | 0.045 | 0.025 | 0.038 | 0.027 | 0.036 |
| | | 0.093 | 0.127 | 0.106 | 0.115 | 0.068 | 0.079 | 0.067 | 0.068 | 0.057 | 0.067 | 0.058 | 0.064 |
| | | 0.059 | 0.093 | 0.082 | 0.086 | 0.030 | 0.049 | 0.037 | 0.039 | 0.032 | 0.038 | 0.032 | 0.037 |
| $\gamma_1$ | | — | 0.089 | 0.076 | 0.088 | — | 0.054 | 0.048 | 0.050 | — | 0.042 | 0.036 | 0.039 |
| | | — | 0.135 | 0.113 | 0.117 | — | 0.089 | 0.079 | 0.083 | — | 0.066 | 0.057 | 0.058 |
| | | — | 0.128 | 0.105 | 0.114 | — | 0.077 | 0.069 | 0.078 | — | 0.049 | 0.042 | 0.047 |
| $\sigma_v^2$ | | 0.206 | 0.227 | 0.209 | 0.225 | 0.116 | 0.125 | 0.121 | 0.123 | 0.094 | 0.106 | 0.096 | 0.103 |
| | | 0.218 | 0.236 | 0.215 | 0.230 | 0.161 | 0.178 | 0.168 | 0.174 | 0.126 | 0.144 | 0.137 | 0.140 |
| | | 0.305 | 0.335 | 0.318 | 0.324 | 0.205 | 0.219 | 0.217 | 0.215 | 0.155 | 0.176 | 0.169 | 0.173 |
| $\sigma_u^2$ | | 0.242 | 0.269 | 0.245 | 0.266 | 0.198 | 0.207 | 0.204 | 0.206 | 0.137 | 0.173 | 0.146 | 0.156 |
| | | 0.218 | 0.253 | 0.237 | 0.247 | 0.204 | 0.210 | 0.207 | 0.209 | 0.148 | 0.182 | 0.167 | 0.181 |
| | | 0.316 | 0.337 | 0.321 | 0.328 | 0.252 | 0.268 | 0.268 | 0.268 | 0.195 | 0.213 | 0.205 | 0.209 |
| $\sigma_\xi^2$ | | — | 0.262 | 0.248 | 0.255 | — | 0.169 | 0.161 | 0.170 | — | 0.117 | 0.113 | 0.114 |
| | | — | 0.226 | 0.206 | 0.213 | — | 0.175 | 0.168 | 0.175 | — | 0.116 | 0.108 | 0.113 |
| | | — | 0.234 | 0.209 | 0.217 | — | 0.178 | 0.164 | 0.168 | — | 0.131 | 0.128 | 0.129 |
| $\sigma_{v\xi}$ | | — | 0.247 | 0.225 | 0.233 | — | 0.169 | 0.157 | 0.163 | — | 0.122 | 0.119 | 0.121 |
| | | — | 0.134 | 0.122 | 0.131 | — | 0.105 | 0.094 | 0.103 | — | 0.066 | 0.067 | 0.066 |
| | | — | 0.247 | 0.237 | 0.244 | — | 0.187 | 0.178 | 0.188 | — | 0.111 | 0.105 | 0.109 |

表5–4　　$\rho = 0.4$ 且 $\sigma_{v\xi} = 0$ 时，四种估计方法对应参数估计量的精确度

| 样本 | N=20 T=3 | | | | N=80 T=3 | | | | N=320 T=3 | | | |
|---|---|---|---|---|---|---|---|---|---|---|---|---|
| 方法 | GKS | 2SIV | MLE | GMM | GKS | 2SIV | MLE | GMM | GKS | 2SIV | MLE | GMM |
| $\rho$ | 0.231 | 0.301 | 0.257 | 0.284 | 0.220 | 0.282 | 0.252 | 0.263 | 0.151 | 0.185 | 0.162 | 0.165 |
| | 0.284 | 0.364 | 0.301 | 0.350 | 0.251 | 0.304 | 0.284 | 0.287 | 0.194 | 0.226 | 0.211 | 0.223 |
| | 0.402 | 0.467 | 0.383 | 0.462 | 0.314 | 0.420 | 0.371 | 0.394 | 0.254 | 0.275 | 0.257 | 0.261 |
| $\beta_1$ | 0.082 | 0.125 | 0.085 | 0.111 | 0.062 | 0.105 | 0.083 | 0.093 | 0.038 | 0.062 | 0.052 | 0.069 |
| | 0.124 | 0.143 | 0.098 | 0.134 | 0.110 | 0.132 | 0.126 | 0.126 | 0.084 | 0.111 | 0.096 | 0.101 |
| | 0.094 | 0.114 | 0.095 | 0.103 | 0.074 | 0.095 | 0.081 | 0.085 | 0.044 | 0.085 | 0.058 | 0.074 |
| $\gamma_1$ | — | 0.121 | 0.093 | 0.115 | — | 0.111 | 0.084 | 0.102 | — | 0.082 | 0.072 | 0.073 |
| | — | 0.174 | 0.146 | 0.166 | — | 0.163 | 0.134 | 0.150 | — | 0.123 | 0.101 | 0.111 |
| | — | 0.174 | 0.142 | 0.178 | — | 0.155 | 0.131 | 0.136 | — | 0.111 | 0.095 | 0.096 |
| $\sigma_v^2$ | 0.243 | 0.281 | 0.256 | 0.272 | 0.230 | 0.252 | 0.245 | 0.243 | 0.192 | 0.222 | 0.201 | 0.210 |
| | 0.255 | 0.323 | 0.284 | 0.315 | 0.246 | 0.297 | 0.253 | 0.284 | 0.195 | 0.221 | 0.204 | 0.213 |
| | 0.395 | 0.435 | 0.414 | 0.428 | 0.372 | 0.421 | 0.401 | 0.401 | 0.293 | 0.327 | 0.310 | 0.316 |
| $\sigma_u^2$ | 0.323 | 0.390 | 0.340 | 0.384 | 0.301 | 0.350 | 0.326 | 0.333 | 0.235 | 0.253 | 0.246 | 0.253 |
| | 0.317 | 0.413 | 0.352 | 0.387 | 0.295 | 0.347 | 0.321 | 0.338 | 0.212 | 0.242 | 0.232 | 0.234 |
| | 0.493 | 0.630 | 0.565 | 0.603 | 0.461 | 0.515 | 0.490 | 0.512 | 0.304 | 0.324 | 0.315 | 0.316 |
| $\sigma_\xi^2$ | — | 0.322 | 0.316 | 0.326 | — | 0.310 | 0.293 | 0.304 | — | 0.251 | 0.241 | 0.250 |
| | — | 0.291 | 0.278 | 0.291 | — | 0.252 | 0.245 | 0.247 | — | 0.216 | 0.192 | 0.204 |
| | — | 0.306 | 0.290 | 0.307 | — | 0.281 | 0.246 | 0.273 | — | 0.222 | 0.195 | 0.204 |
| $\sigma_{v\xi}$ | — | 0.325 | 0.303 | 0.326 | — | 0.280 | 0.264 | 0.272 | — | 0.237 | 0.217 | 0.222 |
| | — | 0.190 | 0.172 | 0.181 | — | 0.174 | 0.141 | 0.161 | — | 0.123 | 0.108 | 0.116 |
| | — | 0.357 | 0.323 | 0.355 | — | 0.327 | 0.292 | 0.312 | — | 0.241 | 0.224 | 0.237 |
| 样本 | N=20 T=12 | | | | N=80 T=12 | | | | N=320 T=12 | | | |
| 方法 | GKS | 2SIV | MLE | GMM | GKS | 2SIV | MLE | GMM | GKS | 2SIV | MLE | GMM |
| $\rho$ | 0.221 | 0.285 | 0.255 | 0.273 | 0.154 | 0.186 | 0.162 | 0.173 | 0.089 | 0.113 | 0.105 | 0.107 |
| | 0.256 | 0.302 | 0.287 | 0.297 | 0.211 | 0.232 | 0.213 | 0.225 | 0.097 | 0.122 | 0.115 | 0.116 |
| | 0.313 | 0.426 | 0.374 | 0.402 | 0.257 | 0.278 | 0.262 | 0.261 | 0.105 | 0.184 | 0.172 | 0.182 |
| $\beta_1$ | 0.068 | 0.113 | 0.085 | 0.101 | 0.037 | 0.063 | 0.054 | 0.066 | 0.034 | 0.043 | 0.037 | 0.041 |
| | 0.115 | 0.136 | 0.128 | 0.126 | 0.086 | 0.115 | 0.094 | 0.104 | 0.064 | 0.075 | 0.063 | 0.068 |
| | 0.076 | 0.096 | 0.081 | 0.094 | 0.046 | 0.084 | 0.061 | 0.075 | 0.031 | 0.041 | 0.032 | 0.036 |
| $\gamma_1$ | — | 0.114 | 0.085 | 0.113 | — | 0.082 | 0.073 | 0.081 | — | 0.053 | 0.045 | 0.047 |
| | — | 0.163 | 0.137 | 0.161 | — | 0.125 | 0.104 | 0.113 | — | 0.075 | 0.068 | 0.074 |
| | — | 0.155 | 0.134 | 0.144 | — | 0.116 | 0.101 | 0.113 | — | 0.065 | 0.058 | 0.063 |

续表

| 样本 | | N=20 T=12 | | | | N=80 T=12 | | | | N=320 T=12 | | | |
|---|---|---|---|---|---|---|---|---|---|---|---|---|---|
| 方法 | | GKS | 2SIV | MLE | GMM | GKS | 2SIV | MLE | GMM | GKS | 2SIV | MLE | GMM |
| $\sigma_v^2$ | | 0.236 | 0.255 | 0.246 | 0.251 | 0.194 | 0.225 | 0.204 | 0.225 | 0.111 | 0.121 | 0.104 | 0.116 |
| | | 0.246 | 0.295 | 0.253 | 0.286 | 0.209 | 0.224 | 0.205 | 0.223 | 0.156 | 0.165 | 0.157 | 0.163 |
| | | 0.372 | 0.428 | 0.401 | 0.412 | 0.295 | 0.328 | 0.312 | 0.316 | 0.194 | 0.213 | 0.207 | 0.211 |
| $\sigma_u^2$ | | 0.315 | 0.354 | 0.345 | 0.344 | 0.233 | 0.265 | 0.246 | 0.263 | 0.193 | 0.204 | 0.192 | 0.196 |
| | | 0.310 | 0.351 | 0.323 | 0.341 | 0.216 | 0.244 | 0.233 | 0.241 | 0.190 | 0.202 | 0.194 | 0.192 |
| | | 0.465 | 0.535 | 0.491 | 0.532 | 0.304 | 0.325 | 0.315 | 0.318 | 0.243 | 0.264 | 0.258 | 0.261 |
| $\sigma_\xi^2$ | | — | 0.313 | 0.302 | 0.310 | — | 0.256 | 0.241 | 0.254 | — | 0.165 | 0.156 | 0.162 |
| | | — | 0.252 | 0.243 | 0.256 | — | 0.214 | 0.192 | 0.206 | — | 0.165 | 0.162 | 0.165 |
| | | — | 0.286 | 0.254 | 0.280 | — | 0.223 | 0.195 | 0.208 | — | 0.171 | 0.154 | 0.163 |
| $\sigma_{v\xi}$ | | — | 0.284 | 0.267 | 0.276 | — | 0.238 | 0.215 | 0.225 | — | 0.162 | 0.153 | 0.156 |
| | | — | 0.177 | 0.143 | 0.164 | — | 0.124 | 0.114 | 0.116 | — | 0.097 | 0.084 | 0.097 |
| | | — | 0.322 | 0.297 | 0.314 | — | 0.243 | 0.226 | 0.242 | — | 0.181 | 0.174 | 0.174 |

| 样本 | | N=20 T=48 | | | | N=80 T=48 | | | | N=320 T=48 | | | |
|---|---|---|---|---|---|---|---|---|---|---|---|---|---|
| 方法 | | GKS | 2SIV | MLE | GMM | GKS | 2SIV | MLE | GMM | GKS | 2SIV | MLE | GMM |
| $\rho$ | | 0.154 | 0.194 | 0.170 | 0.176 | 0.101 | 0.113 | 0.105 | 0.111 | 0.053 | 0.061 | 0.053 | 0.055 |
| | | 0.213 | 0.236 | 0.218 | 0.223 | 0.113 | 0.124 | 0.116 | 0.122 | 0.085 | 0.103 | 0.091 | 0.094 |
| | | 0.256 | 0.287 | 0.266 | 0.263 | 0.164 | 0.187 | 0.174 | 0.183 | 0.091 | 0.106 | 0.095 | 0.096 |
| $\beta_1$ | | 0.036 | 0.069 | 0.059 | 0.065 | 0.033 | 0.043 | 0.036 | 0.042 | 0.022 | 0.035 | 0.026 | 0.031 |
| | | 0.089 | 0.123 | 0.103 | 0.104 | 0.066 | 0.076 | 0.068 | 0.075 | 0.053 | 0.062 | 0.054 | 0.054 |
| | | 0.053 | 0.093 | 0.067 | 0.085 | 0.031 | 0.045 | 0.035 | 0.036 | 0.025 | 0.034 | 0.031 | 0.034 |
| $\gamma_1$ | | — | 0.089 | 0.078 | 0.083 | — | 0.056 | 0.046 | 0.054 | — | 0.041 | 0.035 | 0.036 |
| | | — | 0.132 | 0.110 | 0.118 | — | 0.078 | 0.073 | 0.076 | — | 0.065 | 0.053 | 0.054 |
| | | — | 0.125 | 0.105 | 0.115 | — | 0.073 | 0.066 | 0.073 | — | 0.043 | 0.040 | 0.041 |
| $\sigma_v^2$ | | 0.186 | 0.228 | 0.209 | 0.228 | 0.113 | 0.124 | 0.117 | 0.115 | 0.092 | 0.105 | 0.096 | 0.097 |
| | | 0.206 | 0.234 | 0.212 | 0.226 | 0.160 | 0.175 | 0.164 | 0.167 | 0.124 | 0.142 | 0.135 | 0.142 |
| | | 0.295 | 0.334 | 0.316 | 0.321 | 0.205 | 0.216 | 0.214 | 0.215 | 0.151 | 0.173 | 0.164 | 0.169 |
| $\sigma_u^2$ | | 0.226 | 0.267 | 0.249 | 0.263 | 0.196 | 0.204 | 0.203 | 0.203 | 0.135 | 0.171 | 0.146 | 0.155 |
| | | 0.214 | 0.249 | 0.237 | 0.244 | 0.201 | 0.207 | 0.195 | 0.201 | 0.144 | 0.180 | 0.173 | 0.174 |
| | | 0.308 | 0.327 | 0.323 | 0.326 | 0.247 | 0.268 | 0.264 | 0.264 | 0.196 | 0.205 | 0.204 | 0.203 |
| $\sigma_\xi^2$ | | — | 0.258 | 0.246 | 0.256 | — | 0.163 | 0.159 | 0.163 | — | 0.114 | 0.111 | 0.115 |
| | | — | 0.219 | 0.203 | 0.206 | — | 0.173 | 0.165 | 0.168 | — | 0.115 | 0.102 | 0.106 |
| | | — | 0.228 | 0.204 | 0.214 | — | 0.168 | 0.164 | 0.166 | — | 0.131 | 0.124 | 0.123 |

第五章 模型参数估计量和技术效率预测量的统计性质

续表

| 样本 | \multicolumn{4}{c}{N=20 T=48} | \multicolumn{4}{c}{N=80 T=48} | \multicolumn{4}{c}{N=320 T=48} |
|---|---|---|---|---|---|---|---|---|---|---|---|---|
| 方法 | GKS | 2SIV | MLE | GMM | GKS | 2SIV | MLE | GMM | GKS | 2SIV | MLE | GMM |
| $\sigma_{v\xi}$ | — | 0.243 | 0.222 | 0.223 | — | 0.163 | 0.156 | 0.161 | — | 0.114 | 0.116 | 0.115 |
|  | — | 0.125 | 0.115 | 0.116 | — | 0.103 | 0.093 | 0.096 | — | 0.067 | 0.064 | 0.064 |
|  | — | 0.243 | 0.225 | 0.243 | — | 0.184 | 0.175 | 0.185 | — | 0.111 | 0.101 | 0.102 |

表5-5 $\rho=0.4$ 且 $\sigma_{v\xi}=0.4$ 时，四种估计方法对应参数估计量的精确度

| 样本 | \multicolumn{4}{c}{N=20 T=3} | \multicolumn{4}{c}{N=80 T=3} | \multicolumn{4}{c}{N=320 T=3} |
|---|---|---|---|---|---|---|---|---|---|---|---|---|
| 方法 | GKS | 2SIV | MLE | GMM | GKS | 2SIV | MLE | GMM | GKS | 2SIV | MLE | GMM |
| $\rho$ | 0.641 | 0.292 | 0.255 | 0.276 | 0.543 | 0.265 | 0.245 | 0.258 | 0.445 | 0.182 | 0.161 | 0.163 |
|  | 0.584 | 0.354 | 0.285 | 0.343 | 0.685 | 0.287 | 0.275 | 0.283 | 0.583 | 0.224 | 0.204 | 0.214 |
|  | 0.712 | 0.464 | 0.381 | 0.456 | 0.624 | 0.404 | 0.303 | 0.384 | 0.564 | 0.271 | 0.252 | 0.260 |
| $\beta_1$ | 0.133 | 0.117 | 0.084 | 0.102 | 0.115 | 0.102 | 0.082 | 0.083 | 0.105 | 0.060 | 0.045 | 0.063 |
|  | 0.137 | 0.142 | 0.097 | 0.132 | 0.113 | 0.128 | 0.124 | 0.124 | 0.109 | 0.103 | 0.093 | 0.086 |
|  | 0.138 | 0.113 | 0.094 | 0.101 | 0.124 | 0.093 | 0.081 | 0.082 | 0.111 | 0.082 | 0.055 | 0.071 |
| $\gamma_1$ | — | 0.117 | 0.092 | 0.108 | — | 0.106 | 0.083 | 0.084 | — | 0.074 | 0.063 | 0.072 |
|  | — | 0.165 | 0.145 | 0.154 | — | 0.156 | 0.132 | 0.135 | — | 0.112 | 0.074 | 0.104 |
|  | — | 0.165 | 0.141 | 0.173 | — | 0.147 | 0.125 | 0.132 | — | 0.105 | 0.092 | 0.093 |
| $\sigma_v^2$ | 0.556 | 0.278 | 0.254 | 0.271 | 0.643 | 0.246 | 0.243 | 0.241 | 0.745 | 0.212 | 0.173 | 0.202 |
|  | 0.337 | 0.321 | 0.283 | 0.306 | 0.456 | 0.292 | 0.247 | 0.282 | 0.645 | 0.212 | 0.201 | 0.205 |
|  | 0.565 | 0.433 | 0.413 | 0.416 | 0.567 | 0.414 | 0.384 | 0.395 | 0.687 | 0.321 | 0.252 | 0.321 |
| $\sigma_u^2$ | 0.427 | 0.385 | 0.335 | 0.374 | 0.436 | 0.343 | 0.315 | 0.321 | 0.576 | 0.245 | 0.235 | 0.251 |
|  | 0.426 | 0.405 | 0.343 | 0.382 | 0.517 | 0.336 | 0.315 | 0.333 | 0.503 | 0.235 | 0.227 | 0.232 |
|  | 0.484 | 0.426 | 0.363 | 0.384 | 0.513 | 0.348 | 0.312 | 0.324 | 0.543 | 0.314 | 0.304 | 0.306 |
| $\sigma_\xi^2$ | — | 0.321 | 0.309 | 0.323 | — | 0.303 | 0.289 | 0.301 | — | 0.236 | 0.235 | 0.236 |
|  | — | 0.286 | 0.265 | 0.285 | — | 0.245 | 0.246 | 0.243 | — | 0.212 | 0.164 | 0.201 |
|  | — | 0.304 | 0.268 | 0.302 | — | 0.275 | 0.227 | 0.271 | — | 0.214 | 0.192 | 0.192 |
| $\sigma_{v\xi}$ | — | 0.323 | 0.294 | 0.323 | — | 0.206 | 0.258 | 0.270 | — | 0.225 | 0.215 | 0.216 |
|  | — | 0.186 | 0.165 | 0.175 | — | 0.124 | 0.135 | 0.154 | — | 0.121 | 0.104 | 0.115 |
|  | — | 0.356 | 0.316 | 0.324 | — | 0.323 | 0.285 | 0.305 | — | 0.235 | 0.221 | 0.235 |

| 样本 | \multicolumn{4}{c}{N=20 T=12} | \multicolumn{4}{c}{N=80 T=12} | \multicolumn{4}{c}{N=320 T=12} |
|---|---|---|---|---|---|---|---|---|---|---|---|---|
| 方法 | GKS | 2SIV | MLE | GMM | GKS | 2SIV | MLE | GMM | GKS | 2SIV | MLE | GMM |
| $\rho$ | 0.636 | 0.283 | 0.254 | 0.264 | 0.465 | 0.184 | 0.152 | 0.171 | 0.656 | 0.112 | 0.106 | 0.104 |
|  | 0.576 | 0.301 | 0.283 | 0.296 | 0.567 | 0.231 | 0.202 | 0.226 | 0.559 | 0.124 | 0.113 | 0.105 |
|  | 0.629 | 0.423 | 0.372 | 0.385 | 0.558 | 0.275 | 0.256 | 0.257 | 0.425 | 0.185 | 0.171 | 0.175 |

续表

| 样本 | N=20 T=12 ||||N=80 T=12 ||||N=320 T=12 ||||
|---|---|---|---|---|---|---|---|---|---|---|---|---|
| 方法 | GKS | 2SIV | MLE | GMM | GKS | 2SIV | MLE | GMM | GKS | 2SIV | MLE | GMM |
| $\beta_1$ | 0.117 | 0.112 | 0.081 | 0.096 | 0.104 | 0.061 | 0.052 | 0.062 | 0.091 | 0.045 | 0.026 | 0.035 |
|  | 0.115 | 0.134 | 0.127 | 0.124 | 0.115 | 0.112 | 0.087 | 0.101 | 0.097 | 0.074 | 0.054 | 0.066 |
|  | 0.126 | 0.092 | 0.074 | 0.086 | 0.113 | 0.083 | 0.056 | 0.074 | 0.098 | 0.036 | 0.031 | 0.034 |
| $\gamma_1$ | — | 0.106 | 0.083 | 0.107 | — | 0.081 | 0.067 | 0.073 | — | 0.049 | 0.042 | 0.046 |
|  | — | 0.146 | 0.135 | 0.154 | — | 0.115 | 0.102 | 0.111 | — | 0.045 | 0.066 | 0.071 |
|  | — | 0.146 | 0.132 | 0.137 | — | 0.113 | 0.084 | 0.110 | — | 0.058 | 0.053 | 0.062 |
| $\sigma_v^2$ | 0.656 | 0.252 | 0.245 | 0.248 | 0.756 | 0.222 | 0.185 | 0.213 | 0.646 | 0.112 | 0.098 | 0.107 |
|  | 0.476 | 0.284 | 0.251 | 0.273 | 0.658 | 0.216 | 0.096 | 0.203 | 0.647 | 0.158 | 0.151 | 0.161 |
|  | 0.568 | 0.415 | 0.395 | 0.403 | 0.694 | 0.324 | 0.303 | 0.304 | 0.684 | 0.205 | 0.193 | 0.202 |
| $\sigma_u^2$ | 0.439 | 0.346 | 0.342 | 0.326 | 0.587 | 0.257 | 0.254 | 0.253 | 0.562 | 0.194 | 0.185 | 0.188 |
|  | 0.528 | 0.348 | 0.323 | 0.337 | 0.512 | 0.236 | 0.231 | 0.235 | 0.503 | 0.184 | 0.179 | 0.185 |
|  | 0.509 | 0.525 | 0.495 | 0.512 | 0.545 | 0.315 | 0.304 | 0.317 | 0.542 | 0.261 | 0.254 | 0.258 |
| $\sigma_\xi^2$ | — | 0.305 | 0.284 | 0.303 | — | 0.247 | 0.228 | 0.253 | — | 0.157 | 0.154 | 0.159 |
|  | — | 0.248 | 0.241 | 0.248 | — | 0.206 | 0.184 | 0.186 | — | 0.159 | 0.161 | 0.157 |
|  | — | 0.278 | 0.256 | 0.268 | — | 0.215 | 0.187 | 0.192 | — | 0.164 | 0.152 | 0.149 |
| $\sigma_{v\xi}$ | — | 0.274 | 0.266 | 0.258 | — | 0.224 | 0.205 | 0.214 | — | 0.160 | 0.147 | 0.152 |
|  | — | 0.173 | 0.142 | 0.159 | — | 0.116 | 0.107 | 0.110 | — | 0.095 | 0.075 | 0.086 |
|  | — | 0.321 | 0.267 | 0.302 | — | 0.235 | 0.216 | 0.221 | — | 0.178 | 0.168 | 0.171 |
| 样本 | N=20 T=48 ||||N=80 T=48 ||||N=320 T=48 ||||
| 方法 | GKS | 2SIV | MLE | GMM | GKS | 2SIV | MLE | GMM | GKS | 2SIV | MLE | GMM |
| $\rho$ | 0.476 | 0.193 | 0.167 | 0.175 | 0.667 | 0.106 | 0.095 | 0.116 | 0.593 | 0.057 | 0.051 | 0.053 |
|  | 0.568 | 0.233 | 0.213 | 0.222 | 0.554 | 0.122 | 0.105 | 0.125 | 0.436 | 0.084 | 0.085 | 0.087 |
|  | 0.535 | 0.285 | 0.264 | 0.261 | 0.423 | 0.176 | 0.172 | 0.181 | 0.532 | 0.095 | 0.094 | 0.095 |
| $\beta_1$ | 0.109 | 0.063 | 0.056 | 0.064 | 0.094 | 0.037 | 0.033 | 0.044 | 0.083 | 0.034 | 0.023 | 0.026 |
|  | 0.117 | 0.114 | 0.101 | 0.103 | 0.102 | 0.073 | 0.064 | 0.075 | 0.072 | 0.057 | 0.052 | 0.046 |
|  | 0.124 | 0.090 | 0.064 | 0.085 | 0.105 | 0.041 | 0.031 | 0.037 | 0.074 | 0.031 | 0.028 | 0.029 |
| $\gamma_1$ | — | 0.084 | 0.073 | 0.081 | — | 0.046 | 0.037 | 0.053 | — | 0.036 | 0.033 | 0.031 |
|  | — | 0.125 | 0.106 | 0.117 | — | 0.076 | 0.069 | 0.067 | — | 0.061 | 0.051 | 0.046 |
|  | — | 0.116 | 0.101 | 0.112 | — | 0.071 | 0.058 | 0.063 | — | 0.038 | 0.037 | 0.039 |
| $\sigma_v^2$ | 0.767 | 0.226 | 0.206 | 0.216 | 0.658 | 0.120 | 0.107 | 0.105 | 0.561 | 0.101 | 0.095 | 0.094 |
|  | 0.667 | 0.232 | 0.206 | 0.218 | 0.698 | 0.167 | 0.158 | 0.158 | 0.631 | 0.136 | 0.132 | 0.136 |
|  | 0.684 | 0.327 | 0.308 | 0.317 | 0.686 | 0.212 | 0.204 | 0.206 | 0.636 | 0.168 | 0.163 | 0.158 |

续表

| 样本 | N=20 T=48 ||||  N=80 T=48 |||| N=320 T=48 ||||
| --- | --- | --- | --- | --- | --- | --- | --- | --- | --- | --- | --- | --- |
| 方法 | GKS | 2SIV | MLE | GMM | GKS | 2SIV | MLE | GMM | GKS | 2SIV | MLE | GMM |
| $\sigma_u^2$ | 0.574 | 0.258 | 0.245 | 0.262 | 0.563 | 0.201 | 0.196 | 0.184 | 0.465 | 0.165 | 0.145 | 0.145 |
| | 0.506 | 0.236 | 0.235 | 0.244 | 0.516 | 0.204 | 0.193 | 0.193 | 0.317 | 0.176 | 0.169 | 0.170 |
| | 0.543 | 0.325 | 0.312 | 0.324 | 0.556 | 0.265 | 0.262 | 0.262 | 0.472 | 0.203 | 0.201 | 0.194 |
| $\sigma_\xi^2$ | — | 0.254 | 0.235 | 0.247 | — | 0.162 | 0.156 | 0.158 | — | 0.106 | 0.104 | 0.113 |
| | — | 0.216 | 0.194 | 0.201 | — | 0.170 | 0.163 | 0.157 | — | 0.105 | 0.101 | 0.102 |
| | — | 0.223 | 0.201 | 0.207 | — | 0.166 | 0.157 | 0.160 | — | 0.125 | 0.114 | 0.120 |
| $\sigma_{v\xi}$ | — | 0.241 | 0.211 | 0.214 | — | 0.161 | 0.154 | 0.155 | — | 0.104 | 0.112 | 0.113 |
| | — | 0.123 | 0.104 | 0.107 | — | 0.102 | 0.092 | 0.095 | — | 0.064 | 0.062 | 0.062 |
| | — | 0.240 | 0.223 | 0.236 | — | 0.182 | 0.174 | 0.176 | — | 0.105 | 0.095 | 0.101 |

表 5-6　　$\rho = 0.4$ 且 $\sigma_{v\xi} = 0.8$ 时，四种估计方法对应参数估计量的精确度

| 样本 | N=20 T=3 |||| N=80 T=3 |||| N=320 T=3 ||||
| --- | --- | --- | --- | --- | --- | --- | --- | --- | --- | --- | --- | --- |
| 方法 | GKS | 2SIV | MLE | GMM | GKS | 2SIV | MLE | GMM | GKS | 2SIV | MLE | GMM |
| $\rho$ | 0.817 | 0.285 | 0.246 | 0.265 | 0.728 | 0.254 | 0.236 | 0.254 | 0.714 | 0.179 | 0.160 | 0.161 |
| | 0.646 | 0.346 | 0.276 | 0.325 | 0.656 | 0.286 | 0.267 | 0.281 | 0.646 | 0.218 | 0.203 | 0.213 |
| | 0.756 | 0.435 | 0.354 | 0.356 | 0.653 | 0.376 | 0.297 | 0.375 | 0.646 | 0.267 | 0.251 | 0.256 |
| $\beta_1$ | 0.132 | 0.108 | 0.075 | 0.081 | 0.112 | 0.085 | 0.075 | 0.074 | 0.109 | 0.057 | 0.044 | 0.061 |
| | 0.145 | 0.134 | 0.084 | 0.096 | 0.104 | 0.112 | 0.102 | 0.121 | 0.101 | 0.101 | 0.092 | 0.084 |
| | 0.124 | 0.105 | 0.086 | 0.091 | 0.109 | 0.091 | 0.076 | 0.078 | 0.106 | 0.081 | 0.054 | 0.067 |
| $\gamma_1$ | — | 0.109 | 0.083 | 0.098 | — | 0.087 | 0.081 | 0.076 | — | 0.072 | 0.061 | 0.068 |
| | — | 0.157 | 0.143 | 0.144 | — | 0.113 | 0.126 | 0.128 | — | 0.110 | 0.071 | 0.101 |
| | — | 0.146 | 0.136 | 0.143 | — | 0.125 | 0.121 | 0.126 | — | 0.104 | 0.090 | 0.085 |
| $\sigma_v^2$ | 0.656 | 0.267 | 0.248 | 0.245 | 0.553 | 0.234 | 0.242 | 0.238 | 0.637 | 0.203 | 0.171 | 0.195 |
| | 0.476 | 0.315 | 0.276 | 0.285 | 0.446 | 0.281 | 0.236 | 0.276 | 0.647 | 0.199 | 0.194 | 0.186 |
| | 0.587 | 0.424 | 0.406 | 0.411 | 0.479 | 0.403 | 0.367 | 0.384 | 0.475 | 0.316 | 0.251 | 0.302 |
| $\sigma_u^2$ | 0.446 | 0.376 | 0.325 | 0.334 | 0.536 | 0.325 | 0.306 | 0.302 | 0.467 | 0.242 | 0.224 | 0.243 |
| | 0.435 | 0.379 | 0.339 | 0.345 | 0.493 | 0.327 | 0.309 | 0.324 | 0.534 | 0.231 | 0.226 | 0.226 |
| | 0.487 | 0.312 | 0.302 | 0.324 | 0.489 | 0.286 | 0.265 | 0.272 | 0.476 | 0.313 | 0.303 | 0.302 |
| $\sigma_\xi^2$ | — | 0.311 | 0.295 | 0.302 | — | 0.294 | 0.275 | 0.282 | — | 0.229 | 0.234 | 0.234 |
| | — | 0.255 | 0.253 | 0.255 | — | 0.241 | 0.236 | 0.237 | — | 0.211 | 0.163 | 0.194 |
| | — | 0.294 | 0.258 | 0.262 | — | 0.262 | 0.218 | 0.232 | — | 0.210 | 0.191 | 0.191 |

续表

| 样本 | \multicolumn{4}{c}{N = 20 T = 3} | \multicolumn{4}{c}{N = 80 T = 3} | \multicolumn{4}{c}{N = 320 T = 3} |
|---|---|---|---|---|---|---|---|---|---|---|---|---|
| 方法 | GKS | 2SIV | MLE | GMM | GKS | 2SIV | MLE | GMM | GKS | 2SIV | MLE | GMM |
| $\sigma_{v\xi}$ | — | 0.302 | 0.281 | 0.293 | — | 0.257 | 0.247 | 0.249 | — | 0.223 | 0.213 | 0.213 |
|  | — | 0.176 | 0.158 | 0.159 | — | 0.114 | 0.107 | 0.115 | — | 0.120 | 0.101 | 0.112 |
|  | — | 0.345 | 0.304 | 0.321 | — | 0.309 | 0.275 | 0.289 | — | 0.232 | 0.203 | 0.233 |

| 样本 | \multicolumn{4}{c}{N = 20 T = 12} | \multicolumn{4}{c}{N = 80 T = 12} | \multicolumn{4}{c}{N = 320 T = 12} |
|---|---|---|---|---|---|---|---|---|---|---|---|---|
| 方法 | GKS | 2SIV | MLE | GMM | GKS | 2SIV | MLE | GMM | GKS | 2SIV | MLE | GMM |
| $\rho$ | 0.764 | 0.278 | 0.253 | 0.258 | 0.564 | 0.176 | 0.146 | 0.169 | 0.635 | 0.109 | 0.103 | 0.105 |
|  | 0.645 | 0.297 | 0.281 | 0.294 | 0.578 | 0.226 | 0.198 | 0.214 | 0.564 | 0.113 | 0.111 | 0.106 |
|  | 0.667 | 0.421 | 0.370 | 0.384 | 0.543 | 0.268 | 0.247 | 0.254 | 0.537 | 0.176 | 0.165 | 0.165 |
| $\beta_1$ | 0.118 | 0.110 | 0.080 | 0.095 | 0.103 | 0.058 | 0.049 | 0.058 | 0.101 | 0.043 | 0.023 | 0.037 |
|  | 0.119 | 0.129 | 0.125 | 0.121 | 0.108 | 0.111 | 0.075 | 0.096 | 0.103 | 0.073 | 0.051 | 0.067 |
|  | 0.131 | 0.091 | 0.073 | 0.084 | 0.121 | 0.082 | 0.054 | 0.071 | 0.115 | 0.035 | 0.030 | 0.035 |
| $\gamma_1$ | — | 0.102 | 0.081 | 0.103 | — | 0.079 | 0.062 | 0.067 | — | 0.048 | 0.038 | 0.043 |
|  | — | 0.137 | 0.134 | 0.151 | — | 0.111 | 0.095 | 0.105 | — | 0.044 | 0.065 | 0.069 |
|  | — | 0.125 | 0.130 | 0.132 | — | 0.108 | 0.081 | 0.109 | — | 0.057 | 0.052 | 0.058 |
| $\sigma_v^2$ | 0.458 | 0.249 | 0.244 | 0.245 | 0.453 | 0.218 | 0.182 | 0.194 | 0.446 | 0.111 | 0.095 | 0.102 |
|  | 0.473 | 0.276 | 0.248 | 0.271 | 0.467 | 0.215 | 0.093 | 0.186 | 0.458 | 0.154 | 0.148 | 0.157 |
|  | 0.466 | 0.409 | 0.385 | 0.395 | 0.443 | 0.222 | 0.295 | 0.203 | 0.436 | 0.204 | 0.185 | 0.193 |
| $\sigma_u^2$ | 0.467 | 0.343 | 0.341 | 0.324 | 0.552 | 0.246 | 0.235 | 0.246 | 0.546 | 0.191 | 0.179 | 0.175 |
|  | 0.537 | 0.345 | 0.322 | 0.335 | 0.432 | 0.232 | 0.226 | 0.224 | 0.428 | 0.183 | 0.172 | 0.182 |
|  | 0.516 | 0.522 | 0.494 | 0.510 | 0.462 | 0.309 | 0.286 | 0.312 | 0.457 | 0.258 | 0.246 | 0.256 |
| $\sigma_\xi^2$ | — | 0.303 | 0.282 | 0.301 | — | 0.238 | 0.213 | 0.251 | — | 0.155 | 0.148 | 0.156 |
|  | — | 0.246 | 0.238 | 0.242 | — | 0.202 | 0.176 | 0.178 | — | 0.155 | 0.156 | 0.152 |
|  | — | 0.274 | 0.247 | 0.264 | — | 0.209 | 0.174 | 0.189 | — | 0.162 | 0.149 | 0.144 |
| $\sigma_{v\xi}$ | — | 0.273 | 0.258 | 0.253 | — | 0.217 | 0.195 | 0.212 | — | 0.159 | 0.142 | 0.150 |
|  | — | 0.170 | 0.139 | 0.156 | — | 0.108 | 0.106 | 0.103 | — | 0.093 | 0.071 | 0.085 |
|  | — | 0.318 | 0.258 | 0.294 | — | 0.227 | 0.204 | 0.214 | — | 0.177 | 0.165 | 0.164 |

| 样本 | \multicolumn{4}{c}{N = 20 T = 48} | \multicolumn{4}{c}{N = 80 T = 48} | \multicolumn{4}{c}{N = 320 T = 48} |
|---|---|---|---|---|---|---|---|---|---|---|---|---|
| 方法 | GKS | 2SIV | MLE | GMM | GKS | 2SIV | MLE | GMM | GKS | 2SIV | MLE | GMM |
| $\rho$ | 0.634 | 0.191 | 0.165 | 0.171 | 0.573 | 0.105 | 0.094 | 0.115 | 0.694 | 0.054 | 0.048 | 0.051 |
|  | 0.593 | 0.225 | 0.212 | 0.211 | 0.514 | 0.116 | 0.103 | 0.121 | 0.337 | 0.081 | 0.083 | 0.085 |
|  | 0.436 | 0.278 | 0.261 | 0.237 | 0.416 | 0.179 | 0.170 | 0.180 | 0.425 | 0.094 | 0.094 | 0.091 |
| $\beta_1$ | 0.108 | 0.061 | 0.053 | 0.058 | 0.093 | 0.035 | 0.032 | 0.043 | 0.085 | 0.030 | 0.021 | 0.023 |
|  | 0.114 | 0.109 | 0.098 | 0.101 | 0.104 | 0.072 | 0.063 | 0.074 | 0.071 | 0.054 | 0.051 | 0.045 |
|  | 0.135 | 0.086 | 0.061 | 0.082 | 0.108 | 0.038 | 0.030 | 0.033 | 0.065 | 0.030 | 0.024 | 0.023 |

续表

| 样本\方法 | N=20 T=48 ||||N=80 T=48 ||||N=320 T=48 ||||
|---|---|---|---|---|---|---|---|---|---|---|---|---|
| | GKS | 2SIV | MLE | GMM | GKS | 2SIV | MLE | GMM | GKS | 2SIV | MLE | GMM |
| $\gamma_1$ | — | 0.081 | 0.071 | 0.075 | — | 0.043 | 0.035 | 0.050 | — | 0.035 | 0.032 | 0.030 |
| | — | 0.122 | 0.101 | 0.107 | — | 0.074 | 0.068 | 0.064 | — | 0.060 | 0.046 | 0.045 |
| | — | 0.114 | 0.094 | 0.104 | — | 0.068 | 0.054 | 0.061 | — | 0.035 | 0.033 | 0.035 |
| $\sigma_v^2$ | 0.543 | 0.225 | 0.202 | 0.208 | 0.547 | 0.116 | 0.106 | 0.103 | 0.617 | 0.093 | 0.091 | 0.093 |
| | 0.479 | 0.230 | 0.204 | 0.219 | 0.453 | 0.164 | 0.147 | 0.154 | 0.537 | 0.135 | 0.127 | 0.135 |
| | 0.458 | 0.324 | 0.306 | 0.315 | 0.318 | 0.211 | 0.202 | 0.204 | 0.471 | 0.164 | 0.161 | 0.155 |
| $\sigma_u^2$ | 0.578 | 0.255 | 0.244 | 0.261 | 0.423 | 0.196 | 0.192 | 0.182 | 0.567 | 0.162 | 0.142 | 0.141 |
| | 0.448 | 0.232 | 0.231 | 0.243 | 0.315 | 0.202 | 0.191 | 0.191 | 0.215 | 0.173 | 0.164 | 0.164 |
| | 0.468 | 0.324 | 0.310 | 0.322 | 0.424 | 0.267 | 0.257 | 0.260 | 0.328 | 0.201 | 0.196 | 0.187 |
| $\sigma_\xi^2$ | — | 0.253 | 0.233 | 0.245 | — | 0.158 | 0.148 | 0.154 | — | 0.102 | 0.101 | 0.104 |
| | — | 0.215 | 0.193 | 0.196 | — | 0.163 | 0.158 | 0.155 | — | 0.104 | 0.093 | 0.095 |
| | — | 0.221 | 0.195 | 0.203 | — | 0.157 | 0.153 | 0.152 | — | 0.118 | 0.111 | 0.119 |
| $\sigma_{v\xi}$ | — | 0.240 | 0.210 | 0.205 | — | 0.159 | 0.151 | 0.152 | — | 0.101 | 0.106 | 0.112 |
| | — | 0.122 | 0.103 | 0.101 | — | 0.078 | 0.090 | 0.092 | — | 0.062 | 0.056 | 0.061 |
| | — | 0.238 | 0.222 | 0.226 | — | 0.176 | 0.172 | 0.173 | — | 0.101 | 0.088 | 0.096 |

表5-7　　$\rho=0.8$ 且 $\sigma_{v\xi}=0$ 时，四种估计方法对应参数估计量的精确度

| 样本\方法 | N=20 T=3 ||||N=80 T=3 ||||N=320 T=3 ||||
|---|---|---|---|---|---|---|---|---|---|---|---|---|
| | GKS | 2SIV | MLE | GMM | GKS | 2SIV | MLE | GMM | GKS | 2SIV | MLE | GMM |
| $\rho$ | 0.229 | 0.294 | 0.252 | 0.275 | 0.203 | 0.273 | 0.247 | 0.258 | 0.147 | 0.183 | 0.158 | 0.162 |
| | 0.281 | 0.361 | 0.296 | 0.341 | 0.243 | 0.296 | 0.279 | 0.276 | 0.185 | 0.224 | 0.206 | 0.221 |
| | 0.392 | 0.464 | 0.381 | 0.456 | 0.302 | 0.413 | 0.364 | 0.384 | 0.249 | 0.272 | 0.254 | 0.258 |
| $\beta_1$ | 0.081 | 0.122 | 0.083 | 0.102 | 0.057 | 0.097 | 0.076 | 0.089 | 0.034 | 0.057 | 0.051 | 0.063 |
| | 0.122 | 0.141 | 0.087 | 0.121 | 0.107 | 0.125 | 0.118 | 0.117 | 0.081 | 0.113 | 0.093 | 0.095 |
| | 0.091 | 0.112 | 0.091 | 0.097 | 0.065 | 0.093 | 0.076 | 0.076 | 0.037 | 0.085 | 0.052 | 0.073 |
| $\gamma_1$ | — | 0.117 | 0.086 | 0.106 | — | 0.103 | 0.079 | 0.095 | — | 0.075 | 0.071 | 0.071 |
| | — | 0.171 | 0.142 | 0.167 | — | 0.158 | 0.128 | 0.148 | — | 0.116 | 0.095 | 0.106 |
| | — | 0.172 | 0.141 | 0.163 | — | 0.146 | 0.128 | 0.129 | — | 0.108 | 0.094 | 0.094 |
| $\sigma_v^2$ | 0.241 | 0.275 | 0.247 | 0.271 | 0.219 | 0.246 | 0.234 | 0.236 | 0.190 | 0.216 | 0.195 | 0.203 |
| | 0.252 | 0.321 | 0.281 | 0.307 | 0.235 | 0.284 | 0.249 | 0.275 | 0.192 | 0.215 | 0.202 | 0.208 |
| | 0.391 | 0.432 | 0.407 | 0.424 | 0.364 | 0.412 | 0.294 | 0.397 | 0.291 | 0.319 | 0.305 | 0.309 |

续表

| 样本 | | N = 20 T = 3 | | | | N = 80 T = 3 | | | | N = 320 T = 3 | | | |
|---|---|---|---|---|---|---|---|---|---|---|---|---|---|
| 方法 | | GKS | 2SIV | MLE | GMM | GKS | 2SIV | MLE | GMM | GKS | 2SIV | MLE | GMM |
| $\sigma_u^2$ | | 0.320 | 0.384 | 0.332 | 0.379 | 0.296 | 0.344 | 0.318 | 0.321 | 0.229 | 0.252 | 0.242 | 0.247 |
| | | 0.314 | 0.401 | 0.347 | 0.376 | 0.285 | 0.339 | 0.315 | 0.329 | 0.208 | 0.243 | 0.227 | 0.228 |
| | | 0.486 | 0.615 | 0.558 | 0.585 | 0.454 | 0.503 | 0.485 | 0.507 | 0.299 | 0.320 | 0.313 | 0.309 |
| $\sigma_\xi^2$ | | — | 0.318 | 0.312 | 0.316 | — | 0.305 | 0.286 | 0.301 | — | 0.248 | 0.236 | 0.243 |
| | | — | 0.286 | 0.274 | 0.282 | — | 0.243 | 0.236 | 0.242 | — | 0.209 | 0.187 | 0.194 |
| | | — | 0.301 | 0.281 | 0.294 | — | 0.275 | 0.237 | 0.265 | — | 0.218 | 0.189 | 0.192 |
| $\sigma_{v\xi}$ | | — | 0.312 | 0.294 | 0.304 | — | 0.273 | 0.252 | 0.264 | — | 0.226 | 0.213 | 0.224 |
| | | — | 0.185 | 0.165 | 0.175 | — | 0.169 | 0.137 | 0.158 | — | 0.121 | 0.102 | 0.117 |
| | | — | 0.347 | 0.314 | 0.348 | — | 0.319 | 0.285 | 0.304 | — | 0.237 | 0.219 | 0.224 |
| 样本 | | N = 20 T = 12 | | | | N = 80 T = 12 | | | | N = 320 T = 12 | | | |
| 方法 | | GKS | 2SIV | MLE | GMM | GKS | 2SIV | MLE | GMM | GKS | 2SIV | MLE | GMM |
| $\rho$ | | 0.219 | 0.281 | 0.247 | 0.267 | 0.146 | 0.175 | 0.160 | 0.168 | 0.082 | 0.108 | 0.097 | 0.102 |
| | | 0.245 | 0.295 | 0.278 | 0.286 | 0.202 | 0.231 | 0.211 | 0.221 | 0.094 | 0.116 | 0.112 | 0.115 |
| | | 0.308 | 0.415 | 0.368 | 0.395 | 0.248 | 0.269 | 0.257 | 0.257 | 0.102 | 0.176 | 0.168 | 0.175 |
| $\beta_1$ | | 0.065 | 0.110 | 0.084 | 0.095 | 0.033 | 0.061 | 0.053 | 0.064 | 0.033 | 0.041 | 0.033 | 0.037 |
| | | 0.112 | 0.133 | 0.124 | 0.123 | 0.084 | 0.113 | 0.092 | 0.102 | 0.062 | 0.073 | 0.058 | 0.075 |
| | | 0.073 | 0.094 | 0.078 | 0.093 | 0.042 | 0.082 | 0.058 | 0.071 | 0.037 | 0.037 | 0.031 | 0.033 |
| $\gamma_1$ | | — | 0.111 | 0.083 | 0.112 | — | 0.081 | 0.071 | 0.075 | — | 0.046 | 0.043 | 0.046 |
| | | — | 0.160 | 0.136 | 0.158 | — | 0.124 | 0.083 | 0.108 | — | 0.071 | 0.066 | 0.073 |
| | | — | 0.153 | 0.133 | 0.143 | — | 0.113 | 0.064 | 0.112 | — | 0.063 | 0.053 | 0.066 |
| $\sigma_v^2$ | | 0.234 | 0.253 | 0.245 | 0.248 | 0.192 | 0.222 | 0.201 | 0.221 | 0.106 | 0.116 | 0.101 | 0.113 |
| | | 0.244 | 0.292 | 0.252 | 0.284 | 0.203 | 0.221 | 0.202 | 0.222 | 0.155 | 0.163 | 0.154 | 0.158 |
| | | 0.369 | 0.425 | 0.396 | 0.411 | 0.291 | 0.324 | 0.305 | 0.313 | 0.191 | 0.211 | 0.205 | 0.205 |
| $\sigma_u^2$ | | 0.312 | 0.352 | 0.343 | 0.343 | 0.232 | 0.262 | 0.243 | 0.261 | 0.192 | 0.202 | 0.185 | 0.184 |
| | | 0.306 | 0.346 | 0.322 | 0.338 | 0.213 | 0.241 | 0.231 | 0.238 | 0.183 | 0.195 | 0.193 | 0.191 |
| | | 0.462 | 0.532 | 0.485 | 0.531 | 0.302 | 0.323 | 0.313 | 0.313 | 0.241 | 0.262 | 0.255 | 0.257 |
| $\sigma_\xi^2$ | | — | 0.311 | 0.295 | 0.306 | — | 0.252 | 0.237 | 0.252 | — | 0.162 | 0.153 | 0.158 |
| | | — | 0.248 | 0.241 | 0.254 | — | 0.212 | 0.191 | 0.204 | — | 0.161 | 0.157 | 0.154 |
| | | — | 0.285 | 0.253 | 0.272 | — | 0.221 | 0.193 | 0.202 | — | 0.168 | 0.152 | 0.162 |
| $\sigma_{v\xi}$ | | — | 0.283 | 0.264 | 0.272 | — | 0.235 | 0.211 | 0.223 | — | 0.159 | 0.151 | 0.155 |
| | | — | 0.175 | 0.142 | 0.163 | — | 0.122 | 0.106 | 0.114 | — | 0.092 | 0.074 | 0.094 |
| | | — | 0.315 | 0.295 | 0.311 | — | 0.238 | 0.223 | 0.241 | — | 0.176 | 0.169 | 0.173 |

续表

| 样本 | N=20 T=48 ||||  N=80 T=48 ||||  N=320 T=48 ||||
|---|---|---|---|---|---|---|---|---|---|---|---|---|
| 方法 | GKS | 2SIV | MLE | GMM | GKS | 2SIV | MLE | GMM | GKS | 2SIV | MLE | GMM |
| $\rho$ | 0.152 | 0.193 | 0.167 | 0.173 | 0.094 | 0.112 | 0.102 | 0.108 | 0.051 | 0.058 | 0.051 | 0.053 |
|  | 0.211 | 0.232 | 0.214 | 0.222 | 0.112 | 0.119 | 0.113 | 0.118 | 0.084 | 0.101 | 0.086 | 0.091 |
|  | 0.254 | 0.284 | 0.263 | 0.261 | 0.154 | 0.183 | 0.172 | 0.182 | 0.086 | 0.103 | 0.093 | 0.095 |
| $\beta_1$ | 0.034 | 0.067 | 0.055 | 0.064 | 0.032 | 0.041 | 0.035 | 0.041 | 0.021 | 0.033 | 0.024 | 0.028 |
|  | 0.086 | 0.122 | 0.102 | 0.103 | 0.063 | 0.074 | 0.066 | 0.073 | 0.052 | 0.061 | 0.052 | 0.053 |
|  | 0.052 | 0.091 | 0.066 | 0.082 | 0.028 | 0.043 | 0.033 | 0.034 | 0.023 | 0.033 | 0.026 | 0.033 |
| $\gamma_1$ | — | 0.078 | 0.077 | 0.075 | — | 0.054 | 0.042 | 0.052 | — | 0.038 | 0.034 | 0.035 |
|  | — | 0.129 | 0.106 | 0.113 | — | 0.076 | 0.071 | 0.074 | — | 0.062 | 0.052 | 0.053 |
|  | — | 0.122 | 0.103 | 0.114 | — | 0.072 | 0.063 | 0.071 | — | 0.038 | 0.038 | 0.038 |
| $\sigma_v^2$ | 0.184 | 0.223 | 0.206 | 0.227 | 0.104 | 0.123 | 0.114 | 0.113 | 0.090 | 0.103 | 0.093 | 0.095 |
|  | 0.205 | 0.234 | 0.207 | 0.223 | 0.138 | 0.174 | 0.161 | 0.165 | 0.123 | 0.138 | 0.135 | 0.141 |
|  | 0.292 | 0.336 | 0.315 | 0.318 | 0.174 | 0.212 | 0.212 | 0.212 | 0.148 | 0.168 | 0.162 | 0.164 |
| $\sigma_u^2$ | 0.224 | 0.266 | 0.248 | 0.258 | 0.194 | 0.201 | 0.202 | 0.201 | 0.128 | 0.176 | 0.144 | 0.154 |
|  | 0.211 | 0.244 | 0.234 | 0.241 | 0.195 | 0.202 | 0.192 | 0.194 | 0.138 | 0.176 | 0.171 | 0.164 |
|  | 0.296 | 0.324 | 0.321 | 0.323 | 0.243 | 0.265 | 0.261 | 0.262 | 0.187 | 0.194 | 0.203 | 0.202 |
| $\sigma_\xi^2$ | — | 0.252 | 0.243 | 0.255 | — | 0.157 | 0.154 | 0.160 | — | 0.112 | 0.108 | 0.111 |
|  | — | 0.217 | 0.195 | 0.202 | — | 0.171 | 0.162 | 0.165 | — | 0.116 | 0.093 | 0.103 |
|  | — | 0.222 | 0.202 | 0.207 | — | 0.165 | 0.161 | 0.163 | — | 0.131 | 0.112 | 0.115 |
| $\sigma_{v\xi}$ | — | 0.238 | 0.217 | 0.216 | — | 0.157 | 0.155 | 0.157 | — | 0.117 | 0.105 | 0.112 |
|  | — | 0.121 | 0.108 | 0.109 | — | 0.093 | 0.091 | 0.091 | — | 0.063 | 0.062 | 0.063 |
|  | — | 0.238 | 0.222 | 0.234 | — | 0.181 | 0.174 | 0.179 | — | 0.106 | 0.097 | 0.095 |

表5-8　　$\rho=0.8$且$\sigma_{v\xi}=0.4$时，四种估计方法对应参数估计量的精确度

| 样本 | N=20 T=3 ||||  N=80 T=3 ||||  N=320 T=3 ||||
|---|---|---|---|---|---|---|---|---|---|---|---|---|
| 方法 | GKS | 2SIV | MLE | GMM | GKS | 2SIV | MLE | GMM | GKS | 2SIV | MLE | GMM |
| $\rho$ | 0.546 | 0.264 | 0.245 | 0.249 | 0.449 | 0.259 | 0.243 | 0.249 | 0.668 | 0.181 | 0.157 | 0.162 |
|  | 0.464 | 0.323 | 0.234 | 0.294 | 0.487 | 0.265 | 0.236 | 0.244 | 0.548 | 0.217 | 0.202 | 0.213 |
|  | 0.627 | 0.234 | 0.213 | 0.221 | 0.498 | 0.224 | 0.194 | 0.208 | 0.542 | 0.267 | 0.247 | 0.254 |
| $\beta_1$ | 0.124 | 0.097 | 0.084 | 0.095 | 0.114 | 0.093 | 0.071 | 0.086 | 0.101 | 0.057 | 0.043 | 0.058 |
|  | 0.115 | 0.102 | 0.067 | 0.086 | 0.112 | 0.125 | 0.104 | 0.111 | 0.102 | 0.091 | 0.082 | 0.074 |
|  | 0.105 | 0.109 | 0.083 | 0.075 | 0.104 | 0.091 | 0.082 | 0.085 | 0.094 | 0.081 | 0.054 | 0.071 |

续表

| 样本 | N = 20 T = 3 | | | | N = 80 T = 3 | | | | N = 320 T = 3 | | | |
|---|---|---|---|---|---|---|---|---|---|---|---|---|
| 方法 | GKS | 2SIV | MLE | GMM | GKS | 2SIV | MLE | GMM | GKS | 2SIV | MLE | GMM |
| $\gamma_1$ | — | 0.109 | 0.085 | 0.098 | — | 0.083 | 0.072 | 0.074 | — | 0.067 | 0.063 | 0.062 |
| | — | 0.134 | 0.103 | 0.124 | — | 0.097 | 0.092 | 0.135 | — | 0.106 | 0.075 | 0.096 |
| | — | 0.129 | 0.104 | 0.123 | — | 0.122 | 0.095 | 0.112 | — | 0.101 | 0.091 | 0.095 |
| $\sigma_v^2$ | 0.476 | 0.234 | 0.236 | 0.229 | 0.538 | 0.195 | 0.183 | 0.204 | 0.694 | 0.205 | 0.172 | 0.203 |
| | 0.368 | 0.291 | 0.264 | 0.278 | 0.516 | 0.235 | 0.230 | 0.272 | 0.676 | 0.207 | 0.194 | 0.206 |
| | 0.491 | 0.281 | 0.234 | 0.264 | 0.507 | 0.214 | 0.201 | 0.209 | 0.672 | 0.212 | 0.191 | 0.207 |
| $\sigma_u^2$ | 0.489 | 0.343 | 0.304 | 0.325 | 0.535 | 0.297 | 0.295 | 0.296 | 0.692 | 0.238 | 0.233 | 0.229 |
| | 0.457 | 0.374 | 0.315 | 0.337 | 0.478 | 0.325 | 0.291 | 0.304 | 0.567 | 0.226 | 0.222 | 0.215 |
| | 0.437 | 0.312 | 0.294 | 0.308 | 0.463 | 0.208 | 0.202 | 0.206 | 0.563 | 0.209 | 0.215 | 0.203 |
| $\sigma_\xi^2$ | — | 0.317 | 0.304 | 0.315 | — | 0.296 | 0.274 | 0.301 | — | 0.234 | 0.226 | 0.227 |
| | — | 0.285 | 0.261 | 0.279 | — | 0.237 | 0.238 | 0.242 | — | 0.211 | 0.157 | 0.197 |
| | — | 0.301 | 0.265 | 0.296 | — | 0.265 | 0.222 | 0.273 | — | 0.213 | 0.185 | 0.191 |
| $\sigma_{v\xi}$ | — | 0.315 | 0.282 | 0.315 | — | 0.294 | 0.257 | 0.269 | — | 0.222 | 0.214 | 0.209 |
| | — | 0.184 | 0.158 | 0.172 | — | 0.123 | 0.131 | 0.153 | — | 0.119 | 0.102 | 0.106 |
| | — | 0.347 | 0.309 | 0.315 | — | 0.315 | 0.279 | 0.304 | — | 0.239 | 0.216 | 0.229 |

| 样本 | N = 20 T = 12 | | | | N = 80 T = 12 | | | | N = 320 T = 12 | | | |
|---|---|---|---|---|---|---|---|---|---|---|---|---|
| 方法 | GKS | 2SIV | MLE | GMM | GKS | 2SIV | MLE | GMM | GKS | 2SIV | MLE | GMM |
| $\rho$ | 0.731 | 0.276 | 0.249 | 0.257 | 0.757 | 0.182 | 0.150 | 0.165 | 0.768 | 0.109 | 0.103 | 0.107 |
| | 0.557 | 0.294 | 0.279 | 0.293 | 0.764 | 0.226 | 0.192 | 0.217 | 0.612 | 0.115 | 0.106 | 0.103 |
| | 0.518 | 0.422 | 0.385 | 0.378 | 0.647 | 0.269 | 0.253 | 0.265 | 0.536 | 0.183 | 0.165 | 0.171 |
| $\beta_1$ | 0.119 | 0.115 | 0.079 | 0.093 | 0.103 | 0.054 | 0.051 | 0.056 | 0.086 | 0.043 | 0.023 | 0.033 |
| | 0.119 | 0.131 | 0.123 | 0.122 | 0.111 | 0.109 | 0.085 | 0.092 | 0.092 | 0.071 | 0.052 | 0.063 |
| | 0.119 | 0.086 | 0.071 | 0.085 | 0.105 | 0.081 | 0.053 | 0.062 | 0.094 | 0.035 | 0.028 | 0.031 |
| $\gamma_1$ | — | 0.103 | 0.075 | 0.105 | — | 0.078 | 0.064 | 0.071 | — | 0.048 | 0.036 | 0.045 |
| | — | 0.144 | 0.128 | 0.153 | — | 0.106 | 0.094 | 0.095 | — | 0.049 | 0.034 | 0.047 |
| | — | 0.141 | 0.131 | 0.135 | — | 0.107 | 0.082 | 0.092 | — | 0.057 | 0.046 | 0.057 |
| $\sigma_v^2$ | 0.757 | 0.247 | 0.243 | 0.244 | 0.661 | 0.216 | 0.184 | 0.195 | 0.625 | 0.109 | 0.085 | 0.098 |
| | 0.578 | 0.278 | 0.242 | 0.264 | 0.526 | 0.209 | 0.094 | 0.123 | 0.583 | 0.155 | 0.142 | 0.157 |
| | 0.636 | 0.403 | 0.386 | 0.395 | 0.545 | 0.315 | 0.284 | 0.294 | 0.524 | 0.202 | 0.185 | 0.196 |
| $\sigma_u^2$ | 0.538 | 0.337 | 0.331 | 0.336 | 0.674 | 0.252 | 0.231 | 0.233 | 0.557 | 0.186 | 0.173 | 0.186 |
| | 0.419 | 0.338 | 0.317 | 0.329 | 0.413 | 0.233 | 0.225 | 0.227 | 0.487 | 0.184 | 0.165 | 0.182 |
| | 0.406 | 0.314 | 0.304 | 0.310 | 0.436 | 0.311 | 0.295 | 0.306 | 0.536 | 0.267 | 0.246 | 0.257 |

续表

| 样本 | N=20 T=12 ||||  N=80 T=12 ||||  N=320 T=12 ||||
|---|---|---|---|---|---|---|---|---|---|---|---|---|
| 方法 | GKS | 2SIV | MLE | GMM | GKS | 2SIV | MLE | GMM | GKS | 2SIV | MLE | GMM |
| $\sigma_\xi^2$ | — | 0.301 | 0.282 | 0.297 | — | 0.236 | 0.217 | 0.224 | — | 0.158 | 0.148 | 0.154 |
|  | — | 0.242 | 0.238 | 0.237 | — | 0.202 | 0.174 | 0.185 | — | 0.156 | 0.156 | 0.152 |
|  | — | 0.265 | 0.249 | 0.267 | — | 0.209 | 0.175 | 0.186 | — | 0.158 | 0.148 | 0.145 |
| $\sigma_{v\xi}$ | — | 0.269 | 0.256 | 0.259 | — | 0.215 | 0.197 | 0.209 | — | 0.156 | 0.137 | 0.151 |
|  | — | 0.165 | 0.137 | 0.147 | — | 0.112 | 0.103 | 0.106 | — | 0.091 | 0.074 | 0.085 |
|  | — | 0.303 | 0.258 | 0.287 | — | 0.234 | 0.212 | 0.224 | — | 0.176 | 0.167 | 0.165 |
| 样本 | N=20 T=48 |||| N=80 T=48 |||| N=320 T=48 ||||
| 方法 | GKS | 2SIV | MLE | GMM | GKS | 2SIV | MLE | GMM | GKS | 2SIV | MLE | GMM |
| $\rho$ | 0.568 | 0.191 | 0.164 | 0.173 | 0.573 | 0.104 | 0.093 | 0.114 | 0.691 | 0.056 | 0.046 | 0.051 |
|  | 0.497 | 0.232 | 0.211 | 0.221 | 0.435 | 0.121 | 0.102 | 0.121 | 0.537 | 0.081 | 0.082 | 0.086 |
|  | 0.437 | 0.283 | 0.256 | 0.259 | 0.365 | 0.173 | 0.167 | 0.178 | 0.554 | 0.085 | 0.092 | 0.094 |
| $\beta_1$ | 0.110 | 0.061 | 0.052 | 0.061 | 0.095 | 0.036 | 0.031 | 0.041 | 0.086 | 0.035 | 0.021 | 0.024 |
|  | 0.116 | 0.109 | 0.095 | 0.101 | 0.101 | 0.071 | 0.062 | 0.073 | 0.074 | 0.056 | 0.050 | 0.043 |
|  | 0.125 | 0.086 | 0.062 | 0.082 | 0.102 | 0.039 | 0.026 | 0.035 | 0.076 | 0.026 | 0.024 | 0.025 |
| $\gamma_1$ | — | 0.079 | 0.074 | 0.068 | — | 0.043 | 0.034 | 0.052 | — | 0.035 | 0.031 | 0.030 |
|  | — | 0.121 | 0.102 | 0.113 | — | 0.074 | 0.064 | 0.064 | — | 0.059 | 0.045 | 0.044 |
|  | — | 0.109 | 0.092 | 0.110 | — | 0.068 | 0.055 | 0.061 | — | 0.037 | 0.034 | 0.036 |
| $\sigma_v^2$ | 0.878 | 0.217 | 0.202 | 0.214 | 0.742 | 0.109 | 0.101 | 0.091 | 0.463 | 0.093 | 0.092 | 0.091 |
|  | 0.566 | 0.224 | 0.201 | 0.215 | 0.535 | 0.165 | 0.153 | 0.153 | 0.323 | 0.134 | 0.130 | 0.134 |
|  | 0.676 | 0.324 | 0.304 | 0.315 | 0.592 | 0.201 | 0.201 | 0.202 | 0.364 | 0.164 | 0.151 | 0.153 |
| $\sigma_u^2$ | 0.473 | 0.256 | 0.243 | 0.261 | 0.551 | 0.194 | 0.194 | 0.174 | 0.357 | 0.161 | 0.142 | 0.145 |
|  | 0.315 | 0.233 | 0.232 | 0.243 | 0.424 | 0.187 | 0.191 | 0.185 | 0.314 | 0.173 | 0.164 | 0.170 |
|  | 0.421 | 0.325 | 0.309 | 0.322 | 0.417 | 0.252 | 0.257 | 0.254 | 0.309 | 0.201 | 0.193 | 0.194 |
| $\sigma_\xi^2$ | — | 0.253 | 0.225 | 0.246 | — | 0.157 | 0.154 | 0.152 | — | 0.091 | 0.101 | 0.106 |
|  | — | 0.208 | 0.191 | 0.195 | — | 0.159 | 0.161 | 0.154 | — | 0.101 | 0.094 | 0.103 |
|  | — | 0.217 | 0.192 | 0.202 | — | 0.144 | 0.154 | 0.156 | — | 0.112 | 0.112 | 0.121 |
| $\sigma_{v\xi}$ | — | 0.235 | 0.204 | 0.213 | — | 0.151 | 0.151 | 0.151 | — | 0.099 | 0.105 | 0.110 |
|  | — | 0.117 | 0.102 | 0.106 | — | 0.091 | 0.087 | 0.092 | — | 0.062 | 0.061 | 0.060 |
|  | — | 0.234 | 0.216 | 0.234 | — | 0.174 | 0.169 | 0.167 | — | 0.093 | 0.090 | 0.091 |

表 5-9　　$\rho = 0.8$ 且 $\sigma_{v\xi} = 0.8$ 时，四种估计方法对应参数估计量的精确度

| 样本 | \multicolumn{4}{c|}{N = 20 T = 3} | \multicolumn{4}{c|}{N = 80 T = 3} | \multicolumn{4}{c|}{N = 320 T = 3} |
|---|---|---|---|---|---|---|---|---|---|---|---|---|
| 方法 | GKS | 2SIV | MLE | GMM | GKS | 2SIV | MLE | GMM | GKS | 2SIV | MLE | GMM |
| $\rho$ | 0.653 | 0.256 | 0.236 | 0.238 | 0.592 | 0.258 | 0.241 | 0.236 | 0.768 | 0.183 | 0.156 | 0.161 |
|  | 0.573 | 0.316 | 0.231 | 0.273 | 0.478 | 0.264 | 0.235 | 0.236 | 0.487 | 0.216 | 0.201 | 0.210 |
|  | 0.571 | 0.225 | 0.210 | 0.218 | 0.475 | 0.223 | 0.193 | 0.201 | 0.446 | 0.266 | 0.246 | 0.253 |
| $\beta_1$ | 0.120 | 0.091 | 0.083 | 0.094 | 0.112 | 0.091 | 0.070 | 0.085 | 0.103 | 0.055 | 0.041 | 0.055 |
|  | 0.112 | 0.101 | 0.065 | 0.085 | 0.110 | 0.123 | 0.103 | 0.109 | 0.105 | 0.087 | 0.081 | 0.073 |
|  | 0.102 | 0.095 | 0.080 | 0.074 | 0.101 | 0.087 | 0.081 | 0.083 | 0.097 | 0.080 | 0.054 | 0.070 |
| $\gamma_1$ | — | 0.094 | 0.084 | 0.095 | — | 0.081 | 0.071 | 0.072 | — | 0.066 | 0.062 | 0.060 |
|  | — | 0.125 | 0.101 | 0.123 | — | 0.096 | 0.092 | 0.094 | — | 0.105 | 0.073 | 0.094 |
|  | — | 0.121 | 0.090 | 0.121 | — | 0.121 | 0.093 | 0.108 | — | 0.099 | 0.086 | 0.091 |
| $\sigma_v^2$ | 0.474 | 0.233 | 0.209 | 0.228 | 0.617 | 0.194 | 0.181 | 0.203 | 0.577 | 0.203 | 0.171 | 0.201 |
|  | 0.363 | 0.286 | 0.253 | 0.276 | 0.435 | 0.234 | 0.215 | 0.231 | 0.484 | 0.204 | 0.190 | 0.204 |
|  | 0.487 | 0.276 | 0.233 | 0.263 | 0.487 | 0.213 | 0.193 | 0.204 | 0.449 | 0.204 | 0.187 | 0.205 |
| $\sigma_u^2$ | 0.476 | 0.341 | 0.301 | 0.321 | 0.656 | 0.294 | 0.282 | 0.297 | 0.534 | 0.235 | 0.212 | 0.224 |
|  | 0.449 | 0.365 | 0.312 | 0.334 | 0.598 | 0.321 | 0.284 | 0.291 | 0.584 | 0.221 | 0.214 | 0.211 |
|  | 0.435 | 0.310 | 0.293 | 0.303 | 0.564 | 0.206 | 0.195 | 0.197 | 0.536 | 0.203 | 0.209 | 0.201 |
| $\sigma_\xi^2$ | — | 0.314 | 0.301 | 0.315 | — | 0.286 | 0.273 | 0.286 | — | 0.224 | 0.215 | 0.223 |
|  | — | 0.283 | 0.260 | 0.273 | — | 0.232 | 0.226 | 0.247 | — | 0.208 | 0.167 | 0.196 |
|  | — | 0.296 | 0.263 | 0.295 | — | 0.263 | 0.215 | 0.235 | — | 0.206 | 0.176 | 0.185 |
| $\sigma_{v\xi}$ | — | 0.314 | 0.280 | 0.311 | — | 0.291 | 0.241 | 0.257 | — | 0.215 | 0.209 | 0.202 |
|  | — | 0.183 | 0.156 | 0.170 | — | 0.120 | 0.127 | 0.131 | — | 0.114 | 0.095 | 0.104 |
|  | — | 0.346 | 0.303 | 0.314 | — | 0.314 | 0.269 | 0.283 | — | 0.221 | 0.214 | 0.217 |
| 样本 | \multicolumn{4}{c|}{N = 20 T = 12} | \multicolumn{4}{c|}{N = 80 T = 12} | \multicolumn{4}{c|}{N = 320 T = 12} |
| 方法 | GKS | 2SIV | MLE | GMM | GKS | 2SIV | MLE | GMM | GKS | 2SIV | MLE | GMM |
| $\rho$ | 0.626 | 0.275 | 0.237 | 0.253 | 0.546 | 0.181 | 0.146 | 0.163 | 0.756 | 0.108 | 0.101 | 0.103 |
|  | 0.587 | 0.293 | 0.262 | 0.290 | 0.548 | 0.224 | 0.190 | 0.211 | 0.608 | 0.108 | 0.102 | 0.101 |
|  | 0.514 | 0.421 | 0.376 | 0.373 | 0.486 | 0.265 | 0.251 | 0.263 | 0.514 | 0.181 | 0.154 | 0.167 |
| $\beta_1$ | 0.115 | 0.111 | 0.074 | 0.091 | 0.101 | 0.054 | 0.047 | 0.055 | 0.078 | 0.040 | 0.021 | 0.031 |
|  | 0.116 | 0.130 | 0.121 | 0.114 | 0.107 | 0.105 | 0.079 | 0.090 | 0.084 | 0.067 | 0.049 | 0.062 |
|  | 0.111 | 0.085 | 0.070 | 0.076 | 0.103 | 0.080 | 0.051 | 0.061 | 0.084 | 0.033 | 0.022 | 0.030 |
| $\gamma_1$ | — | 0.101 | 0.071 | 0.101 | — | 0.074 | 0.063 | 0.070 | — | 0.045 | 0.034 | 0.045 |
|  | — | 0.142 | 0.124 | 0.152 | — | 0.105 | 0.092 | 0.094 | — | 0.044 | 0.031 | 0.044 |
|  | — | 0.136 | 0.127 | 0.134 | — | 0.104 | 0.080 | 0.090 | — | 0.056 | 0.041 | 0.056 |

## 第五章　模型参数估计量和技术效率预测量的统计性质

续表

| 样本 | N = 20 T = 12 ||||N = 80 T = 12 ||||N = 320 T = 12 ||||
| --- | --- | --- | --- | --- | --- | --- | --- | --- | --- | --- | --- | --- |
| 方法 | GKS | 2SIV | MLE | GMM | GKS | 2SIV | MLE | GMM | GKS | 2SIV | MLE | GMM |
| $\sigma_v^2$ | 0.658 | 0.244 | 0.241 | 0.240 | 0.472 | 0.215 | 0.183 | 0.193 | 0.557 | 0.102 | 0.076 | 0.093 |
|  | 0.595 | 0.275 | 0.240 | 0.243 | 0.464 | 0.207 | 0.092 | 0.121 | 0.482 | 0.148 | 0.141 | 0.154 |
|  | 0.625 | 0.301 | 0.284 | 0.276 | 0.485 | 0.313 | 0.281 | 0.293 | 0.441 | 0.194 | 0.183 | 0.195 |
| $\sigma_u^2$ | 0.686 | 0.335 | 0.326 | 0.329 | 0.548 | 0.250 | 0.230 | 0.235 | 0.672 | 0.182 | 0.170 | 0.182 |
|  | 0.435 | 0.334 | 0.309 | 0.326 | 0.437 | 0.231 | 0.224 | 0.224 | 0.479 | 0.181 | 0.163 | 0.181 |
|  | 0.464 | 0.308 | 0.301 | 0.305 | 0.464 | 0.310 | 0.293 | 0.302 | 0.469 | 0.258 | 0.244 | 0.255 |
| $\sigma_\xi^2$ | — | 0.296 | 0.278 | 0.286 | — | 0.234 | 0.215 | 0.223 | — | 0.154 | 0.141 | 0.153 |
|  | — | 0.236 | 0.234 | 0.235 | — | 0.201 | 0.173 | 0.176 | — | 0.146 | 0.152 | 0.151 |
|  | — | 0.258 | 0.237 | 0.246 | — | 0.204 | 0.171 | 0.172 | — | 0.148 | 0.143 | 0.144 |
| $\sigma_{v\xi}$ | — | 0.258 | 0.248 | 0.257 | — | 0.212 | 0.194 | 0.208 | — | 0.149 | 0.135 | 0.147 |
|  | — | 0.153 | 0.134 | 0.148 | — | 0.111 | 0.101 | 0.105 | — | 0.090 | 0.071 | 0.078 |
|  | — | 0.295 | 0.256 | 0.286 | — | 0.232 | 0.210 | 0.215 | — | 0.164 | 0.165 | 0.169 |
| 样本 | N = 20 T = 48 ||||N = 80 T = 48 ||||N = 320 T = 48 ||||
| 方法 | GKS | 2SIV | MLE | GMM | GKS | 2SIV | MLE | GMM | GKS | 2SIV | MLE | GMM |
| $\rho$ | 0.681 | 0.185 | 0.161 | 0.172 | 0.653 | 0.103 | 0.092 | 0.111 | 0.693 | 0.054 | 0.044 | 0.047 |
|  | 0.474 | 0.230 | 0.205 | 0.204 | 0.421 | 0.115 | 0.101 | 0.120 | 0.436 | 0.076 | 0.070 | 0.076 |
|  | 0.498 | 0.276 | 0.252 | 0.256 | 0.346 | 0.170 | 0.164 | 0.173 | 0.475 | 0.081 | 0.089 | 0.085 |
| $\beta_1$ | 0.104 | 0.056 | 0.051 | 0.059 | 0.091 | 0.034 | 0.030 | 0.040 | 0.085 | 0.034 | 0.015 | 0.023 |
|  | 0.118 | 0.101 | 0.092 | 0.094 | 0.094 | 0.070 | 0.061 | 0.074 | 0.073 | 0.054 | 0.046 | 0.037 |
|  | 0.124 | 0.083 | 0.060 | 0.068 | 0.092 | 0.036 | 0.024 | 0.033 | 0.074 | 0.021 | 0.022 | 0.024 |
| $\gamma_1$ | — | 0.075 | 0.073 | 0.076 | — | 0.041 | 0.033 | 0.050 | — | 0.032 | 0.030 | 0.026 |
|  | — | 0.116 | 0.101 | 0.103 | — | 0.073 | 0.063 | 0.062 | — | 0.056 | 0.044 | 0.038 |
|  | — | 0.104 | 0.090 | 0.101 | — | 0.067 | 0.054 | 0.060 | — | 0.033 | 0.031 | 0.035 |
| $\sigma_v^2$ | 0.672 | 0.205 | 0.201 | 0.203 | 0.639 | 0.104 | 0.095 | 0.090 | 0.454 | 0.090 | 0.091 | 0.086 |
|  | 0.557 | 0.216 | 0.194 | 0.205 | 0.534 | 0.162 | 0.151 | 0.150 | 0.316 | 0.133 | 0.126 | 0.130 |
|  | 0.474 | 0.206 | 0.201 | 0.203 | 0.591 | 0.194 | 0.191 | 0.201 | 0.308 | 0.161 | 0.146 | 0.151 |
| $\sigma_u^2$ | 0.481 | 0.245 | 0.237 | 0.254 | 0.647 | 0.193 | 0.190 | 0.191 | 0.264 | 0.154 | 0.136 | 0.143 |
|  | 0.327 | 0.212 | 0.208 | 0.237 | 0.557 | 0.186 | 0.183 | 0.186 | 0.223 | 0.168 | 0.154 | 0.165 |
|  | 0.419 | 0.209 | 0.201 | 0.205 | 0.437 | 0.251 | 0.244 | 0.248 | 0.205 | 0.194 | 0.186 | 0.185 |
| $\sigma_\xi^2$ | — | 0.231 | 0.223 | 0.237 | — | 0.155 | 0.144 | 0.146 | — | 0.090 | 0.084 | 0.094 |
|  | — | 0.205 | 0.185 | 0.196 | — | 0.154 | 0.150 | 0.155 | — | 0.095 | 0.091 | 0.098 |
|  | — | 0.204 | 0.189 | 0.194 | — | 0.143 | 0.141 | 0.142 | — | 0.108 | 0.106 | 0.106 |

续表

| 样本 | N = 20 T = 48 ||||  N = 80 T = 48 |||| N = 320 T = 48 ||||
|---|---|---|---|---|---|---|---|---|---|---|---|---|
| 方法 | GKS | 2SIV | MLE | GMM | GKS | 2SIV | MLE | GMM | GKS | 2SIV | MLE | GMM |
| $\sigma_{v\xi}$ | — | 0.214 | 0.196 | 0.207 | — | 0.147 | 0.141 | 0.146 | — | 0.094 | 0.102 | 0.105 |
|  | — | 0.102 | 0.087 | 0.096 | — | 0.090 | 0.083 | 0.088 | — | 0.061 | 0.060 | 0.061 |
|  | — | 0.215 | 0.197 | 0.206 | — | 0.173 | 0.164 | 0.165 | — | 0.090 | 0.086 | 0.088 |

从所有模拟实验结果对比分析中，不难得出如下实验结论。

第一，从表5-1到表5-4和表5-7中能够看出，当$\rho = 0$或$\sigma_{v\xi} = 0$时，前者意味着决策单元之间不存在空间关联性，后者意味着空间权重矩阵不存在内生性问题。经典估计方法的基本假设契合数据生成过程，相应参数估计量具有较高的估计精度，且会随着样本容量的逐渐扩张而向上递增。与本书所提出的三种估计方法相比，其精确度相对更高，这或许是因为经典估计方法对应的模型设定更为简单，参数估计量的稳定性更高。相对而言，当决策单元之间存在空间关联性时，GKS的参数估计精确度要更好一些，且更高的空间关联性会带来更高的估计精度，这是因为A. J. Glass等估计的是一个空间随机前沿模型，在空间关联度较高的情景下更具实践意义（Glass et al.，2016）。本书所提出的三种估计方法虽然精确度要稍低一些，但它会随着样本容量的扩张而逐渐提升，显示出较好的大样本性质，依然具备一定的实用性。

第二，从表5-5、表5-6、表5-8和表5-9中能够看出，当数据生成过程包含一个内生的空间权重矩阵时，即有$\rho \neq 0$且$\sigma_{v\xi} \neq 0$，经典估计方法不再适用，其参数估计量的精确度显著低于本书所提出的三种估计方法，也不会在样本容量逐渐增加时向上提升，由此说明了拓展经典空间随机前沿模型的必要性。本书所提出的三种估计方法此时具有相对更高的估计精度，且会随着样本容量的扩张、空间关联性和内生性程度的提升而逐渐上升，充分彰显出这些估计方法的科学性和有效性。除非研究者拥有充足的证据表明空间权重矩阵是完全外生的，否则应当考虑使用本书所提出的模型设定和参数估计方法。

第三，大部分情形下，QMLE 的精确度最高，GMM 次之，BG2SIV 的精确度较低，能够与前文相关论述契合。不过当样本容量较大时，GMM 和 QMLE 精确度之间的差异相对较小，前者对于数据生成过程的假设较少且估计算法更容易收敛，是一种更为推荐的估计方法。

第四，样本容量的扩张存在着两个不同的方向，分别是增加样本内决策单元的数目和增加样本时期数。从各个估计结果的表内对比中不难看出，增加决策单元数目带来的精确度提升要略高于增加样本时期数，或是因为前者使得空间权重矩阵更加接近稀疏矩阵，更加契合文中关于空间权重矩阵所做出的各种假设，还需要在未来研究中做更进一步的讨论。

### 三　效率预测量的精确度

构建随机前沿模型的关键动因是测度决策单元的技术效率，故而有必要进一步讨论不同估计方法下技术效率预测量的精确度差异。本书将在取得所有模型参数估计值以后，使用本书第四章第四节提及的方法取得 $u_{it}$ 的 $\hat{u}_{it}$ 估计值，并将 $\exp(-\hat{u}_{it})$ 作为第 $i$ 个决策单元在第 $t$ 时期的技术效率预测值。显然，技术效率的真实值为 $\exp(-u_{it})$，可用均方根误差来评价技术效率预测值的估计精度，但与评价模型参数估计量的精确度不同，每一次模拟实验均可以取得一个均方根误差，例如对于第 $r$ 次实验来说，其数学表达式如下：

$$RMSE = \sqrt{\frac{1}{NT}\sum_{i=1}^{n}\sum_{t=1}^{T}(\exp(-\hat{u}_{it}^{(r)}) - \exp(-u_{it}^{(r)}))^2} \quad (5-8)$$

式（5-8）中的 $i$ 和 $t$ 分别代表了决策单元和样本时期的编号，每种情境下重复 1000 次的模拟实验将产生 1000 个不同的均方根误差。蒋青嬗等提出可以使用箱线图来呈现模拟实验结果，该做法还被陶长琪等采用，同样也被本书用于展示当前部分的实验结果（蒋青嬗等，2019；陶长琪和徐茸，2020；冯冬发等，2021）。由于模型参数估计量在样本容量较大的情形下具有更高的精确度，有理由相信技术效率预测量也具备这样的性质。① 本书重点关注不同情境下各种估计方法的精确度表现，故而仅汇报它们在最大样本容量情形下的均方根误差，此时样本内决策单元的个数为320，样本时期数为48。具体的实验结果如图5-2至图5-4所示，每张图中横轴的标签值都是估计方法名称与相应 $\sigma_{v\xi}$ 取值的组合。

图5-2对应的情形是 $\rho = 0$，样本内各决策单元之间不存在空间关联效应。尽管 $\sigma_{v\xi}$ 取值的变化会影响到 $v_{it}$ 和 $\xi_{it}$ 的联合分布，但只有 $v_{it}$ 进入数据生成过程，而它的边缘分布始终保持为标准正态分布，故而 $\sigma_{v\xi}$ 的变化不会产生任何实质性的影响，只相当于选取了不同的随机种子，从相同的总体分布当中随机抽取出了若干个不同的样本，故而所有估计方法的箱线图都未在 $\sigma_{v\xi}$ 变化时产生较大的波动。该情形另一点比较特殊的地方在于，所有估计方法对数据生成过程所做出的假设都是正确的，经典估计方法GKS由于其更加简单的模型设定而拥有更高的估计精度，在图形上表现为相对更窄的箱宽、更低的位置和更少的离群值。除此以外，QMLE、GMM和BG2SIV的精确度依次递减。

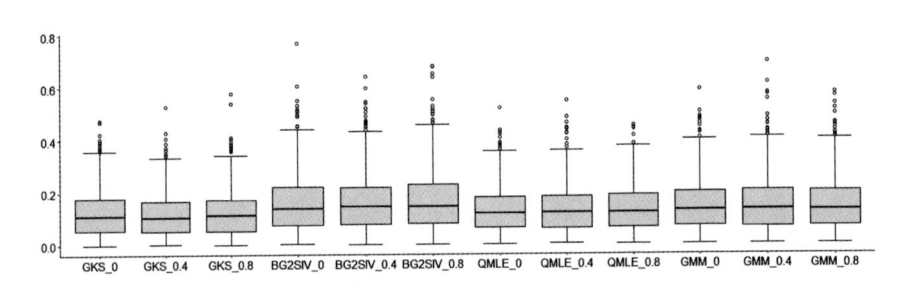

图5-2  $\rho = 0$ 时，四种估计方法技术效率预测量的精确度

图5-3对应的情形是 $\rho = 0.4$，样本内各决策单元之间存在中等程度的空间关联性，经典估计方法只有在 $\sigma_{v\xi} = 0$ 时才正确地假设了数据生成过程，此时空间权重矩阵完全外生，依然能够准确地给出技术效率

---

① 当各种估计方法的基本假设契合数据生成过程时，技术效率预测量的精确度确实会随着样本容量的扩张而不断上升。不过为了适当精简篇幅，本书未展示这部分实验结果。

的预测值，且精确度略高于本书所提出的三种估计方法。当空间权重矩阵存在内生性时，GKS 便失去了它的效力，内生性问题越严重带来的不良影响就越大，但本书所提出的三种估计方法依然能够较好地预测决策单元的技术效率，且相比不存在空间关联性时要更加准确。

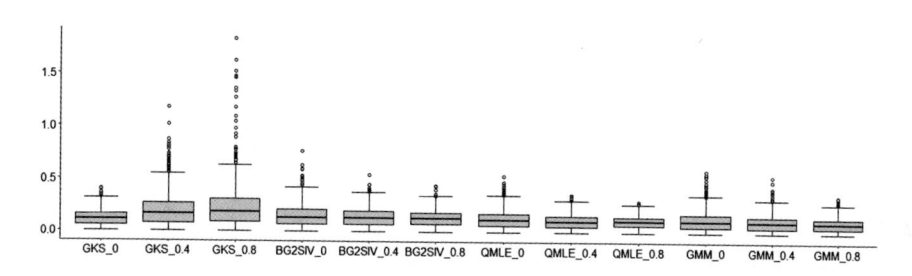

图 5-3　$\rho = 0.4$ 时，四种估计方法技术效率预测量的精确度

图 5-4 对应的情形是 $\rho = 0.8$，样本内各决策单元之间存在很高程度的空间关联性。从中体现出来的信息与图 5-2 和图 5-3 大体相同，即本书所提出的估计方法都具有较高的估计精度，且能够随着空间关联性和空间权重矩阵内生性的增强，而具有更高的估计精度。相对来说，拟极大似然估计法的精确度最高，广义矩估计法次之，两阶段工具变量法最次，与参数估计量的精确度排序能够保持一致。

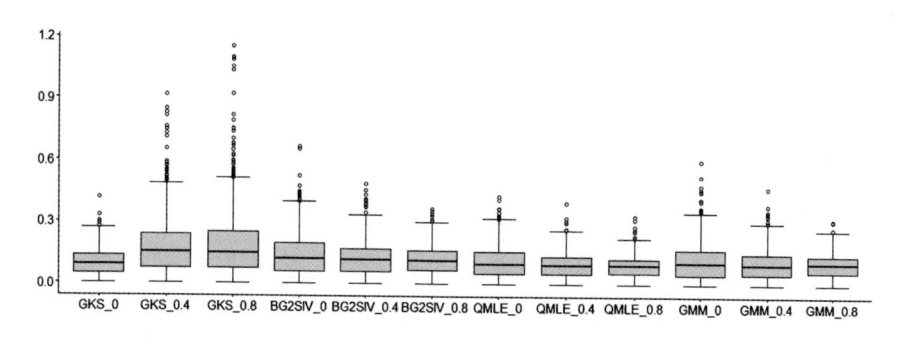

图 5-4　$\rho = 0.8$ 时，四种估计方法技术效率预测量的精确度

# 第六章 实例应用

本章将前文所提出的参数估计方法和技术效率测度方法应用于中国实际数据,为使用内生权重空间随机前沿模型提供了一个范例,为说明模型拓展的必要性和估计策略的有效性提供了更多的论据。具体的实证结果可用于测度中国各城市的技术效率水平及其构成部分,评判其在空间网络中扮演的角色,为其因地制宜地设计发展路径提供一定的决策参考。

## 第一节 研究设计

由于涟漪效应、外部性及地方政府间博弈等多方面的原因,区域经济体之间广泛地存在着空间关联性。在测度此类决策单元的技术效率时,应当将空间效应纳入考察视域,构建出一个空间随机前沿模型。本书使用中国 2003—2018 年 282 个主要城市的统计年鉴数据,[①] 借鉴 A. J. Glass 等在研究欧洲各国技术效率时所用的实证模型(Glass et al., 2016),提出如下模型设定:

$$gdp_{it} = \rho \sum_{j=1}^{n} w_{ij}^{t} gdp_{it} + \beta_0 + \beta_1 k_{it} + \beta_2 l_{it} + \beta_3 h_{it} + z'_{it}\beta_4 + v_{it} - u_{it}$$

---

[①] 《中国城市统计年鉴(2018)》共包含了 298 个地级及以上城市的统计数据,其中三沙、儋州、吐鲁番、哈密、嘉峪关、山南、拉萨、昌都、林芝、遵义、日喀则、毕节、海东、漳州、那曲、铜仁 16 个城市因数据缺失严重而未进入实证模型。莱芜市在样本时期内尚未被撤销,本书将其视为一个普通的地级市。

$$\text{s. t.}: \begin{matrix} v_{it} \sim IIDN(0,\sigma_v^2) \\ u_{it} \sim IIDN^+(0,\sigma_u^2) \end{matrix} \quad (6-1)$$

式（6-1）中的被解释变量 $gdp_{it}$ 是城市 $i$ 在第 $t$ 时期的对数 GDP，原始数据来源于《中国城市统计年鉴》中以全市范围计的地区生产总值。统计年鉴所提供的数据是未剔除价格指数的名义值，使用国家统计局网站提供的居民消费价格指数将其调整为以 1978 年不变价计的实际值，所有名义值均在调整为实际值后再执行相关的数据处理操作。如未特别说明，其余原始数据均采集自《中国城市统计年鉴》，缺失数据首先尝试用中国经济社会大数据研究平台及各地的国民经济和社会发展统计公报补全，仍未能补全者使用线性插值法予以填充，最终形成实证研究所需要的平衡面板数据集。$v_{it}$ 是白噪声项，用于刻画决策单元无法控制的外生随机冲击，假设其服从独立同分布的正态分布。$u_{it}$ 是技术无效率项，代表决策单元能够控制的内部无效率，假设其服从独立同分布的半正态分布。

被解释变量的空间滞后项是 $\sum_{j=1}^{n} w_{ij}^t gdp_{it}$，其中 $w_{ij}^t$ 是 $t$ 时期空间权重矩阵在第 $i$ 行第 $j$ 列上的元素，代表了城市 $i$ 和城市 $j$ 之间的空间关联度，参数 $\rho$ 刻画了空间溢出效应的大小。为使得空间权重满足假设 4 当中的所有条件，应结合使用地理距离和经济距离来构建 $w_{ij}^t$。常用的地理距离测度方案是，根据两城市的经纬度坐标计算两者之间的直线距离。这种测度方法简单直观，但忽略了地形地貌和交通网络铺设现状对人们出行和货物运输的影响，比如山地城市的外出道路可能会比平原城市的更加曲折。本书所用的地理距离是两个城市之间的公路通行距离，即使用汽车导航软件从城市甲导航到城市乙智能推荐的最优路线总里程数，能够较好地体现出两城市之间的真实通行难易度，其具体数值使用网络爬虫技术采集自百度地图开放平台提供的公共 API[①]。将假设 4 当中要求的阈值 $\rho_0$ 设定为 2500 千米，这是一个略大于北京市到深圳市之

---

[①] 使用 Python 获取这部分数据的关键代码可参见书后附录部分的相关内容。

间导航距离的数值，接近中国东西部地区距离的一半，应当不会截断两个密切往来城市之间的空间关联性。经济距离取值为两个城市人均实际 GDP 之差绝对值的指数函数，具体表达式为 $D_{ij}^E = \exp(|gdpp_{it} - gdpp_{jt}|)$。其中，$gdpp_{it}$ 代表第 $i$ 个城市在第 $t$ 时期的人均实际 GDP。即便存在两个城市拥有相同的人均实际 GDP，它们之间的经济距离取得最小值 1 也是非零值，满足假设 1 的相关设定。经济距离权重可设为经济距离的倒数，也就是说两个城市人均实际 GDP 之间的差值越大，空间关联性就越弱。利用假设 4 当中提及的构造方式取得最终的空间权重，相应的空间权重矩阵是一个行标准化后的非对称矩阵。

投入变量 $k_{it}$、$l_{it}$、$h_{it}$ 分别代表城市的物质资本、劳动和人力资本的对数投入量，是经典经济增长理论中常用的生产要素。物质资本投入量借鉴刘生龙和郑世林的做法，使用永续盘存法加以核算，该方法所需要的投资数据使用固定资产投资总额指代，资本折旧率采用张军等提出的 9.6%（张军等，2004；刘生龙、郑世林，2013）。劳动投入量用城镇单位从业人员期末人数与城镇私营和个体从业人员之和来指代。人力资本投入量参考了胡鞍钢和李春波的估算方法，使用各层次学校在校生规模的加权和除以年末总人口得到的人均受教育年限来指代，具体的权重设置：小学计 6 年，初中计 9 年，高中计 12 年，大专及以上计 16 年（胡鞍钢、李春波，2001）。

模型的控制变量 $Z_{it}$ 包括了 $rD_{it}$、$financE_{it}$、$open_{it}$ 和 $markeT_{it}$，分别代表城市的科研经费投入、金融发展规模、对外开放程度和市场化水平。选择这些控制变量的原因：（1）创新是引领高质量发展的第一动力，增加科研经费投入可以显著强化区域经济体的创新能力，更容易培育或引进高精尖的生产工艺，进而有效提升产出量。（2）一方面，发达的金融体系能够帮助市场主体分散经营风险、降低信息搜寻成本和交易成本，引导社会闲散资金流向发展前景更好的行业与项目，改善资本配置效率，以此拉动经济增长。另一方面，不完备的金融体系受行政壁垒或金融业结构扭曲的影响，为减少流动性风险，倾向于将资金投向生产效率相对较低的大中型国有企业或成熟期产业，无法为战略性新兴产业提供足够的支撑，反而会降低资金的配置效率，为经济发展制造障碍。（3）一方面，对外开放程度较高的城市更容易引入域外的先进管理经验，跨国公司的进入还会迫使本地企业努力提升生产效率，宏观上改善区域经济体的技术效率。另一方面，跨国公司进入当地的主要目标可能是攫取自然资源和廉价劳动力，无意将前沿科技留在本地，甚至是通过培养当地企业"造不如买、买不如租"的错误观念来遏制本土创新能力，反而会削弱经济体的长期增长潜力。（4）一方面，提升市场化水平有助于强化市场竞争，提升微观企业的生产效率。另一方面，过度且无序的竞争也会扰乱正常的市场秩序，产生"劣币驱逐良币"的现象，降低区域经济体的经济发展质量。

本书使用科学技术支出占地方一般公共预算支出的比例表征科研经费投入强度，用年末金融机构人民币各项贷款余额占 GDP 比重表征金融发展规模，使用外商投资总额占 GDP 比重表征对外开放程度，使用一般公共预算支出占 GDP 比重的倒数表征市场化水平。其中外商直接投资的原始数据使用美元计价，需将其调整为人民币计价数据，所用汇率取自国家统计局网站公布的历年人民币对美元平均汇率。

式（6-1）与 A. J. Glass 等模型的关键区别在于，后者使用的是纯地理距离矩阵，空间权重取值为两个国家首都之间地理距离的倒数，满足经典模型的外生性假设（Glass et al., 2016）。式（6-1）所用的空间权重矩阵则构建于人均实际 GDP 之上，这是一个明显存在内生性的经济变量，因为它和被解释变量之间存在着双向因果关系，应将模型设定拓展为本书所提出的内生权重空间随机前沿模型。为应用控制函数方法，需要为 $gdpp_{it}$ 提供至少一个可行的工具变量。夜间灯光数据在近期内受到了较多的关注，它是由美国国家海洋和大气管理局无偿公开的卫星图像数据，是从外太空观测到的地球表面的年平均夜间灯光亮度，多被学者用以研究区域经济体的发展水平和人口聚集特征（杨眉等，2015）。徐康宁等认为夜间灯光亮度与人均实际 GDP 之间存在着较强的相关关系，甚至后者因各种原因而拥有较低的真实度，前者才能更为准确地衡量国家或地区的发展现状；同时前者与式（6-1）中随机扰动项存在相关性的概率相对较低，较好地满足了工具变量所需要具备的外生性条件和相关性条件（徐康宁等，2015）。具体用到的灯光数据下载自互联网，其使用一个介于 0 到 63 之间的数值来描述夜间灯光亮度，取值越大代表亮度越高，反之则越低。尽管该数据存在着一个 63 的上限值，即当灯光亮度超过 63 时，会被直接截断为 63，但样本时期内的最大值是东莞市在 2018 年的灯光亮度，仅为 61.437，尚未超过该阈值，故而无需担心该上限值带来的影响。由此本书选择城市夜间灯光亮度 $light_{it}$ 作为工具变量，构建出如下内生变量对工具变量的回归式：

$$gdpp_{it} = \gamma_0 + light_{it} \times \gamma_1 + Z'_{it}\gamma_2 + \xi_{it} \tag{6-2}$$

式（6-2）中的 $Z_{it}$ 包括了式（6-1）中所有的投入变量和控制变量，添加这些控制变量是为了确保在控制了其他外生变量以后，工具变量 $light_{it}$ 仍可以提供足够的信息用于估计模型参数。本书所有变量的描述性统计结果如表 6-1 所示。

表 6-1　　　　　　　　变量的描述性统计结果

| 变量名 | 样本量 | 平均值 | 最小值 | 最大值 | 标准差 |
| --- | --- | --- | --- | --- | --- |
| $gdp$ | 4512 | 13.545 | 10.912 | 17.732 | 0.964 |
| $gdpp$ | 4512 | 4.882 | 0.076 | 33.344 | 4.869 |
| $k$ | 4512 | 14.234 | 11.037 | 17.129 | 0.871 |
| $l$ | 4512 | 13.511 | 11.253 | 16.666 | 0.853 |
| $h$ | 4512 | 9.554 | 6.044 | 11.535 | 0.373 |
| $rd$ | 4512 | 7.390 | 0.163 | 63.939 | 5.402 |
| $finance$ | 4512 | 76.485 | 37.109 | 124.248 | 6.373 |
| $open$ | 4512 | 3.153 | 0.000 | 17.487 | 0.984 |
| $market$ | 4512 | 1.892 | -0.454 | 5.814 | 0.516 |
| $light$ | 4512 | 8.284 | 0.001 | 61.437 | 10.301 |

## 第二节　估计结果

同时应用经典估计方法和前文所提出的三种估计方法完成模型参数

估计，并将所得的参数估计结果展示在表 6-2 中。表 6-2 中的 $\sigma_\xi^2$ 代表式 (6-2) 中随机扰动项 $\xi_{it}$ 的方差，$\sigma_{v\xi}$ 代表随机扰动项 $\xi_{it}$ 和 $v_{it}$ 的协方差。如果 $\sigma_{v\xi}$ 显著不为 0，说明 $\xi_{it}$ 和 $v_{it}$ 之间存在着一定的相关性，由此将导致空间权重矩阵存在内生性问题。模型设定 (1)—模型 (4) 并未在式 (6-1) 中添加控制变量 $z_{it}$，但式 (6-2) 中的控制变量始终存在，故而模型 (2) 和模型 (6) 中有部分参数估计值完全相同，这是由两阶段工具变量估计法的特有属性所决定的，因为参数 $\gamma_0$ 和 $\gamma_1$ 的估计值仅与第一阶段回归相关，而这两个模型设定的第一阶段回归是完全相同的。

表 6-2　　　　　　　　　实证模型的参数估计结果

| 编号 | (1) | (2) | (3) | (4) | (5) | (6) | (7) | (8) |
| --- | --- | --- | --- | --- | --- | --- | --- | --- |
| 方法 | GKS | FBG2SIV | QMLE | GMM | GKS | FBG2SIV | QMLE | GMM |
| $\rho$ | 0.561** (0.198) | 0.623*** (0.023) | 0.605*** (0.018) | 0.613*** (0.024) | 0.659*** (0.014) | 0.701*** (0.037) | 0.546*** (0.045) | 0.683*** (0.042) |
| $\beta_0$ | -8.35* (4.712) | -6.34*** (0.328) | -7.47*** (0.225) | -6.16*** (0.214) | -4.37*** (0.160) | -6.94*** (0.254) | -9.86*** (0.341) | -6.51*** (0.131) |
| $\beta_1$ | 0.372*** (0.027) | 0.366*** (0.018) | 0.352*** (0.039) | 0.373*** (0.041) | 0.375*** (0.012) | 0.371*** (0.020) | 0.422*** (0.058) | 0.391*** (0.017) |
| $\beta_2$ | 0.569*** (0.018) | 0.593*** (0.042) | 0.562*** (0.046) | 0.496*** (0.037) | 0.400*** (0.016) | 0.524*** (0.037) | 0.496*** (0.039) | 0.513*** (0.034) |
| $\beta_3$ | 0.158*** (0.017) | 0.201*** (0.031) | 0.167*** (0.045) | 0.193*** (0.032) | 0.103*** (0.014) | 0.194*** (0.025) | 0.140*** (0.023) | 0.182*** (0.026) |
| $\gamma_0$ | — | -1.34*** (0.045) | 0.482*** (0.038) | -1.59*** (0.081) | — | -1.34*** (0.045) | 0.213*** (0.029) | -1.44*** (0.023) |
| $\gamma_1$ | — | 0.462*** (0.018) | 0.547*** (0.013) | 0.481*** (0.025) | — | 0.462*** (0.018) | 0.526*** (0.029) | 0.514*** (0.013) |
| $\sigma_v^2$ | 0.243*** (0.012) | 0.365*** (0.013) | 0.453*** (0.028) | 0.397*** (0.014) | 0.201*** (0.006) | 0.427*** (0.042) | 0.635*** (0.039) | 0.436*** (0.037) |
| $\sigma_u^2$ | 0.435*** (0.029) | 0.512*** (0.023) | 0.409*** (0.037) | 0.514*** (0.041) | 0.324*** (0.012) | 0.631*** (0.058) | 0.521*** (0.027) | 0.653*** (0.049) |
| $\sigma_\xi^2$ | — | 0.735*** (0.033) | 0.632*** (0.127) | 0.692*** (0.084) | — | 0.735*** (0.033) | 0.658*** (0.131) | 0.642*** (0.032) |

续表

| 编号 | (1) | (2) | (3) | (4) | (5) | (6) | (7) | (8) |
|---|---|---|---|---|---|---|---|---|
| 方法 | GKS | FBG2SIV | QMLE | GMM | GKS | FBG2SIV | QMLE | GMM |
| $\sigma_{v\xi}$ | — | 0.312 *** (0.032) | 0.273 *** (0.051) | 0.337 *** (0.046) | — | 0.367 *** (0.026) | 0.316 *** (0.064) | 0.354 *** (0.024) |
| $z_{it}$ | 不控制 | 不控制 | 不控制 | 不控制 | 控制 | 控制 | 控制 | 控制 |
| AIC | 2437.586 | 2294.305 | 2436.183 | 1957.395 | 2061.786 | 1943.093 | 2056.349 | 1851.635 |

注：括号内数字是参数估计量的标准差。*、**、*** 分别代表估计量在10%、5%、1%的显著性水平上显著。AIC是赤池信息准则，取值越小代表模型的拟合优度越高。

从表6-2中的回归结果来看，所有估计方法均认为被解释变量空间滞后项和技术无效率项的对应参数能够通过显著性检验，说明各城市之间存在着正向的空间溢出效应，空间近邻的快速发展同样能够带动本地的经济增长，且样本内个体存在技术无效率现象，故而构建空间随机前沿模型而非经典的随机前沿模型或普通的生产函数模型具备一定的合理性。对比分析四种不同估计方法的拟合优度，发现无论是否将控制变量纳入模型中，本书所提出估计方法的拟合优度都要高于经典估计方法，且它们都认为$\sigma_{v\xi}$显著非零，说明空间权重矩阵的外生性假设不太可能得到满足，能够与我们的经济学直觉保持一致，也使得经典估计方法不再适用。工具变量是否满足相关性条件可以通过式（6-2）中$\gamma_1$的显著性水平来判断，从两阶段工具变量法的估计结果来看，该参数明显能够通过显著性检验。J. H. Stock等则建议使用所有工具变量系数全为0的F检验来实施弱工具变量检验，当所用工具变量的数目为1时的临界值可设为8.96。由t统计量与F统计量之间的特殊关系可知，$\gamma_1$同样能够通过该项检验（Stock et al., 2002）。由于本书所用工具变量个数与内生变量个数相同，属于恰好识别的情形，无法检验该工具变量是否外生性（邱嘉平，2020），本书通过其经济学含义推定其满足该条件。

取得所有模型参数估计值以后，可按照前文所述方法测度所有城市的技术效率水平，其核密度图如图6-1所示。

从图6-1中不难看出，本书所提出三种估计方法的技术效率预测

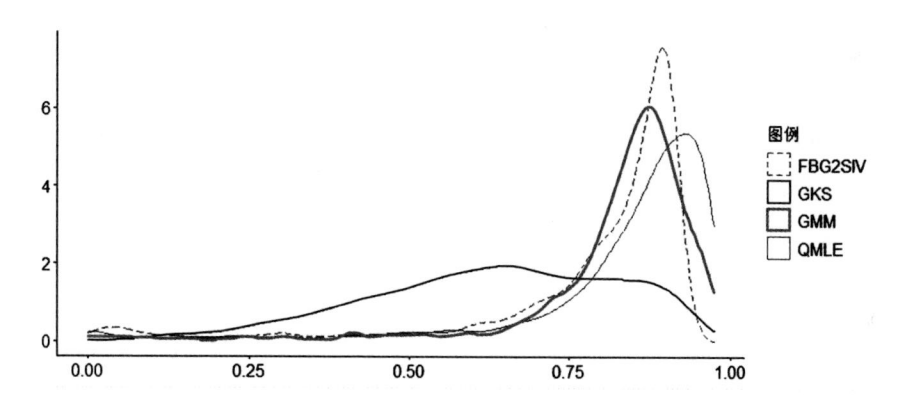

图 6-1 各种估计方法对应技术效率预测值的核密度对比

值具有相似的核密度图,即大部分城市的技术效率水平都在 1 附近,比较契合半正态分布的概率密度曲线。相对来说,两阶段工具变量法和拟极大似然法对应曲线的众数更加靠近右侧,倾向于高估各决策单元的技术效率水平;广义矩估计法对应曲线的极端值更少且更加平坦,比较符合现有研究当中的多数情况。经典估计方法对应核密度图的众数位置靠近 0.65,认为样本内大多数城市的技术效率水平较低,且数值分布较为分散,与半正态分布的概率密度曲线差异较大,有较大可能错估了决策单元的技术效率水平。

对比分析本书所提出三种不同估计方法之间的拟合优度,不难发现 GMM 的拟合优度最高,FBG2SIV 次之,QMLE 的拟合优度较低,说明拟极大似然估计法所要求的多元正态分布假设未被满足,其精确度不如未设置分布假设的稳健型估计量。使用更多样本矩条件的 GMM 表现得比 FBG2SIV 更好,说明真实的数据生成过程比较契合本书所提出的各项假设,GMM 在当前情形下是一种最优估计方法。基于 GMM 对应估计结果计算各投入变量的平均边际效应并汇总,发现其数值 1.14 虽然略大于 1,但无法拒绝规模经济不变的原假设,表明中国目前以增加要素投入为主的粗放型经济增长方式难以为继,党和政府关于培育壮大经济发展新动能、加快新旧动能接续转换等重大战略调整举措的提出恰逢其时。

前述方法还能将各城市的总体技术效率区分为直接效率和间接效率两部分，后者占比越高代表空间近邻的技术效率对其产生的溢出效应越明显，意味着决策单元的独立性较弱，其绩效表现较为依赖其他决策单元的内部管理效率。所有城市逐年的平均技术效率水平及其分解如图6-2所示。

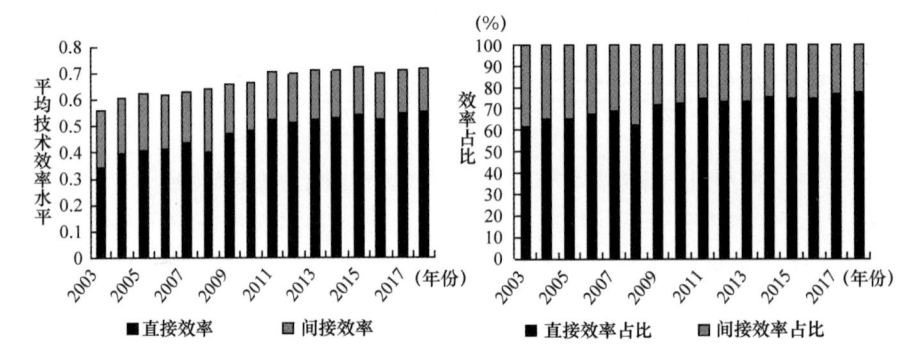

图6-2 所有城市平均技术效率水平的逐年变化情况

从图6-2中不难看出，中国所有城市的平均技术效率在样本时期内处于不断上升中，逐渐从样本初期的0.558上升至样本末期的0.715，说明地方政府的宏观经济治理能力在不断上升，能够更好地促进当地的经济高质量发展。从技术效率的分解来看，平均直接效率的绝对数值和相对比重都在样本时期内不断上升，且所占份额始终高于60%；平均间接效率的变动方向则截然相反，在大部分时间节点上都处于下降状态，说明中国各城市的技术效率水平主要与自身的特有属性相关，空间近邻技术无效率对于本地经济治理能力的影响相对较小且在不断下降。这一变化特征也从侧面反映出中国区域经济一体化程度不断加深的历史进程，所有城市之间的经济联系都在不断强化，可以更好地开展跨空间合作，分散的合作对象降低了对直接空间近邻的依赖性。

# 第三节 稳健性检验

夜间灯光数据的应用范围非常广泛，J. Chen等认为它与人类活动的碳排放量之间存在显著的相关关系,从而构建出夜间灯光亮度与碳排放量之间的拟合关系,并将测算结果公开发布在中国碳核算数据库(CEADs)中(Chen et al.,2020)。① 其数据代表区域经济体的碳排放量,本质上则是灯光数据的线性函数。由于其对原始数据的处理过程与本书所用数据并不相同,可将其理解为灯光数据的另一种测量方式,这为本书替换工具变量、实施稳健性分析创造了便利的条件。

CEADs 并未直接提供各城市的碳排放量,但是提供了中国 2735 个县级行政单位的碳排放量,可以依托民政部提供的全国行政区划信息查询平台②将其汇总为城市级数据。由于本书所用统计数据采用的是全市统计口径,故而此时汇总的也是地市下辖所有区县的碳排放数据。该数据库提供的样本时期仅为 2000—2017 年,故而需要剔除 2018 年的样本数据后再做回归,具体的回归结果如表 6-3 所示。

表 6-3　　　　　　　　稳健性分析的参数估计结果

| 编号 | (1) | (2) | (3) | (4) | (5) | (6) | (7) | (8) |
|---|---|---|---|---|---|---|---|---|
| 方法 | GKS | FBG2SIV | QMLE | GMM | GKS | FBG2SIV | QMLE | GMM |
| $\rho$ | 0.501*** (0.019) | 0.547*** (0.036) | 0.713*** (0.027) | 0.524*** (0.019) | 0.615*** (0.027) | 0.522*** (0.056) | 0.557*** (0.063) | 0.641*** (0.033) |
| $\beta_0$ | -6.53*** (0.314) | -7.53*** (0.319) | -5.38*** (0.128) | -7.25*** (0.183) | -6.15*** (0.253) | -7.27*** (0.158) | -8.47*** (0.358) | -7.30*** (0.125) |
| $\beta_1$ | 0.361*** (0.015) | 0.375*** (0.025) | 0.388*** (0.043) | 0.381*** (0.052) | 0.358*** (0.018) | 0.363*** (0.019) | 0.447*** (0.049) | 0.384*** (0.024) |
| $\beta_2$ | 0.563*** (0.015) | 0.555*** (0.036) | 0.534*** (0.039) | 0.538*** (0.026) | 0.514*** (0.028) | 0.547*** (0.045) | 0.485*** (0.044) | 0.505*** (0.023) |
| $\beta_3$ | 0.175*** (0.025) | 0.196*** (0.044) | 0.159*** (0.038) | 0.204*** (0.041) | 0.166*** (0.016) | 0.173*** (0.016) | 0.157*** (0.025) | 0.175*** (0.035) |
| $\gamma_0$ | — | -2.46*** (0.054) | 1.214*** (0.043) | -1.87*** (0.053) | — | -2.46*** (0.054) | 0.009 (0.017) | -2.38*** (0.038) |

---

① CEADs 数据库(https://www.ceads.net.cn/data/county/)。
② 民政部信息查询平台(http://xzqh.mca.gov.cn/map)。

续表

| 编号 | (1) | (2) | (3) | (4) | (5) | (6) | (7) | (8) |
|---|---|---|---|---|---|---|---|---|
| 方法 | GKS | FBG2SIV | QMLE | GMM | GKS | FBG2SIV | QMLE | GMM |
| $\gamma_1$ | — | 0.723***<br>(0.057) | 0.814***<br>(0.049) | 0.774***<br>(0.018) | — | 0.723***<br>(0.057) | 0.752***<br>(0.037) | 0.569***<br>(0.014) |
| $\sigma_v^2$ | 0.225***<br>(0.016) | 0.413***<br>(0.035) | 0.437***<br>(0.031) | 0.353***<br>(0.026) | 0.215***<br>(0.026) | 0.613***<br>(0.037) | 0.642***<br>(0.038) | 0.523***<br>(0.036) |
| $\sigma_u^2$ | 0.423***<br>(0.023) | 0.473***<br>(0.052) | 0.382***<br>(0.046) | 0.406***<br>(0.052) | 0.313***<br>(0.031) | 0.626***<br>(0.047) | 0.519***<br>(0.026) | 0.594***<br>(0.051) |
| $\sigma_\xi^2$ | — | 0.623***<br>(0.046) | 0.603***<br>(0.113) | 0.661***<br>(0.063) | — | 0.728***<br>(0.024) | 0.649***<br>(0.095) | 0.671***<br>(0.047) |
| $\sigma_{v\xi}$ | — | 0.309***<br>(0.014) | 0.315***<br>(0.047) | 0.343***<br>(0.043) | — | 0.371***<br>(0.031) | 0.367***<br>(0.058) | 0.364***<br>(0.038) |
| $z_{it}$ | 不控制 | 不控制 | 不控制 | 不控制 | 控制 | 控制 | 控制 | 控制 |
| AIC | 2016.261 | 1844.618 | 1613.327 | 1153.062 | 1858.786 | 1521.136 | 1732.216 | 1011.375 |

注：括号内数字是参数估计量的标准差。＊＊＊表示估计量在1%的显著性水平上显著。AIC 是赤池信息准则，取值越小代表模型的拟合优度越高。

从表6-3和表6-2的对比分析中不难看出，除与工具变量相关的参数 $\gamma_0$ 和 $\gamma_1$ 的波动幅度较大外，其余参数估计量的变动幅度相对较小，说明本书的估计结果具备一定的稳健性。

## 第四节 异质性分析

中国幅员辽阔，各区域经济体在资源禀赋、人口结构和民俗风情等方面均存在着较大的差异，在高质量发展背景下倾向于因地制宜地选择不同的发展路径（刘强等，2020），故而有必要进一步讨论各个区域经济体的技术效率在样本时期内的波动特征，以便更全面地把握中国区域经济技术效率的基本特征。

本书主要考虑两种不同的区域分类方式，一种是东中西部和东北地区的划分法，分类标准取自国家统计局网站，① 能够将样本内每个城市都划入某一个特定的区域；另一种分类方式依托"十四五"规划纲要中提及的"深入实施区域重大战略"，主要提及了京津冀地区、长江经济带、粤港澳大湾区、长三角城市群和黄河流域五个重大战略区域。由于长江经济带和长三角城市群之间存在着一定的重合部分，本书参考张卓群等的做法，将整个长江经济带进一步划分为成渝城市群、长江中游城市群和长三角城市群三个部分，从而形成了六个具体的城市群（张卓群等，2022）。除黄河流域以外的城市群均有具体的发展规划纲要列明其涵盖的地市范围，本书将其作为相应城市群的划分依据，《黄河流域生态保护和高质量发展规划纲要》则只是概述性地指出其规划范围是"黄河干支流流经的青海、四川、甘肃、宁夏、内蒙古、山西、陕西、河南和山东9省份相关县级行政区"，但并未列出具体涉及的行政区划名单。一些学者笼统地将沿黄九省份的所有地市均列为黄河流域，这种做法可能会对研究结论的准确性产生一些不利影响，因为河南省南阳市便属于长江流域而非黄河流域。本书对照了《黄河水资源公报》的黄河流域示意图和中国地级行政区划图，并参考地方政府关于黄河流域的新闻通稿，最终确定的黄河流域覆盖范围为青海（西宁和海东）、四川（阿坝和甘孜）、甘肃（所辖12个地市）、宁夏（所辖5个地市）、内蒙古②（阿拉善、乌海、鄂尔多斯、巴彦淖尔、包头、呼和浩特、乌兰察布）、山西③（所辖11个地市）、陕西④（除安康和商洛外所辖8个地市）、河南⑤（郑州、开封、洛阳、安阳、鹤壁、新乡、焦作、濮阳、三门峡和济源）和山东⑥（菏泽、济宁、泰安、聊城、济南、德

---

① 国家统计局网站（http://www.stats.gov.cn/ztjc/zthd/sjtjr/dejtjkfr/tjkp/201106/t20110613_71947.htm）。
② 地市列表摘自《内蒙古自治区黄河流域生态保护和高质量发展规划》。
③ 地市列表摘自《山西省黄河流域生态保护和高质量发展规划》。
④ 商洛市内仅洛南县属于黄河流域，由于本书的数据颗粒度仅为地市级，故而也将其视为黄河流域内地市。
⑤ 地市列表摘自《河南省人民代表大会常务委员会关于促进黄河流域生态保护和高质量发展的决定》。
⑥ 地市列表摘自《山东省黄河流域生态保护和高质量发展规划》。

州、滨州、淄博和东营)。第二种区域划分方式更适应党和政府在中长期内的重大关切,但仅覆盖了样本内的部分地市。

两种不同的区域划分方式下,不同区域技术效率在样本时期内的波动情况如图6-3和图6-4所示。

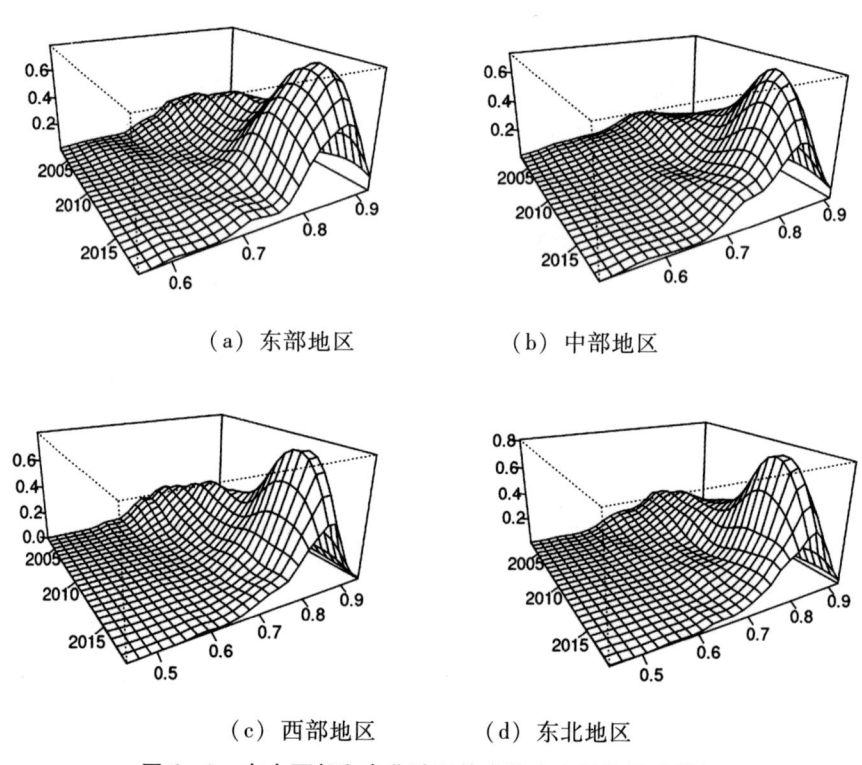

(a) 东部地区　(b) 中部地区

(c) 西部地区　(d) 东北地区

图6-3　东中西部和东北地区技术效率水平的波动特征

从图6-3中能够看出,东中西部和东北地区的技术效率水平呈现出类似的分布特征,即大部分地市的技术效率水平都接近于1,但同时也有一部分地市的技术效率水平相对较低,在曲线上表现为左侧的拖尾。相对而言,西部地区和东北地区的拖尾现象更为严重,说明这两个区域内地市的技术效率水平分布相对不均,影响了这两个区域的平均技术效率表现。从技术效率的时变特征来看,四个区域的核密度图都在样本时期内向右侧移动,且曲线形态由样本初期的"扁平"逐渐过渡为"高耸",

说明各区域内地市的平均技术效率水平都在逐年攀升，且高技术效率个体的数目不断增加，反映出中国地方政府治理能力正在不断得到提升。相对来说，东北地区核密度曲线的"敞口"在样本末期依然较大，表明其中不少地市的技术效率水平仍有较大的提升空间。

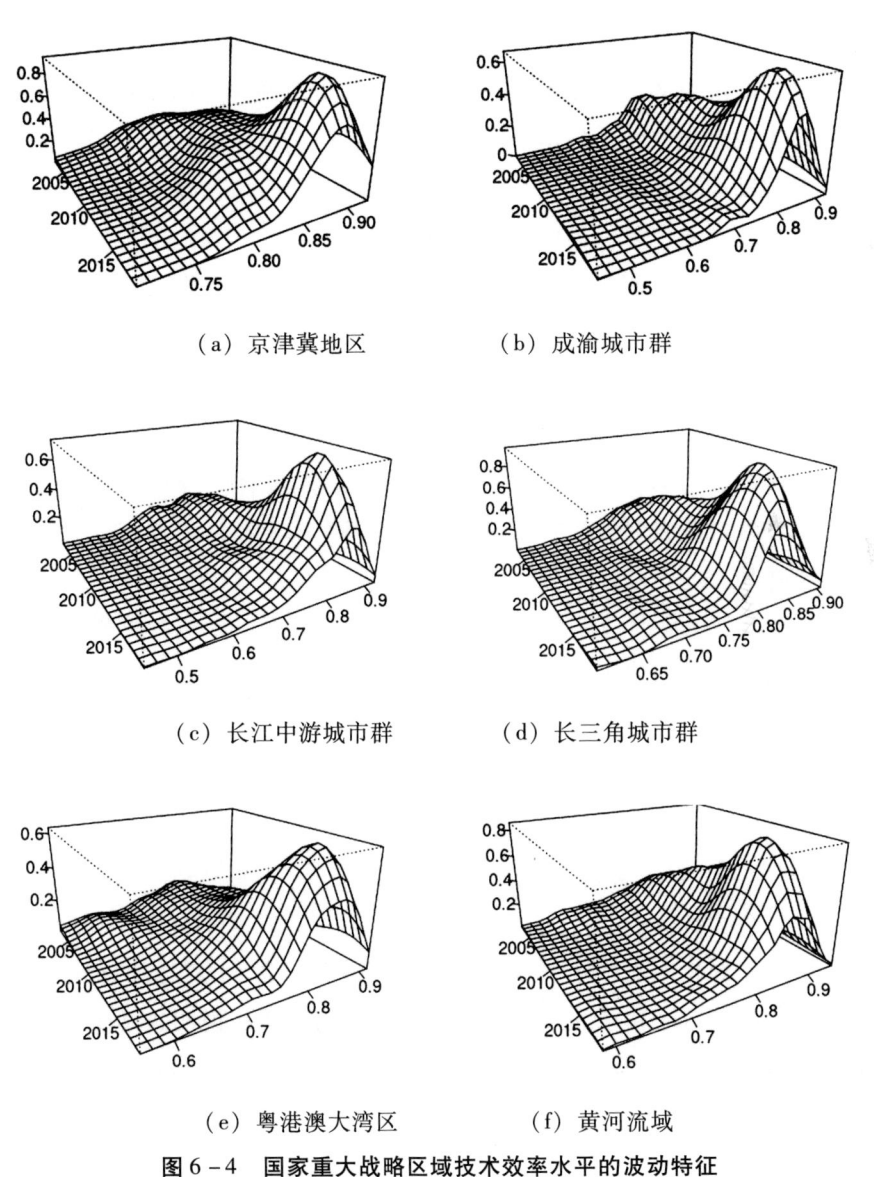

（a）京津冀地区　　　　　　（b）成渝城市群

（c）长江中游城市群　　　　（d）长三角城市群

（e）粤港澳大湾区　　　　　（f）黄河流域

图 6-4　国家重大战略区域技术效率水平的波动特征

从图6-4可以看出，各个国家重大战略区域技术效率核密度的曲线形态在整体上比较相似，均接近半正态分布的概率密度曲线，与模型假设当中的分布设定相契合。从曲线的分布位置来看，京津冀地区和长三角城市群的位置相对靠右，拥有更高的平均技术效率水平，这与两个城市群的经济发展水平和科技创新活跃度均处于国内第一梯队的地位比较相符，是中国技术效率空间溢出的主要策源地（冯冬发，2021）；同属于长江经济带的成渝城市群和长江中游城市群的位置则相对靠左，表明其技术效率水平相对较低，应加快培育或引进技术创新的步伐、积极推动新旧动能接续转换以提升技术效率。从分布延展性来看，黄河流域的左拖尾现象最严重，说明其中存在大量低技术效率的地市，主要原因是黄河流域的覆盖面积广，相比其他国家重大战略区域拥有数目更多的地市，且区域内高质量发展不平衡不充分的问题比较突出，应尽快完善域内各省市的高效协同发展机制，强化兄弟地市之间的经济联系度。从波峰数目来看，大部分国家重大战略区域均在样本时期内保持为单峰形态，而粤港澳大湾区在样本初期短暂存在过双峰现象，表明区域内技术效率水平曾呈现出两极分化的格局，这与粤港澳大湾区内部的产业发展差异密切相关，香港、深圳、广州等核心城市已经实现了以高端制造业和现代服务业为经济支柱的高级产业结构，而江门、肇庆和惠州等外围城市依然依赖石油化工、金属制品等传统产业，前者消耗较少的生产要素投入便产出了域内的大部分GDP（辜胜阻等，2018）。不过该极化现象在近期得到了较大的缓解，双峰业已合流。

# 第七章 主要结论与研究展望

## 第一节 主要结论

科学的技术效率测度方法有助于政策制定者准确地把握区域经济体的技术效率水平，但现有研究方法明显存在着不足之处。它们均未能将空间权重的内生性问题纳入考察视域，降低了相关研究的可信度。空间计量经济学文献已经使用控制函数方法解决了这一问题，但该研究策略尚未被引入随机前沿分析领域。本书便基于此构建了一个内生权重空间随机前沿模型，提出了两阶段工具变量估计法、拟极大似然估计法和广义矩估计法三种不同的估计方法，讨论了技术效率预测方法，分析了它们的大样本性质和小样本性质，并将其应用于中国城市面板数据集，取得了如下研究结论。

第一，控制函数方法将模型随机扰动项分为两部分，一部分控制模型的内生性，另一部分为纯外生的白噪声项，较好地控制住空间权重矩阵的内生性。如果能够获取合理的工具变量并准确地估计控制函数的相关参数，则空间权重矩阵可被视为完全外生的，使得传统的估计方法得以介入，并取得合理的参数估计量。

第二，拟极大似然估计法要求扰动项的联合分布为多元正态分布，两阶段工具变量法和广义矩估计法则无此要求。当分布假设能够得到满足时，拟极大似然估计量成为极大似然估计量，并具有有效性。如果分布假设未能被满足，拟极大似然估计量的方差矩阵将大于另外两种估计量，失去了有效性，体现出了一种有效性和稳健性之间的权衡取舍。两阶段工具变量法使用了较少的样本矩条件，其方差矩阵大于使用了更多样本矩条件的广义矩估计量，故而在实证研究中更加推荐使用广义矩估计法。两阶段工具变量估计量实现简单，可以为拟极大似然估计法和广义矩估计法提供参数初始值，依然具有其存在的意义。

第三，模拟实验表明，经典估计方法在空间权重矩阵存在内生性时失效，本书所提出的估计方法具有较高的精确度，且会随着内生性的加剧得到进一步的提升，具有良好的小样本性质。在大部分情形下，拟极大似然估计法都具有最高的估计精度，广义矩估计量次之，两阶段工具变量法的估计精度较低。不过广义矩估计量和拟极大似然估计法之间的差距较小，比较契合理论分析的研究结果。

第四，实证发现，中国城市的平均技术效率在样本时期内不断上升，直接效率的绝对数值和相对比重也在持续增加，空间近邻对本地经济的效率溢出则不断衰减，不过依然维持在一定的水平上，这一研究结论具备一定的稳健性。不同区域内地市的技术效率水平呈现出不同的分布模式和波动特征。

## 第二节 研究展望

本书构建于经典的空间随机前沿模型之上，主要关注空间权重的内生性问题，尚未考虑随机前沿模型的其他拓展方向。如果进一步丰富模型设定，会产生更复杂的参数估计问题和大样本性质证明问题，也是未来研究的关注重点。

第一，考虑个体异质性的内生权重空间随机前沿模型。面板数据较之横截面数据的优越之处主要表现在两处：更加充足的样本量和刻画异质性的能力。本书所提出模型设定虽然能够应用于面板数据模型，但未将个体异质性纳入考察视域，没有充分利用蕴含在面板数据集当中的样本信息。这一拓展方向的主要难点在于，个体异质性本质上也是随机变量，将其纳入回归方程将形成一个三部分随机扰动项模型。如果要将其从现有的复合扰动项当中剥离出来，需要非常复杂的计量经济学工具，比如基于模拟抽样的数值积分。

第二，更加复杂的内生性模式。本书假设内生性问题的源头是经济距离与白噪声项之间存在相关性，且控制函数为线性函数。事实上，经济距离可能仅与技术无效率项相关，也可能同时与两部分随机扰动项都相关，使得模型的对数似然函数变得更为复杂。控制函数可以设定为复杂的非线性函数，比如多项式形式或是非参数估计当中的抽象函数。这一拓展方向并未改变本书所构建的研究框架，但论述过程会更加艰深。

第三，纯经济距离矩阵。本书所构建的空间权重矩阵是地理距离矩阵和经济距离矩阵的有机结合体，纯经济距离矩阵无法满足相关假设当中的要求，使得本书所提出的模型仅适用于存在物理实体的应用场景。比如使用两个行业投入要素构成比的向量相似度来表征两者之间的经济距离，行业之间没有天然存在的地理距离，导致模型失效。这一拓展方向需要探索出新的渐进理论，实现难度非常大。

# 参考文献

## 一 中文文献

蔡卫星、林航宇、林卓霖:《中国共产党百年金融思想研究》,《广东财经大学学报》2021年第6期。

董长贵:《解放战争时期国共两党土地政策及其对全局的影响》,《中共党史研究》2007第6期。

董志凯:《土地改革与我国的社会生产力——回答对我国土改的一种看法》,《中国经济史研究》1987年第3期。

段文斌、尹向飞:《中国全要素生产率研究评述》,《南开经济研究》2009年第2期。

冯冬发、李奥:《高铁开通对通辽市人口流动的影响研究》,《北方经济》2021年第2期。

冯冬发、张涛、李奥:《基于Copula方法处理随机前沿模型的正偏度问题》,《统计与信息论坛》2021年第1期。

冯冬发:《京津冀地区经济增长新旧动能转换研究》,《经济论坛》2021年第1期。

傅晓霞、吴利学:《技术效率、资本深化与地区差异——基于随机前沿模型的中国地区收敛分析》,《经济研究》2006年第10期。

辜胜阻、曹冬梅、杨嵋:《构建粤港澳大湾区创新生态系统的战略思考》,《中国软科学》2018年第4期。

郭庆旺、贾俊雪:《中国全要素生产率的估算:1979—2004》,《经济研究》2005 年第 6 期。

何文辉：《一氧化碳制备新工艺的开发》，《山东化工》2000 年第 2 期。

贺建风、刘建平：《改革开放以来我国统计调查体系发展的回顾与思考》，《统计研究》2010 年第 4 期。

胡鞍钢、李春波：《新世纪的新贫困：知识贫困》，《中国社会科学》2001 年第 3 期。

胡鞍钢、刘生龙：《交通运输、经济增长及溢出效应——基于中国省际数据空间经济计量的结果》，《中国工业经济》2009 年第 5 期。

黄进华：《解放战争时期东北解放区大生产运动研究》，《中共党史研究》2013 年第 2 期。

蒋青嬗、黄灿、李毅君：《内生性随机前沿模型估计方法研究：无需工具变量的 Copula 方法》，《统计研究》2019 年第 6 期。

匡家在：《速度·效率·增长方式——1949—1979 年中国经济增长透视》，《中国经济史研究》1998 年第 1 期。

李金华：《新中国 70 年工业发展脉络、历史贡献及其经验启示》，《改革》2019 年第 4 期。

李胜文等：《中西部效率低于东部吗？——基于技术集差异和共同前沿生产函数的分析》，《经济学》（季刊）2013 年第 3 期。

林毅夫、张鹏飞：《后发优势、技术引进和落后国家的经济增长》，《经济学》（季刊）2005 年第 4 期。

林毅夫：《新时代中国新发展理念解读》，《行政管理改革》2018 年第 1 期。

刘浩、马琳、李国平：《中国城市全要素生产率的演化格局及其影响因素》，《地理研究》2020 年第 4 期。

刘强、陆小莉、徐生霞：《城市群视角下产业集聚的空间异质性研究》，《数理统计与管理》2020 年第 6 期。

刘生龙、胡鞍钢：《交通基础设施与经济增长：中国区域差距的视角》，《中国工业经济》2010 年第 4 期。

刘生龙、郑世林：《交通基础设施跨区域的溢出效应研究——来自中国省级面板数据的实证证据》,《产业经济研究》2013年第4期。

马建堂:《伟大的实践 深邃的理论——学习习近平新时代中国特色社会主义经济思想的体会》,《管理世界》2019年第1期。

邱嘉平:《因果推断实用计量方法》,上海财经大学出版社2020年版。

瞿商:《新中国农地制度的变迁与绩效》,《中国经济史研究》2009年第4期。

任燕燕、吕洪渠、王娜:《动态面板空间随机前沿模型的参数估计及应用》,《统计研究》2019年第11期。

盛斌、魏方:《新中国对外贸易发展70年:回顾与展望》,《财贸经济》2019年第10期。

陶长琪、陈伟、郭毅:《新中国成立70年中国工业化进程与经济发展》,《数量经济技术经济研究》2019年第8期。

陶长琪、徐茉:《时变系数广义空间滞后模型的贝叶斯估计》,《统计研究》2020年第11期。

涂正革、肖耿:《中国经济的高增长能否持续:基于企业生产率动态变化的分析》,《世界经济》2006年第2期。

汪海波:《我国工业发展50年的历程和成就》,《中国工业经济》1999年第9期。

王印红、李萌竹:《地方政府生态环境治理注意力研究——基于30个省市政府工作报告(2006—2015)文本分析》,《中国人口·资源与环境》2017年第2期。

王玉芹:《解放战争时期东北解放区工业生产发展概述——兼谈工业生产发展对解放战争的支援》,《长春师范学院学报》2004年第9期。

文宏、赵晓伟:《政府公共服务注意力配置与公共财政资源的投入方向选择——基于中部六省政府工作报告(2007—2012年)的文本分析》,《软科学》2015年第6期。

武力、李扬:《解放和发展生产力:新中国七十年的主线和成就》,《中共党史研究》2019年第9期。

谢洪礼:《国际化是各国官方统计发展的必然趋势》,《统计研究》1995

年第 5 期。

徐康宁、陈丰龙、刘修岩：《中国经济增长的真实性：基于全球夜间灯光数据的检验》，《经济研究》2015 年第 9 期。

闫怡然、李和平、刘兆德：《中国城市经济效率的时空分异及其影响因素研究》，《城市发展研究》2017 年第 9 期。

杨眉等：《DMSP/OLS 夜间灯光数据应用研究综述》，《遥感技术与应用》2011 年第 1 期。

余泳泽：《中国省际全要素生产率动态空间收敛性研究》，《世界经济》2015 年第 10 期。

詹新宇、刘文彬：《中国式财政分权与地方经济增长目标管理——来自省、市政府工作报告的经验证据》，《管理世界》2020 年第 3 期。

张家驹：《M 矩阵的一些性质》，《数学年刊 A 辑》（中文版）1980 年第 1 期。

张军、吴桂英、张吉鹏：《中国省际物质资本存量估算：1952—2000》，《经济研究》2004 年第 10 期。

张军：《资本形成、工业化与经济增长：中国的转轨特征》，《经济研究》2002 年第 6 期。

张涛：《高质量发展的理论阐释及测度方法研究》，《数量经济技术经济研究》2020 年第 5 期。

张卓群、张涛、冯冬发：《中国碳排放强度的区域差异、动态演进及收敛性研究》，《数量经济技术经济研究》2022 年第 4 期。

中共中央办公厅编：《中国共产党第八次全国代表大会文献》，人民出版社 1957 年版。

《毛泽东选集》第 1 卷，人民出版社 1991 年版。

《毛泽东文集》第 6 卷，人民出版社 1999 年版。

周约三：《土地改革对消灭封建关系及发展生产力的意义——纪念〈中华人民共和国土地改革法〉公布三十二周年》，《史学月刊》1982 年第 4 期。

朱平芳等：《新中国成立 70 年服务业发展与改革的历史进程、经验启示》,《数量经济技术经济研究》2019 年第 8 期。

## 二 英文文献

Adetutu, M. et al., 2015, "The Effects of Efficiency and TFP Growth on Pollution in Europe: A Multistage Spatial Analysis", *Journal of Productivity Analysis*, Vol. 43, No. 3.

Afriat, S. N., 1972, "Efficiency Estimation of Production Functions", *International Economic Review*, Vol. 13, No. 3.

Aigner, D. J., T. Amemiya, D. J. Poirier, 1976, "On the Estimation of Production Frontiers: Maximum Likelihood Estimation of the Parameters of a Discontinuous Density Function", *International Economic Review*, Vol. 17, No. 2.

Aigner, D. J., S. Chu, 1968, "On Estimating the Industry Production Function", *The American Economic Review*, Vol. 58, No. 4.

Aigner, D. J., C. A. K. Lovell, P. Schmidt, 1977, "Formulation and Estimation of Stochastic Frontier Production Function Models", *Journal of Econometrics*, Vol. 6, No. 1s.

Almanidis, P., J. Qian, R. C. Sickles, 2014, "Stochastic Frontier Models with Bounded Inefficiency", in Robin C. Sickles and William C. Horrace, eds. *Festschrift in Honor of Peter Schmidt*, New York: Springer.

Amemiya, T., 1973, "Regression Analysis when the Dependent Variable Is Truncated Normal", *Econometrica*, Vol. 41, No. 6.

Amsler, C., A. Prokhorov, P. Schmidt, 2016, "Endogeneity in Stochastic Frontier Models", *Journal of Econometrics*, Vol. 190, No. 2.

Andrews, D. W. K., 1984, "Non-Strong Mixing Autoregressive Processes", *Journal of Applied Probability*, Vol. 21, No. 4.

Anselin, L., D. Arribas-Bel, 2013, "Spatial Fixed Effects and Spatial Dependence in a Single Cross-Section", *Papers in Regional Science*, Vol. 92, No. 1.

Anselin, L., 1988, *Spatial Econometrics: Methods and Models*, Dordrecht: Springer.

Anselin, L., 2003, "Spatial Econometrics", in Badi H. Baltagi, eds. *A Companion to Theoretical Econometrics*, Massachusetts: Blackwell Publishing Ltd. .

Banker, R. D., A. Charnes, W. W. Cooper, 1984, "Some Models for Estimating Technical and Scale Inefficiencies in Data Envelopment Analysis", *Management Science*, Vol. 30, No. 9.

Banker, R. D., 1993, "Maximum Likelihood, Consistency and Data Envelopment Analysis: A Statistical Foundation", *Management Science*, Vol. 39, No. 10.

Battese, G. E., T. J. Coelli, 1995, "A Model for Technical Inefficiency Effects in a Stochastic Frontier Production Function for Panel Data", *Empirical Economics*, Vol. 20, No. 2.

Battese, G. E., T. J. Coelli, 1992, "Frontier Production Functions, Technical Efficiency and Panel Data: With Application to Paddy Farmers in India", *Journal of productivity analysis*, Vol. 3, No. 1.

Battese, G. E., T. J. Coelli, 1988, "Prediction of Firm-Level Technical Efficiencies with a Generalized Frontier Production Function and Panel Data", *Journal of Econometrics*, Vol. 38, No. 3.

Battese, G. E., G. S. Corra, 1977, "Estimation of a Production Frontier Model: With Application to the Pastoral Zone of Eastern Australia", *Australian Journal of Agricultural Economics*, Vol. 21, No. 3.

Bhattacharjee, A., E. Castro, J. Marques, 2012, "Spatial Interactions in Hedonic Pricing Models: The Urban Housing Market of Aveiro, Portugal", *Spatial Economic Analysis*, Vol. 7, No. 1.

Billé, A. G., C. Salvioni, R. Benedetti, 2018, "Modelling Spatial Regimes in Farms Technologies", *Journal of Productivity Analysis*, Vol. 49, No. 2.

Bodson, P., D. Peeters, 1975, "Estimation of the Coefficients of a Linear

Regression in the Presence of Spatial Autocorrelation: An Application to a Belgian Labour-Demand Function", *Environment and Planning A*, Vol. 7, No. 4.

Bolthausen, E., 1982, "On the Central Limit Theorem for Stationary Mixing Random Fields", *The Annals of Probability*, Vol. 10, No. 4.

Brock, W. A., S. N. Durlauf, 2001, "Discrete Choice with Social Interactions", *The Review of Economic Studies*, Vol. 68, No. 2.

Broyden, C. G., 1970, "The Convergence of a Class of Double-Rank Minimization Algorithms", *IMA Journal of Applied Mathematics*, Vol. 6, No. 1.

Cass, D., 1965, "Optimum Growth in an Aggregative Model of Capital Accumulation", *The Review of Economic Studies*, Vol. 32, No. 3.

Chakraborty, S., A. Bhattacharjee, T. Maiti, 2021, "Structural Factorization of Latent Adjacency Matrix, with an Application to Auto Industry Networks", *Sankhya B*, Vol. 83, No. 2.

Charnes, A., W. W. Cooper, S. Li, 1989, "Using Data Envelopment Analysis to Evaluate Efficiency in the Economic Performance of Chinese Cities", *Socio-Economic Planning Sciences*, Vol. 23, No. 6.

Charnes, A., W. W. Cooper, E. Rhodes, 1978, "Measuring the Efficiency of Decision-Making Units", *European Journal of Operational Research*, Vol. 2, No. 6.

Chen, J. et al., 2020, "County-level $CO_2$ Emissions and Sequestration in China during 1997-2017", *Scientific Data*, Vol. 7, No. 1.

Colombi, R. et al., 2014, "Closed-Skew Normality in Stochastic Frontiers with Individual Effects and Long/Short-Run Efficiency", *Journal of Productivity Analysis*, Vol. 42, No. 2.

Conley, T. G., B. Dupor, 2003, "A Spatial Analysis of Sectoral Complementarity", *Journal of Political Economy*, Vol. 111, No. 2.

Cornwell, C., P. Schmidt P, R. C. Sickles, 1990, "Production Frontiers with Cross-Sectional and Time-Series Variation in Efficiency Levels", *Journal of Econometrics, Vol. 46, No. 1 - 2.

Cressie, N., 1993, *Statistics for Spatial Data*, Revised Edition, New York: John Wiley & Sons.

Davidson, J., 2021, *Stochastic Limit Theory: An Introduction for Econometricians*, Second Edition, New York: Oxford University Press.

De Alessi, L., 1974, "An Economic Analysis of Government Ownership and Reculation: Theory and the Evidence from the Electric Power Industry", *Public Choice*, Vol. 19, No. 1.

De Alessi, L., 1983, "Property Rights, Transaction Costs, and X-Efficiency: An Essay in Economic Theory", *The American Economic Review*, Vol. 73, No. 1.

Debarsy, N., C. Ertur, 2019, "Interaction Matrix Selection in Spatial Autoregressive Models with an Application to Growth Theory", *Regional Science and Urban Economics*, Vol. 75.

Debarsy, N., J. LeSage, 2018, "Flexible Dependence Modeling Using Convex Combinations of Different Types of Connectivity Structures", *Regional Science and Urban Economics*, Vol. 69.

Debreu, G., 1951, "The Coefficient of Resource Utilization", *Econometrica*, Vol. 19, No. 3.

Driffield, N., M. Munday, 2001, "Foreign Manufacturing, Regional Agglomeration and Technical Efficiency in UK Industries: A Stochastic Production Frontier Approach", *Regional Studies*, Vol. 35, No. 5.

Druska, V., W. Horrace, 2004, "Generalized Moments Estimation for Spatial Panel Data: Indonesian Rice Farming", *American Journal of Agricultural Economics*, Vol. 86, No. 1.

Ertur, C., W. Koch, 2011, "A Contribution to the Theory and Empirics of Schumpeterian Growth with Worldwide Interactions", *Journal of Economic Growth*, Vol. 16, No. 3.

Fan, Y., Q. Li, A. Weersink, 1996, "Semiparametric Estimation of Stochastic Production Frontier Models", *Journal of Business & Economic Statistics*, Vol. 14, No. 4.

Farrell, M. J., 1957, "The Measurement of Productive Efficiency", *Journal of the Royal Statistical Society Series A (General)*, Vol. 120, No. 3.

Fleisher, B. M., J. Chen, 1997, "The Coast-Noncoast Income Gap, Productivity, and Regional Economic Policy in China", *Journal of Comparative Economics*, Vol. 25, No. 2.

Gagnepain, P., M. Ivaldi, 2002, "Stochastic Frontiers and Asymmetric Information Models", *Journal of Productivity Analysis*, Vol. 18, No. 2.

Gallant, A. R., H. White, 1988, *A Unified Theory of Estimation and Inference for Nonlinear Dynamic Models*, New York: Basil Blackwell.

Gerkman, L. M., N. Ahlgren, 2014, "Practical Proposals for Specifying K-Nearest Neighbours Weights Matrices", *Spatial Economic Analysis*, Vol. 9, No. 3.

Glass, A. J., K. Kenjegalieva, M. Douch, 2020, "Uncovering Spatial Productivity Centers Using Asymmetric Bidirectional Spillovers", *European Journal of Operational Research*, Vol. 285, No. 2.

Glass, A. J., K. Kenjegalieva, R. C. Sickles, 2016, "A Spatial Autoregressive Stochastic Frontier Model for Panel Data with Asymmetric Efficiency Spillovers", *Journal of Econometrics*, Vol. 190, No. 2.

Glass, A., K. Kenjegalieva, J. Paez-Farrell, 2013, "Productivity Growth Decomposition Using a Spatial Autoregressive Frontier Model", *Economics Letters*, Vol. 119, No. 3.

Glass, A., K. Kenjegalieva, R. C. Sickles, 2014, "Estimating Efficiency Spillovers with State Level Evidence for Manufacturing in the US", *Economics Letters*, Vol. 123, No. 2.

Greene, W. H., 1990, "A Gamma-Distributed Stochastic Frontier Model", *Journal of Econometrics*, Vol. 46, No. 1 – 2.

Greene, W. H., 2019, *Econometric Analysis*, Global Edition, New York:

Pearson-Prentice Hall.

Greene, W. H., 1980, "On the Estimation of a Flexible Frontier Production Model", *Journal of Econometrics*, Vol. 13, No. 1.

Greene, W. H., 2003, "Simulated Likelihood Estimation of the Normal-Gamma Stochastic Frontier Function", *Journal of Productivity Analysis*, Vol. 19, No. 2.

Greene, W. H., 2005, "Reconsidering Heterogeneity in Panel Data Estimators of the Stochastic Frontier Model", *Journal of Econometrics*, Vol. 126, No. 2.

Griffiths, W. E., G. Hajargasht, 2016, "Some Models for Stochastic Frontiers with Endogeneity", *Journal of Econometrics*, Vol. 190, No. 2.

Guan, Z. et al., 2009, "Measuring Excess Capital Capacity in Agricultural Production", *American Journal of Agricultural Economics*, Vol. 91, No. 3.

Gude, A., I. Álvarez, L. Orea, 2018, "Heterogeneous Spillovers among Spanish Provinces: A Generalized Spatial Stochastic Frontier Model", *Journal of Productivity Analysis*, Vol. 50, No. 3.

Hamilton, J. D., 1994, *Time Series Analysis*. New Jersey: Princeton University Press.

Han, J., D. Ryu, R. C. Sickles, 2016, "Spillover Effects of Public Capital Stock Using Spatial Frontier Analyses: A First Look at the Data", in William H. Greene et al., eds. *Productivity and Efficiency Analysis*, New York: Springer.

Han, X., C. S. Hsieh, S. I. M. Ko, 2021, "Spatial Modeling Approach for Dynamic Network Formation and Interactions", *Journal of Business & Economic Statistics*, Vol. 39, No. 1.

Hansen, C., J. B. McDonald, W. K. Newey, 2010, "Instrumental Variables Estimation with Flexible Distributions", *Journal of Business & Economic Statistics*, Vol. 28, No. 1.

Harris, R., J. Moffat, V. Kravtsova, 2011, "In Search of 'W'", *Spatial*

*Economic Analysis*, Vol. 6, No. 3.

Hicks, J. R., 1935, "Annual Survey of Economic Theory: The Theory of Monopoly", *Econometrica*, Vol. 3, No. 1.

Hjalmarsson, L., S. C. Kumbhakar, A. Heshmati, 1996, "DEA, DFA and SFA: A Comparison", *Journal of Productivity Analysis*, Vol. 7, No. 2.

Horrace, W. C., C. F. Parmeter, 2018, "A Laplace Stochastic Frontier Model", *Econometric Reviews*, Vol. 37, No. 3.

Jenish, N., I. R. Prucha, 2009, "Central Limit Theorems and Uniform Laws of Large Numbers for Arrays of Random Fields", *Journal of Econometrics*, Vol. 150, No. 1.

Jenish, N., I. R. Prucha, 2012, "On Spatial Processes and Asymptotic Inference under Near-Epoch Dependence", *Journal of Econometrics*, Vol. 170, No. 1.

Jin, F., L. Lee, 2020, "Asymptotic Properties of a Spatial Autoregressive Stochastic Frontier Model", *Journal of Spatial Econometrics*, Vol. 1, No. 1.

Jondrow, J. et al., 1982, "On the Estimation of Technical Inefficiency in the Stochastic Frontier Production Function Model", *Journal of Econometrics*, Vol. 19, No. 2.

Karakaplan, M. U., L. Kutlu, 2017a, "Handling Endogeneity in Stochastic Frontier Analysis", *Economics Bulletin*, Vol. 37, No. 2.

Karakaplan, M. U., L. Kutlu, 2017b, "Endogeneity in Panel Stochastic Frontier Models: An Application to the Japanese Cotton Spinning Industry", *Applied Economics*, Vol. 49, No. 59.

Kelejian, H. H., G. Piras, 2014, "Estimation of Spatial Models with Endogenous Weighting Matrices, and an Application to a Demand Model for Cigarettes", *Regional Science and Urban Economics*, Vol. 46.

Kelejian, H. H., I. R. Prucha, 1998, "A Generalized Spatial Two-Stage Least Squares Procedure for Estimating a Spatial Autoregressive Model with Autoregressive Disturbances", *The Journal of Real Estate Finance and Economics, Vol. 17, No. 1.

Kelejian, H. H., I. R. Prucha, 2010, "Specification and Estimation of Spatial Autoregressive Models with Autoregressive and Heteroskedastic Disturbances", *Journal of Econometrics*, Vol. 157, No. 1.

Kelejian, H. H., D. P. Robinson, 1993, "A Suggested Method of Estimation for Spatial Interdependent Models with Autocorrelated Errors, and An Application to a County Expenditure Model", *Papers in Regional Science*, Vol. 72, No. 3.

Koopmans, T. C., 1951, "An Analysis of Production as an Efficient Combination of Activities", in T. C. Koopmans, eds. *Analysis of Production and Allocation*, New York: John Wiley and Sons.

Koopmans, T. C., 1963, "On the Concept of Optimal Economic Growth", Cowles Foundation Discussion Papers, No. 28.

Krugman, P., 1994, "The Myth of Asia's Miracle", *Foreign Affairs*, Vol. 73, No. 6.

Kumbhakar, S. C., C. A. K. Lovell, 2000, *Stochastic Frontier Analysis*, Cambridge: Cambridge University Press.

Kumbhakar, S. C. et al., 2007, "Nonparametric Stochastic Frontiers: A Local Maximum Likelihood Approach", *Journal of Econometrics*, Vol. 137, No. 1.

Kumbhakar, S. C., C. F. Parmeter, V. Zelenyuk, 2020, "Stochastic Frontier Analysis: Foundations and Advances I", in Subhash C. Ray, Robert G. Chambers and Subal C. Kumbhakar, eds. *Handbook of Production Economics*, Singapore: Springer.

Kutlu, L., U. Nair-Reichert, 2019, "Agglomeration Effects and Spatial Spillovers in Efficiency Analysis: A Distribution-Free Methodology", *Regional Studies*, Vol. 53, No. 11.

Kutlu, L., K. C. Tran, M. G. Tsionas, 2019, "A Time-Varying True Individual Effects Model with Endogenous Regressors", *Journal of Econometrics, Vol. 211, No. 2.

Kutlu, L., K. C. Tran, 2019, "Heterogeneity and Endogeneity in Panel Stochastic Frontier Models", in Mike Tsionas, ed. *Panel Data Econometrics: Theory*, Cambridge, Massachusetts: Academic Press.

Kutlu, L., 2010, "Battese-Coelli Estimator with Endogenous Regressors", *Economics Letters*, Vol. 109, No. 2.

Kutlu, L., 2018a, "A Distribution-Free Stochastic Frontier Model with Endogenous Regressors", *Economics Letters*, Vol. 163.

Kutlu, L, 2018b, "Estimating Efficiency in a Spatial Autoregressive Stochastic Frontier Model", *Economics Letters*, Vol. 163.

Lee, L., W. G. Tyler, 1978, "The Stochastic Frontier Production Function and Average Efficiency: An Empirical Analysis", *Journal of Econometrics*, Vol. 7, No. 3.

Lee, L., 1983, "A Test for Distributional Assumptions for the Stochastic Frontier Functions", *Journal of Econometrics*, Vol. 22, No. 3.

Lee, L., 2004, "Asymptotic Distributions of Quasi-Maximum Likelihood Estimators for Spatial Autoregressive Models", *Econometrica*, Vol. 72, No. 6.

Lee, L., 2002, "Consistency and Efficiency of Least Squares Estimation for Mixed Regressive, Spatial Autoregressive Models", *Econometric Theory*, Vol. 18, No. 2.

Lee, L., 2007, "GMM and 2SLS Estimation of Mixed Regressive, Spatial Autoregressive Models", *Journal of Econometrics*, Vol. 137, No. 2.

Leibenstein, H., 1966, "Allocative Efficiency vs. 'X-Efficiency'", *The American Economic Review*, Vol. 56, No. 3.

LeSage, J., R. K. Pace, 2009, *Introduction to Spatial Econometrics*, New York: Chapman and Hall/CRC.

LeSage, J., R. K. Pace, 2014, "The Biggest Myth in Spatial Econometrics", *Econometrics*, Vol. 2, No. 4.

Lindsay, C. M., 1976, "A Theory of Government Enterprise", *Journal of*

*Political Economy*, Vol. 84, No. 5.

Mankiw, N. G., D. Romer, D. N. Weil, 1992, "A Contribution to the Empirics of Economic Growth", *The Quarterly Journal of Economics*, Vol. 107, No. 2.

Meen, G., 1996, "Spatial Aggregation, Spatial Dependence and Predictability in the UK Housing Market", *Housing Studies*, Vol. 11, No. 3.

Meeusen, W., J. van den Broeck, 1977, "Efficiency Estimation from Cobb-Douglas Production Functions with Composed Error", *International Economic Review*, Vol. 18, No. 2.

Mutter, R. L. et al., 2013, "Investigating the Impact of Endogeneity on Inefficiency Estimates in the Application of Stochastic Frontier Analysis to Nursing Homes", *Journal of Productivity Analysis*, Vol. 39, No. 2.

Nakhapetyan, B. S., 1988, "An Approach to Proving Limit Theorems for Dependent Random Variables", *Theory of Probability & Its Applications*, Vol. 32, No. 3.

Olson, J. A., P. Schmidt, D. M. Waldman, 1980, "A Monte Carlo Study of Estimators of Stochastic Frontier Production Functions", *Journal of Econometrics*, Vol. 13, No. 1.

Ord, K., 1975, "Estimation Methods for Models of Spatial Interaction", *Journal of the American Statistical Association*, Vol. 70, No. 349.

Orea, L., J. Steinbuks, 2018, "Estimating Market Power in Homogenous Product Markets Using a Composed Error Model: Application to the California Electricity Market", *Economic Inquiry*, Vol. 56, No. 2.

Pace, R. K., R. Barry, 1997, "Quick Computation of Spatial Autoregressive Estimators", *Geographical Analysis*, Vol. 29, No. 3.

Parmeter, C., S. Kumbhakar, 2014, "Efficiency Analysis: A Primer on Recent Advances", *Foundations and Trends in Econometrics*, Vol. 7, No. 3 - 4.

Perelman, M., 2011, "Retrospectives: X-Efficiency", *Journal of Economic Perspectives*, Vol. 25, No. 4.

Pinkse, J., M. E. Slade, C. Brett, 2002, "Spatial Price Competition: A Semiparametric Approach", *Econometrica*, Vol. 70, No. 3.

Pitt, M. M., L. F. Lee, 1981, "The Measurement and Sources of Technical Inefficiency in the Indonesian Weaving Industry", *Journal of Development Economics*, Vol. 9, No. 1.

Prokhorov, A., K. C. Tran, M. G. Tsionas, 2021, "Estimation of Semi-and Nonparametric Stochastic Frontier Models with Endogenous Regressors", *Empirical Economics*, Vol. 60, No. 6.

Qu, X., L. F. Lee, C. Yang, 2021, "Estimation of a SAR Model with Endogenous Spatial Weights Constructed by Bilateral Variables", *Journal of Econometrics*, Vol. 221, No. 1.

Qu, X., L. F. Lee, 2015, "Estimating a Spatial Autoregressive Model with an Endogenous Spatial Weight Matrix", *Journal of Econometrics*, Vol. 184, No. 2.

Qu, X., X. Wang, L. F. Lee, 2016, "Instrumental Variable Estimation of a Spatial Dynamic Panel Model with Endogenous Spatial Weights When T Is Small", *The Econometrics Journal*, Vol. 19, No. 3.

Ramsey, F. P., 1928, "A Mathematical Theory of Saving", *The Economic Journal*, Vol. 38, No. 152.

Romer, P. M., 1986, "Increasing Returns and Long-Run Growth", *Journal of Political Economy*, Vol. 94, No. 5.

Schmidt, P., R. C. Sickles, 1984, "Production Frontiers and Panel Data", *Journal of Business & Economic Statistics*, Vol. 2, No. 4.

Schmidt, P., 1978, "On the Statistical Estimation of Parametric Frontier Production Functions", *The Review of Economics and Statistics*, Vol. 58, No. 2.

Seitz, W. D., 1971, "Productive Efficiency in the Steam-Electric Generating Industry", *Journal of Political Economy*, Vol. 79, No. 4.

Seya, H., Y. Yamagata, M. Tsutsumi, 2013, "Automatic Selection of a

Spatial Weight Matrix in Spatial Econometrics: Application to a Spatial Hedonic Approach", *Regional Science and Urban Economics*, Vol. 43, No. 3.

Shephard, R. W., 1953, *Cost and Production Functions*. Princeton: Princeton University Press.

Shin, K., S. Washington, K. Choi, 2007, "Effects of Transportation Accessibility on Residential Property Values: Application of Spatial Hedonic Price Model in Seoul, South Korea, Metropolitan Area", *Transportation Research Record*, Vol. 1994, No. 1.

Simon, H. A., 1955, "A Behavioral Model of Rational Choice", *The Quarterly Journal of Economics*, Vol. 69, No. 1.

Solow, R. M., 1956, "A Contribution to the Theory of Economic Growth", *The Quarterly Journal of Economics*, Vol. 70, No. 1.

Solow, R. M., 1957, "Technical Change and the Aggregate Production Function", *The Review of Economics and Statistics*, Vol. 39, No. 3.

Stevenson, R. E., 1980, "Likelihood Functions for Generalized Stochastic Frontier Estimation", *Journal of Econometrics*, Vol. 13, No. 1.

Stigler, G. J., 1976, "The Xistence of X-Efficiency", *The American Economic Review*, Vol. 66, No. 1.

Stock, J. H., J. H. Wright, M. Yogo, 2002, "A Survey of Weak Instruments and Weak Identification in Generalized Method of Moments", *Journal of Business & Economic Statistics*, Vol. 20, No. 4.

Sun, Y., 2016, "Functional-Coefficient Spatial Autoregressive Models with Nonparametric Spatial Weights", *Journal of Econometrics*, Vol. 195, No. 1.

Tobler, R., 1970, "A Computer Movie Simulating Urban Growth in the Detroit Region", *Economic Geography*, Vol. 46, No. sup1.

Tran, K. C., E. G. Tsionas, 2015, "Endogeneity in Stochastic Frontier Models: Copula Approach without External Instruments", *Economics Letters*, Vol. 133.

Tran, K. C., E. G. Tsionas, 2013, "GMM Estimation of Stochastic Frontier

Model with Endogenous Regressors", *Economics Letters*, Vol. 118, No. 1.

Tsionas, E. G., 2012, "Maximum Likelihood Estimation of Stochastic Frontier Models by the Fourier Transform", *Journal of Econometrics*, Vol. 170, No. 1.

Tsukamoto, T., 2019, "A Spatial Autoregressive Stochastic Frontier Model for Panel Data Incorporating a Model of Technical Inefficiency", *Japan and the World Economy*, Vol. 50.

van den Broeck, J. et al., 1994, "Stochastic Frontier Models: A Bayesian Perspective", *Journal of Econometrics*, Vol. 61, No. 2.

Wang, H. J., C. W. Ho, 2010, "Estimating Fixed-Effect Panel Stochastic Frontier Models by Model Transformation", *Journal of Econometrics*, Vol. 157, No. 2.

Wang, H., P. Schmidt, 2002, "One-Step and Two-Step Estimation of the Effects of Exogenous Variables on Technical Efficiency Levels", *Journal of Productivity Analysis*, Vol. 18, No. 2.

Wang, W. S., C. Amsler, P. Schmidt, 2011, "Goodness of Fit Tests in Stochastic Frontier Models", *Journal of Productivity Analysis*, Vol. 35, No. 2.

Waldman, D. M., 1982, "A Stationary Point for the Stochastic Frontier Likelihood", *Journal of Econometrics*, Vol. 8, No. 2.

Wheat, P., A. D. Stead, W. H. Greene, 2019, "Robust Stochastic Frontier Analysis: A Student's T-Half Normal Model with Application to Highway Maintenance Costs in England", *Journal of Productivity Analysis*, Vol. 51, No. 1.

White, H., 2001, *Asymptotic Theory for Econometricians*. Revised Edition. San Diego: Academic Press.

White, H., 1982, "Maximum Likelihood Estimation of Misspecified Models", *Econometrica*, Vol. 50, No. 1.

Winsten, C., 1957, "Discussion on Mr. Farrell's Paper", *Journal of the*

*Royal Statistical Society*, Vol. 120, No. 3.

Wooldridge, J. M., 2015, "Control Function Methods in Applied Econometrics", *Journal of Human Resources*, Vol. 50, No. 2.

Xu, X., L. F. Lee, 2019, "Theoretical Foundations for Spatial Econometric Research", *Regional Science and Urban Economics*, Vol. 76.

Young, A., 2003, "Gold into Base Metals: Productivity Growth in the People's Republic of China during the Reform Period", *Journal of Political Economy*, Vol. 111, No. 6.

Zhang, X., J. Yu, 2018, "Spatial Weights Matrix Selection and Model Averaging for Spatial Autoregressive Models", *Journal of Econometrics*, Vol. 203, No. 1.

# 附　　录

## 附录一　数学符号含义说明

为适当精简篇幅，本书只在某个数学符号第一次出现时阐述其具体含义，后续行文中便直接使用它们。附录部分列举出书中所有数学符号的具体含义及必要的说明，以供查询之用。

附表1　　　　　　　　书中数学符号的具体含义及说明

| 数学符号 | 具体含义 | 说明 |
| --- | --- | --- |
| $\mathbb{R}^n$ | 由所有 $N$ 维实数向量构成的集合 | $N=1$ 时可将其忽略，记为 $\mathbb{R}$ |
| $\mathbb{R}^n_+$ | 由所有 $N$ 维非负实数向量构成的集合 | $N=1$ 时可将其忽略，记为 $\mathbb{R}_+$ |
| $x, y, \cdots$ | 小写加粗斜体字母表示列向量 | $x'$ 表示列向量的转置，即行向量 |
| $X, Y, \cdots$ | 大写加粗斜体字母表示矩阵 | $X'$ 表示矩阵的转置 |
| $x_n \to x$ | 序列 $\{x_n\}_{n=1}^{\infty}$ 收敛至 $x$ | —— |
| $var(\cdot)$ | 随机变量的方差 | —— |
| $\varphi(\cdot)$ | 标准正态分布的概率密度函数 | —— |
| $\Phi(\cdot)$ | 标准正态分布的累积分布函数 | —— |
| $abs(\cdot)$ | 取实数的绝对值 | —— |
| $|\cdot|$ | 矩阵行列式、绝对值、集合的势、向量的模 | 存在符号复用，可依靠前后文区分 |
| $tr(\cdot)$ | 方形矩阵的迹，即主对角线元素之和 | —— |
| $\mathcal{F}, \mathcal{G}, \mathcal{H}$ | 手写体字母代表集合的集合，即集合族 | —— |
| $vec(\cdot)$ | 矩阵的向量化结果 | 矩阵列元素顺序相连形成的列向量 |

续表

| 数学符号 | 具体含义 | 说明 |
|---|---|---|
| ∘ | 哈达玛积，即同维度矩阵逐元素相乘的结果 | — |
| $\|\cdot\|_\infty$ | 矩阵的无穷范数，$\|W\|_\infty = \max_{1\leq i\leq n}\sum_{j=1}^n |W_{ij}|$ | — |
| $\|\cdot\|_p$ | 随机向量的 $L_p$ 范数，$\|Y\|_p = [E|Y|^p]^{1/p}$ | — |
| $\text{plim}_{n\to\infty}(\cdot)$ | 随机变量在样本量趋近于无穷时的极限值 | — |

# 附录二 相关命题的证明或推导过程

## 一 第三章相关命题的证明

### （一）命题3.1的证明过程

定义 $B(x,r)$ 为以 $x \in \mathbb{R}^D$ 为中心，半径为 $r$ 的闭球[①]。由有界集合的定义可知，对于集合 $U$ 当中的某个元素 $x_0 \in U$ 而言，存在某个有限半径 $h > 0$，使得 $U \subseteq B(x_0, h)$ 成立。同时由集合势的定义可知，当存在集合 $A \subseteq B$ 时，会有 $|A| \leq |B|$ 成立，从而可推知 $|U| \leq |B(x_0, h) \cap D|$ 成立。如果后者存在有限上界，自然可以说明前者存在有限上界，由此题设命题得证。

假如 $h \leq 1/2$，由反证法可证得 $B(x_0, h) \cap D$ 中至多存在一个元素。假如该集合中存在两个不同的元素 $y$ 和 $z$，由三角不等式可知 $\rho(y, z) \leq \rho(x_0, y) + \rho(x_0, z) \leq 2h \leq 1 = \rho_0$，从而违反了假设1中关于最小距离的设定。

假如 $h > 1/2$，有 $B(x_0, h) \subseteq B(x_0, [h]+1)$，其中 $[h]$ 代表不超过 $h$ 的最大整数。由闭球的定义可知，$B(x_0, [h]+1)$ 在各个维度上均可

---

[①] 由于使用了极大值范数 $L_\infty$ 来度量 $\mathbb{R}^D$ 上的距离，故而所得闭球 $B(x,r)$ 是一个高维立方体，而非常见的球体。

被切割为 $2([h]+1)$ 个单位区间，所以整个闭球可以被划分为 $2^D$ $([h]+1)^D$ 个单位闭球，进而可推知：

$$|B(x_0,h) \cap D| \leq |B(x_0,[h]+1) \cap D| \leq 2^D([h]+1)^D \times 1 \leq 2^D (h+1)^D \tag{A-1}$$

由于式（A-1）中的上界仅与空间维度 $d$ 和闭球半径 $h$ 相关，与闭球中心 $x_0$ 无关，由此可推知 $sup_{x \in \mathbb{R}^D}|B(x,h) \cap D| \leq 2^D(h+1)^D$ 成立。依假设 1 和命题 3.1 的题设可知，$h$ 和 $d$ 均为有限实数，故而有 $2^D(h+1)^D < \infty$。

由此命题得证。

（二）命题 3.2 的证明过程

由 W. H. Greene 的式（B-67）可推知，$cov(\xi_{it,n}, v_{it,n}) = cov(\xi_{it,n}, E(v_{it,n} \mid \xi_{it,n}))$（Greene，2019）。结合假设 2 中的已有假设，可得 $\sigma_{v\xi} = cov(\xi_{it,n}, \xi'_{it,n}\tau)$，进而有 $\sigma_{v\xi} = \Sigma_\xi \tau \Rightarrow \tau = \Sigma_\xi^{-1} \sigma_{v\xi}$。

由 W. H. Greene 的式（B-70）可知，$\sigma_\omega^2 = var(v_{it,n}) - var(E(v_{it,n} \mid \xi_{it,n}))$。将所有已知信息代入其中，可得 $\sigma_\omega^2 = \sigma_v^2 - var(\xi'_{it,n}\tau) = \sigma_v^2 - \sigma'_{v\xi}\Sigma_\xi^{-1}\Sigma_\xi\Sigma_\xi^{-1}\sigma_{v\xi} = \sigma_v^2 - \sigma'_{v\xi}\Sigma_\xi^{-1}\sigma_{v\xi}$（Greene，2019）。

由此命题得证。

## 二 第四章相关命题的证明

（一）模型对数拟似然函数的推导过程

结合正文中假设 2 关于 $v_{it,n}$ 和 $\xi_{it,n}$ 联合分布总体矩的设定，以及拟极大似然估计法的多元正态分布假设，可以给出随机扰动项 $(v_{it,n},\xi'_{it,n})'$ 的概率密度函数如下：

$$f(v_{it,n}, \xi'_{it,n}) = (2\pi)^{-k/2} |\Sigma_{v\xi}|^{-1/2} \exp(-\frac{1}{2}(v_{it,n}, \xi'_{it,n})\Sigma_{v\xi}^{-1}(v_{it,n},\xi'_{it,n})') \tag{A-2}$$

式（A-2）中的 $k = 1 + p_2$，代表随机扰动向量 $(v_{it,n},\xi'_{it,n})'$ 的维度。假设 2 还要求技术无效率项 $u_{it,n}$ 服从独立同分布的半正态分布 $IIDN^+$

$(0, \sigma_u^2)$，并且与 $(v_{it,n}, \xi'_{it,n})'$ 相互独立，从而有 $(v_{it,n}, u_{it,n}, \xi'_{it,n})'$ 的概率密度函数为 $f(v_{it,n}, \xi'_{it,n})$ 与 $u_{it,n}$ 概率密度函数 $f(u_{it,n})$ 的乘积。

$$f(v_{it,n}, u_{it,n}, \xi'_{it,n}) = (2\pi)^{-\frac{k}{2}} |\Sigma_{v\xi}|^{-\frac{1}{2}} \exp\left(-\frac{1}{2}(v_{it,n}, \xi'_{it,n}) \Sigma_{v\xi}^{-1}\right.$$

$$\left.(v_{it,n}, \xi'_{it,n})'\right) \times \frac{2}{\sqrt{2\pi}\sigma_u} \exp\left(-\frac{u_{it,n}^2}{2\sigma_u^2}\right)$$

$$= \frac{C}{\sigma_u} |\Sigma_{v\xi}|^{-\frac{1}{2}} \exp\left(-\frac{1}{2}\left((v_{it,n}, \xi'_{it,n}) \Sigma_{v\xi}^{-1} (v_{it,n}, \xi'_{it,n})' + \frac{u_{it,n}^2}{\sigma_u^2}\right)\right)$$

$$(A-3)$$

式（A-3）中的常数 $C = 2(2\pi)^{-(k+1)/2}$，其取值大小并不会影响模型的参数估计值。根据 W. H. Greene 提供的分块矩阵求逆公式（A-74）（Greene，2019），$\Sigma_{v\xi}^{-1}$ 的具体表达式应为：

$$\begin{bmatrix} (\sigma_v^2 - \sigma'_{v\xi} \Sigma_\xi^{-1} \sigma_{v\xi})^{-1} & -(\sigma_v^2 - \sigma'_{v\xi} \Sigma_\xi^{-1} \sigma_{v\xi})^{-1} \sigma'_{v\xi} \Sigma_\xi^{-1} - \Sigma_\xi^{-1} \sigma_{v\xi} \\ (\sigma_v^2 - \sigma'_{v\xi} \Sigma_\xi^{-1} \sigma_{v\xi})^{-1} & \Sigma_\xi^{-1}(I + \sigma_{v\xi}(\sigma_v^2 - \sigma'_{v\xi} \Sigma_\xi^{-1} \sigma_{v\xi})^{-1} \sigma'_{v\xi} \Sigma_\xi^{-1}) \end{bmatrix}$$

$$(A-4)$$

基于式（A-4），可推知式（A-3）中的二次型 $(v_{it,n}, \xi'_{it,n}) \Sigma_{v\xi}^{-1} (v_{it,n}, \xi'_{it,n})' = (v_{it,n} - \sigma'_{v\xi} \Sigma_\xi^{-1} \xi_{it,n})^2/(\sigma_v^2 - \sigma'_{v\xi} \Sigma_\xi^{-1} \sigma_{v\xi}) + \xi'_{it,n} \Sigma_\xi^{-1} \xi_{it,n}$。可令式（3-24）中的复合扰动项为 $\epsilon_{it,n} \equiv v_{it,n} - u_{it,n}$，自然会有 $v_{it,n} = \epsilon_{it,n} + u_{it,n}$，将其代入式（A-4）中并应用前述二次型化简式可以得到 $(\epsilon_{it,n}, u_{it,n}, \xi'_{it,n})'$ 的概率密度函数 $f(\epsilon_{it,n}, u_{it,n}, \xi'_{it,n})$，具体的表达式为：

$$\frac{C}{\sigma_u} |\Sigma_{v\xi}|^{-\frac{1}{2}} \exp\left(-\frac{1}{2}\left((\epsilon_{it,n} + u_{it,n} - \sigma'_{v\xi} \Sigma_\xi^{-1} \xi_{it,n})^2/(\sigma_v^2 - \sigma'_{v\xi} \Sigma_\xi^{-1}\right.\right.$$

$$\left.\left.\sigma_{v\xi}) + \xi'_{it,n} \Sigma_\xi^{-1} \xi_{it,n} + \frac{u_{it,n}^2}{\sigma_u^2}\right)\right) \qquad (A-5)$$

针对式（A-5）做关于 $u_{it,n}$ 全定义域的定积分，能够得到 $(\epsilon_{it,n}, \xi'_{it,n})'$ 的边缘概率密度函数 $f(\epsilon_{it,n}, \xi'_{it,n})$，即第 $i$ 个决策单元在第 $t$ 时期的模型随机扰动项的概率密度函数。假设同一时期的所有个体均保持相互独立，则可推知式（3-34）和式（3-35）联立所得模型的随机扰动向量 $(v_T - u_T, \xi_T)$ 的对数概率密度函数为 $\sum_{i=1}^{n} \log f(\epsilon_{it,n}, \xi'_{it,n})$，

借鉴 A. J. Glass 等使用雅可比行列式刻画被解释变量空间滞后项内生性的做法，可以添加一项 $\log|I-\rho W|$ 后得到被解释变量向量 $(y_T, Z_T)$ 的概率密度函数（Glass et al., 2016）。假设不同时期内的决策单元同样保持相互独立，则可推知模型的对数似然函数为 $\sum_{t=1}^{T}\sum_{i=1}^{n}\log f(\epsilon_{it,n},\xi'_{it,n}) + T\log|I-\rho W|$。

显然，上述推导过程的关键在于用 $f(\epsilon_{it,n}, u_{it,n}, \xi'_{it,n})$ 对 $u_{it,n}$ 积分得到 $f(\epsilon_{it,n}, \xi'_{it,n})$。为精简论述过程，可以首先将式（A-5）划分为包含 $u_{it,n}$ 和不包含 $u_{it,n}$ 的两部分。前者在积分过程中可视为常数，无需任何特殊处理，仅需对后者执行定积分操作，并将所得结果与前者相乘即可。具体来讲，$f(\epsilon_{it,n}, u_{it,n}, \xi'_{it,n})$ 中不包含 $u_{it,n}$ 的部分为：

$$\frac{C}{\sigma_u}|\Sigma_{v\xi}|^{-\frac{1}{2}}\exp\left(-\frac{1}{2}\left((\epsilon_{it,n}-\sigma'_{v\xi}\Sigma_{\xi}^{-1}\xi_{it,n})^2/(\sigma_v^2-\sigma'_{v\xi}\Sigma_{\xi}^{-1}\sigma_{v\xi})+\xi'_{it,n}\Sigma_{\xi}^{-1}\xi_{it,n}\right)\right) \quad (A-6)$$

相应地，$f(\epsilon_{it,n}, u_{it,n}, \xi'_{it,n})$ 中包含 $u_{it,n}$ 的部分为：

$$\exp\left(-\frac{1}{2}\left(\left(\frac{1}{(\sigma_v^2-\sigma'_{v\xi}\Sigma_{\xi}^{-1}\sigma_{v\xi})}+\frac{1}{\sigma_u^2}\right)u_{it,n}^2 + 2\frac{(\epsilon_{it,n}-\sigma'_{v\xi}\Sigma_{\xi}^{-1}\xi_{it,n})}{(\sigma_v^2-\sigma'_{v\xi}\Sigma_{\xi}^{-1}\sigma_{v\xi})}u_{it,n}\right)\right) \quad (A-7)$$

对式（A-7）做适当变形，可将其表示为如下形式：

$$\exp\left(-\frac{1}{2}\left(\frac{(u_{it,n}+\sigma_u^2(\epsilon_{it,n}-\sigma'_{v\xi}\Sigma_{\xi}^{-1}\xi_{it,n})/(\sigma_u^2+\sigma_v^2-\sigma'_{v\xi}\Sigma_{\xi}^{-1}\sigma_{v\xi}))^2}{(\sigma_v^2-\sigma'_{v\xi}\Sigma_{\xi}^{-1}\sigma_{v\xi})/(\sigma_u^2+\sigma_v^2-\sigma'_{v\xi}\Sigma_{\xi}^{-1}\sigma_{v\xi})}\right.\right.$$
$$\left.\left.-\frac{\sigma_u^2(\epsilon_{it,n}-\sigma'_{v\xi}\Sigma_{\xi}^{-1}\xi_{it,n})^2}{(\sigma_u^2+\sigma_v^2-\sigma'_{v\xi}\Sigma_{\xi}^{-1}\sigma_{v\xi})(\sigma_v^2-\sigma'_{v\xi}\Sigma_{\xi}^{-1}\sigma_{v\xi})}\right)\right) \quad (A-8)$$

进一步利用正态分布概率密度函数的特殊形式，可将式（A-8）调整为如下形式：

$$\exp\left(\frac{\sigma_u^2(\epsilon_{it,n}-\sigma'_{v\xi}\Sigma_{\xi}^{-1}\xi_{it,n})^2}{2(\sigma_u^2+\sigma_v^2-\sigma'_{v\xi}\Sigma_{\xi}^{-1}\sigma_{v\xi})(\sigma_v^2-\sigma'_{v\xi}\Sigma_{\xi}^{-1}\sigma_{v\xi})}\right)\sqrt{2\pi}\times$$
$$\varphi\left(\frac{u_{it,n}+\sigma_u^2(\epsilon_{it,n}-\sigma'_{v\xi}\Sigma_{\xi}^{-1}\xi_{it,n})/(\sigma_u^2+\sigma_v^2-\sigma'_{v\xi}\Sigma_{\xi}^{-1}\sigma_{v\xi})}{\sqrt{(\sigma_v^2-\sigma'_{v\xi}\Sigma_{\xi}^{-1}\sigma_{v\xi})/(\sigma_u^2+\sigma_v^2-\sigma'_{v\xi}\Sigma_{\xi}^{-1}\sigma_{v\xi})}}\right) \quad (A-9)$$

式（A-9）的前半部分同样不再包含 $u_{it,n}$，可将其视为常数，且将包含 $u_{it,n}$ 的部分改写为某个服从正态分布的随机变量的密度函数，在此基础上对 $u_{it,n}$ 做定积分，其中 $u_{it,n}$ 的取值范围为 $[0, +\infty)$。具体的定积分结果为：

$$\frac{\exp\left(\frac{\sigma_u^2(\epsilon_{it,n} - \sigma'_{v\xi}\Sigma_\xi^{-1}\xi_{it,n})^2}{2(\sigma_u^2 + \sigma_v^2 - \sigma'_{v\xi}\Sigma_\xi^{-1}\sigma_{v\xi})(\sigma_v^2 - \sigma'_{v\xi}\Sigma_\xi^{-1}\sigma_{v\xi})}\right)}{\sqrt{\frac{2\pi(\sigma_v^2 - \sigma'_{v\xi}\Sigma_\xi^{-1}\sigma_{v\xi})}{\sigma_u^2 + \sigma_v^2 - \sigma'_{v\xi}\Sigma_\xi^{-1}\sigma_{v\xi}}}}$$

$$\times \Phi\left(-\frac{\sigma_u^2(\epsilon_{it,n} - \sigma'_{v\xi}\Sigma_\xi^{-1}\xi_{it,n})}{\sqrt{(\sigma_v^2 - \sigma'_{v\xi}\Sigma_\xi^{-1}\sigma_{v\xi})(\sigma_u^2 + \sigma_v^2 - \sigma'_{v\xi}\Sigma_\xi^{-1}\sigma_{v\xi})}}\right) \quad (A-10)$$

式（A-10）是 $f(\epsilon_{it,n}, u_{it,n}, \xi'_{it,n})$ 中包含了 $u_{it,n}$ 部分的积分结果，其与代表不包含 $u_{it,n}$ 部分的式（A-6）相乘之积便是欲求的 $f(\epsilon_{it,n}, \xi'_{it,n})$，经适当化简后可得拟对数似然函数为：

$$constant - \frac{1}{2}\sum_{t=1}^{T}\sum_{i=1}^{n}\left(\frac{(\epsilon_{it,n} - \sigma'_{v\xi}\Sigma_\xi^{-1}\xi_{it,n})^2}{(\sigma_u^2 + \sigma_v^2 - \sigma'_{v\xi}\Sigma_\xi^{-1}\sigma_{v\xi})} + \xi'_{it,n}\Sigma_\xi^{-1}\xi_{it,n}\right.$$

$$\left. - 2\log\Phi\left(-\frac{\sigma_u^2(\epsilon_{it,n} - \sigma'_{v\xi}\Sigma_\xi^{-1}\xi_{it,n})}{\sqrt{(\sigma_v^2 - \sigma'_{v\xi}\Sigma_\xi^{-1}\sigma_{v\xi})(\sigma_u^2 + \sigma_v^2 - \sigma'_{v\xi}\Sigma_\xi^{-1}\sigma_{v\xi})}}\right)\right)$$

$$+ T\log|I - \rho W| - \left(\frac{NT}{2}\right)\left(\log\sigma_u^2 + \log|\Sigma_\xi| - \log\frac{\sigma_v^2 - \sigma'_{v\xi}\Sigma_\xi^{-1}\sigma_{v\xi}}{\sigma_u^2 + \sigma_v^2 - \sigma'_{v\xi}\Sigma_\xi^{-1}\sigma_{v\xi}}\right)$$

**（二）命题4.1的证明过程**

张家驹指出如果某个矩阵的主对角线元素均大于0，且非主对角线元素均不大于0，则该矩阵可被称为 L 矩阵。原命题当中提及的 $I - \rho W$ 自然满足以上定义，因为空间权重矩阵的主对角线元素全为0，且非主对角线元素不小于0，故而该矩阵是一个 L 矩阵（张家驹，1980）。

张家驹进一步指出，如果某个 L 矩阵所有特征值的实部均大于0，则其可被称为 M 矩阵（张家驹，1980）。假设空间权重矩阵 $W$ 的特征值为 $\{\lambda_1, \cdots, \lambda_n\}$，其中 $n$ 代表 $W$ 列向量的长度，则易知矩阵 $I - \rho W$ 的特征值为 $\{1 - \rho\lambda_1, \cdots, 1 - \rho\lambda_n\}$。由于命题假设了空间权重矩阵为行标准化后矩阵，则所有特征值 $\lambda_i$ 的绝对值均不大于1，且至少存在一个特征值等于1。由 $0 \leq \rho < 1$ 可知，$1 - \rho\lambda_i$ 的实部均大于0，即矩阵 $I - \rho W$ 满足 M 矩阵的定义。

张家驹罗列出了 M 矩阵的 11 条性质，其中有一条是"M 矩阵的逆矩阵存在且该逆矩阵的所有元素均不小于0"，即 $(I - \rho W)^{-1}$ 存在且所有元素均为非负实数（张家驹，1980）。

由此命题得证。

### 三　第五章相关命题的证明

#### （一）命题 5.5 的证明过程

首先尝试证明 G2SIV 的一致性。可将正文中式（5-3）最右侧的 $Q'\Pi^{-1}(\omega + P\xi\tau - u)$ 划分为两部分 $Q'\Pi^{-1}(\omega - u)$ 和 $Q'\Pi^{-1}P\xi\tau$，并将 $\Pi^{-1}$ 的表达式代入其中。不难看出，这些式子的数学期望与 $Q'(\omega - u)$、$Q'P(\omega - u)$ 和 $Q'P\xi\tau$ 的数学期望密切相关。假设（5a）约定矩阵 $Q$ 的列向量取自 $AX$ 或 $AZ$ 的某一列，而 $X$ 和 $Z$ 依假设均与 $\omega - u$ 不相关，则 $E(Q'(\omega - u)) = 0$。矩阵 $P \equiv x_2'(x_2'x_2)^{-1}x_2'$，而 $x_2$ 完全外生，有 $E(x_2'(\omega - u)) = 0$ 和 $E(x_2'\xi) = 0$ 成立，进而可推知 $E(Q'P(\omega - u)) = 0$ 和 $E(Q'P\xi\tau) = 0$ 成立。由此可知，$Q'\Pi^{-1}(\omega + P\xi\tau - u)$ 的期望为 0。

如果式（5-3）左侧除 $Q'\Pi^{-1}(\omega + P\xi\tau - u)$ 以外部分存在极限值，则式（5-3）整体上会在样本量趋于无穷时依概率收敛到 0，由此可证得参数估计量 $\hat{\kappa}_g$ 的一致性。由假设（5b）可知，$\lim_{NT\to\infty} E(Q'Q)/(NT)$ 存在且为非奇异矩阵，则 $\lim_{NT\to\infty} E(Q'\Pi^{-1}Q/(NT))^{-1}$ 存在。又由假设（5c）可得知，$\lim_{NT\to\infty} E(Q'(G(x_1\beta + \xi\tau), X_1, \xi))/(NT)$ 为列满秩矩阵，那么很容易可以推知 $\lim_{NT\to\infty} E(Q'\Pi^{-1}(G(x_1\beta + \xi\tau), X_1, \xi))/(NT)$ 同样是列满秩矩阵，进而由矩阵乘法运算法则可知，$E((Wy, X_1, MZ)'\Pi^{-1}Q/(NT))(Q'\Pi^{-1}Q/(NT))^{-1}Q'\Pi^{-1}(Wy, X_1, MZ)/(NT))$ 的极限值为列满秩方阵，即其逆矩阵存在。由此便证明了式（5-3）的左侧存在极限值。

上述证明过程同样说明了 $\hat{\kappa}_g - \kappa$ 可以被改写为如式（5-2）所示的

形式，由命题 5.4 可知，$\sqrt{NT}(\hat{\kappa}_g - \kappa)$ 具备渐近正态性，其方差矩阵为 $\Sigma_g = \text{plim}_{NT \to \infty} var(\hat{\kappa}_g - \kappa)$。由式（5-3）可知，$var(\hat{\kappa}_g - \kappa) = [U'\Pi^{-1}Q(Q'\Pi^{-1}Q)^{-1}Q'\Pi^{-1}U]^{-1}$，其中 $U \equiv [G(X_1\beta + \xi\tau), X_1, \xi]$。

使用类似的方法能够证明 2SIV 同样具备一致性和渐近正态性，但其方差矩阵 $\Sigma$ 的表达式略有不同，因为该估计量假设模型拥有球形复合扰动项，而这一点实际上无法被满足。具体的表达式为 $\Sigma = \text{plim}_{NT \to \infty}[U'JU]^{-1}U'J\Pi JU[U'JU]^{-1}$，其中 $J \equiv Q(Q'Q)^{-1}Q'$。

由此命题得证。

（二）命题 5.6 的证明过程

使用符号 $\hat{\kappa}_{bg}$ 表示 BG2SIV 估计量，其是在方差矩阵 $\Pi$ 已知的情形下，使用最优工具变量 $Q = [GX, GZ, X, Z]$ 取得的广义两阶段工具变量法估计量。由正文中的命题 5.5 可知，其渐近分布为 $\sqrt{NT}(\hat{\kappa}_{bg} - \kappa) \xrightarrow{D} N(0, \Sigma_{bg})$。由 H. White 的引理 4.7 可知，如果能够证明 $\sqrt{NT}(\hat{\kappa}_{fbg} - \hat{\kappa}_{bg}) = O_p(1)$，则两个参数估计量具有相同的渐近分布，由此便可证得原命题成立（White，2001）。

对于 FBG2SIV 估计量 $\hat{\kappa}_{fbg}$ 而言，其所使用的方差矩阵估计量是 $\hat{\Pi} = (\hat{\sigma}_\omega^2 + \hat{\sigma}_u^2(1 - 2/\pi))I + \hat{\tau}'\hat{\Sigma}_\xi\hat{\tau}P$，对应的工具变量矩阵是 $\hat{Q} = [G(\hat{\rho})X, G(\hat{\rho})Z, X, Z]$，式中的参数估计量均是由 2SIV 提供的一致估计量。在此基础上，该估计量的数学表达式如下：

$$\hat{\kappa}_{fbg} - \kappa = [(Wy, X_1, MZ)'\hat{\Pi}^{-1}\hat{Q}(\hat{Q}'\hat{\Pi}^{-1}\hat{Q})^{-1}\hat{Q}'\hat{\Pi}^{-1}(Wy, X_1, MZ)]^{-1}$$
$$\times (Wy, X_1, MZ)'\hat{\Pi}^{-1}\hat{Q}(\hat{Q}'\hat{\Pi}^{-1}\hat{Q})^{-1}\hat{Q}'\hat{\Pi}^{-1}(\omega + P\xi\tau - u)$$
（A-11）

式（A-11）与式（5-3）在符号上的差异仅在于，前者使用估计量 $\hat{\Pi}$ 和 $\hat{Q}$ 替代了后者当中的真实值 $\Pi$ 和 $Q$。如果可以证明前者的各部分均能收敛到后者的对应部分，则命题得证。此处以 $\hat{Q}'\hat{\Pi}^{-1}\hat{Q}$ 和 $Q'\Pi^{-1}Q$ 为例，有：

$$\frac{1}{NT}[\hat{Q}'\hat{\Pi}^{-1}\hat{Q} - Q'\Pi^{-1}Q] = \frac{1}{NT}[\frac{1}{\hat{\sigma}_1^2}\hat{Q}'\hat{Q} - \frac{1}{\sigma_1^2}Q'Q] - \frac{1}{NT}$$
$$[\hat{\alpha}\hat{Q}'P\hat{Q} - \alpha Q'PQ] \quad (A-12)$$

式（A-12）中的 $\sigma_1^2 \equiv \sigma_\omega^2 + \sigma_u^2(1-2/\pi)$, $\hat{\sigma}_1^2 \equiv \hat{\sigma}_\omega^2 + \hat{\sigma}_u^2(1-2/\pi)$, $\alpha \equiv \frac{\tau'\Sigma_\xi\tau/\sigma_1^2}{\sigma_1^2 + \tau'\Sigma_\xi\tau}$, $\hat{\alpha} \equiv \frac{\hat{\tau}'\hat{\Sigma}_\xi\hat{\tau}/\hat{\sigma}_1^2}{\hat{\sigma}_1^2 + \hat{\tau}'\hat{\Sigma}_\xi\hat{\tau}}$。之所以会有如此等式成立，是因为 $\Pi^{-1} = (I - (\tau'\Sigma_\xi\tau)/(\sigma_1^2 + \tau'\Sigma_\xi\tau)P)/\sigma_1^2$。如果式（A-12）中的两部分都等于 $O_p(1)$，则根据 H. White 的命题2.7，可推知其整体同样会等于 $O_p(1)$（White, 2001）。针对式（A-12）的前半部分有：

$$\frac{1}{NT}[\frac{1}{\hat{\sigma}_1^2}\hat{Q}'\hat{Q} - \frac{1}{\sigma_1^2}Q'Q]$$
$$= \frac{1}{NT}[\frac{1}{\hat{\sigma}_1^2}\hat{Q}'\hat{Q} - \frac{1}{\sigma_1^2}\hat{Q}'\hat{Q} + \frac{1}{\sigma_1^2}\hat{Q}'\hat{Q} - \frac{1}{\sigma_1^2}Q'Q]$$
$$= [\frac{1}{\hat{\sigma}_1^2} - \frac{1}{\sigma_1^2}]\frac{1}{NT}\hat{Q}'\hat{Q} + \frac{1}{\sigma_1^2}\frac{1}{NT}[\hat{Q}'\hat{Q} - Q'Q] \quad (A-13)$$

由于 $\hat{\sigma}_1^2$ 具备一致性，故而 $1/\hat{\sigma}_1^2 - 1/\sigma_1^2 = O_p(1)$。由命题5.3可知，$\hat{Q}'\hat{Q}/(NT) = O_p(1)$ 且有 $[\hat{Q}'\hat{Q} - Q'Q]/(NT) = O_p(1)$，同样根据 H. White 的命题2.7可知，式（A-13）整体上会等于 $O_p(1)$（White, 2001）。使用类似的方法还能证明式（A-12）的后半部分、式（A-11）的余下对照部分均等于 $O_p(1)$，继续应用 H. White 的命题2.7，可推知 $\sqrt{NT}(\hat{\kappa}_{fbg} - \hat{\kappa}_{bg}) = O_p(1)$，由此命题得证（White, 2001）。

（三）命题5.7的证明过程

参考现有研究的常用策略，计划使用模型拟对数似然函数的数学期望 $E\log\mathcal{L}(\theta)$ 作为特定的非随机函数。首先要验证的便是该函数的合理性，即模型的拟对数似然函数 $\log\mathcal{L}(\theta)$ 确实会一致收敛到 $E\log\mathcal{L}(\theta)$。参考式（4-6）给出 $(1/NT)E\log\mathcal{L}(\theta)$ 的数学表达式如下：

$$\frac{1}{NT}E\log\mathcal{L}(\theta) = constant - \frac{1}{2(\sigma_u^2 + \sigma_v^2 - \sigma'_{v\xi}\Sigma_\xi^{-1}\sigma_{v\xi})}((\beta_0 - \beta)'X'_1X_1$$
$$(\beta_0 - \beta) + (\rho_0 - \rho)^2\beta'_0X'_1G'GX_1\beta_0 + tr((I + (\rho_0 - \rho)$$

$$G)'(I + (\rho_0 - \rho)G)(\tau_0 \tau'_0 \Sigma_{g0} + \sigma_{\omega 0}^2 I + \sigma_{u 0}^2 I))$$
$$+ (\Gamma_0 - \Gamma)'X'_2 \Sigma_\xi^{-1} \sigma_{v\xi} \sigma'_{v\xi} \Sigma_\xi^{-1} X_2(\Gamma_0 - \Gamma) + \sigma'_{v\xi} \Sigma_\xi^{-1} \sigma_{v\xi})$$
$$- \frac{1}{2}((\Gamma_0 - \Gamma)'X'_2 \Sigma_\xi^{-1} X_2(\Gamma_0 - \Gamma) + tr(\Sigma_\xi^{-1} \Sigma_{g0})) + E$$
$$(\log\Phi(-\frac{\sigma_u^2(?_{it,n} - \sigma'_{v\xi} \Sigma_\xi^{-1} \xi_{it,n})}{\sqrt{(\sigma_v^2 - \sigma'_{v\xi} \Sigma_\xi^{-1} \sigma_{v\xi})(\sigma_u^2 + \sigma_v^2 - \sigma'_{v\xi} \Sigma_\xi^{-1} \sigma_{v\xi})}}))$$
$$+ \frac{1}{N}E(\log|I - \rho W|) - \frac{1}{2}(\log \sigma_u^2 + \log|\Sigma_{v\xi}| - \log$$
$$\frac{\sigma_v^2 - \sigma'_{v\xi} \Sigma_\xi^{-1} \sigma_{v\xi}}{\sigma_u^2 + \sigma_v^2 - \sigma'_{v\xi} \Sigma_\xi^{-1} \sigma_{v\xi}}) \quad (A-14)$$

式（A-14）中带 0 下标的参数为模型参数的真值，$(1/NT)(\log \mathcal{L}(\theta) - E\log \mathcal{L}(\theta))$ 的各项均能被表示为命题 5.3 中的特殊形式，使得拟对数似然函数的一致收敛性得以成立。然后可以参照 X. Qu 和 L. F. Lee 的命题 C.3.1 验证式（A-14）存在唯一一个最优解，两相结合便证明了拟极大似然估计量的一致性（Qu, Lee, 2015）。

在取得 QMLE 一致性的基础上，可以将命题 5.4 应用于 $\frac{1}{\sqrt{NT}} \frac{\partial \log \mathcal{L}(\theta_0)}{\partial \theta}$，得到：

$$\sqrt{NT}(\theta - \theta_0) = -(\frac{1}{NT}\frac{\partial^2 \log \mathcal{L}(\tilde{\theta})}{\partial \theta \partial \theta'})^{-1} \frac{1}{\sqrt{NT}} \frac{\partial \log \mathcal{L}(\theta_0)}{\partial \theta} \xrightarrow{D} N(0, \Sigma_q)$$
$$(A-15)$$

式（A-15）中的 $\tilde{\theta}$ 是某个介于 $\theta$ 和 $\theta_0$ 之间的参数向量，而其中的 $\Sigma_q = (\lim_{NT\to\infty} \frac{1}{NT} E(\frac{\partial^2 \log \mathcal{L}(\theta_0)}{\partial \theta \partial \theta'}))^{-1} \lim_{NT\to\infty} \frac{1}{NT} E(\frac{\partial \log \mathcal{L}(\theta_0)}{\partial \theta} \frac{\partial \log \mathcal{L}(\theta_0)}{\partial \theta'})$ $(\lim_{NT\to\infty} \frac{1}{NT} E(\frac{\partial^2 \log \mathcal{L}(\theta_0)}{\partial \theta \partial \theta'}))^{-1}$。

### （四）命题 5.8 的证明过程

由正文第四章第三节的相关内容可知，广义矩估计量所用的样本矩条件为 $g(\hat{\theta}_g)$，其包含了 $X'_2\hat{\xi}$、$Q'\hat{\epsilon}$ 和 $\hat{\epsilon}'P\hat{\epsilon}$，其中矩阵 $Q$ 代表 $AX$ 或 $AZ$，矩阵 $A$ 的具体形式可见假设（7a），矩阵 $P$ 代表 $(A - tr(A)i_{NT}/(NT))$，

即所用二次型矩条件的中间矩阵。其中的 $X'_2 \hat{\xi}$ 可化为如下形式：

$$X'_2 \hat{\xi} = X'_2(Z - X_2 \hat{\Gamma}) = X'_2 X_2(\Gamma_0 - \hat{\Gamma}) + X'_2 \xi \quad (A-16)$$

由模型设定相关的基本假设可推知，$X'_2 \xi/(NT) \xrightarrow{p} (\Gamma_0 - \hat{\Gamma})' \lim_{NT \to \infty} X'_2 X_2/(NT)$。使用类似的方式还可以给出 $\hat{\omega}$ 的表达式如下：

$$\begin{aligned}
\hat{\epsilon} &= y - \hat{\rho} W y - X_1 \hat{\beta} - (Z - X_2 \hat{\Gamma}) \hat{\tau} \\
&= (I - \hat{\rho} W) y - X_1 \hat{\beta} - (X_2 \Gamma_0 + \xi - X_2 \hat{\Gamma}) \hat{\tau} \\
&= (I - \hat{\rho} W)(I - \rho_0 W)^{-1}(X_1 \beta_0 + \xi \tau_0 + \omega - u) - X_1 \hat{\beta} \\
&\quad - (X_2(\Gamma_0 - \hat{\Gamma}) + \xi) \hat{\tau} \\
&= (\rho_0 - \hat{\rho}) G(X_1 \beta_0 + \xi \tau_0) + X_1(\beta_0 - \hat{\beta}) - X_2(\Gamma_0 - \hat{\Gamma}) \hat{\tau} \\
&\quad + \xi(\tau_0 - \hat{\tau}) + (I + (\rho_0 - \hat{\rho}) G)(\omega - u) \quad (A-17)
\end{aligned}$$

式（A-17）中的矩阵 $G = W(I - \rho_0 W)^{-1}$，在此基础之上应用命题 5.2 可推知：

$$Q' \hat{\omega}/(NT) \xrightarrow{p} (\rho_0 - \hat{\rho}) \lim_{NT \to \infty} Q' G X_1/(NT) \beta_0 + \lim_{NT \to \infty} Q' X_1/(NT)(\beta_0 - \hat{\beta}) - \lim_{NT \to \infty} Q' X_2/(NT)(\Gamma_0 - \hat{\Gamma}) \hat{\tau} \quad (A-18)$$

将式（A-17）代入表达式 $\hat{\epsilon}' P \hat{\epsilon}$ 中，可以得到：

$$\begin{aligned}
\hat{\epsilon}' P \hat{\epsilon} &= (\rho_0 - \hat{\rho})^2 (X_1 \beta_0 + \xi \tau_0)' G' P G(X_1 \beta_0 + \xi \tau_0) \\
&\quad + 2(\rho_0 - \hat{\rho})(X_1 \beta_0 + \xi \tau_0)' G' P X_1(\beta_0 - \hat{\beta}) - 2(\rho_0 - \hat{\rho}) \\
&\quad (X_1 \beta_0 + \xi \tau_0)' G' P X_2(\Gamma_0 - \hat{\Gamma}) \hat{\tau} + 2(\rho_0 - \hat{\rho})(X_1 \beta_0 + \xi \tau_0)' \\
&\quad G' P \xi(\tau_0 - \hat{\tau}) + 2(\rho_0 - \hat{\rho})(X_1 \beta_0 + \xi \tau_0)' G' P(I + (\rho_0 - \hat{\rho}) \\
&\quad G)(\omega - u) + (\beta_0 - \hat{\beta})' X'_1 P X_1(\beta_0 - \hat{\beta}) - 2(\beta_0 - \hat{\beta})' \\
&\quad X'_1 P X_2(\Gamma_0 - \hat{\Gamma}) \hat{\tau} + 2(\beta_0 - \hat{\beta})' X'_1 P \xi(\tau_0 - \hat{\tau}) + 2 \\
&\quad (\beta_0 - \hat{\beta})' X'_1 [P(I + (\rho_0 - \hat{\rho}) G)(\omega - u) + \hat{\tau}' \\
&\quad (\Gamma_0 - \hat{\Gamma})' X'_2 P X_2(\Gamma_0 - \hat{\Gamma}) \hat{\tau} + 2 \hat{\tau}' (\Gamma_0 - \hat{\Gamma})' X'_2 P \xi(\tau_0 - \hat{\tau}) \\
&\quad + 2 \hat{\tau}' (\Gamma_0 - \hat{\Gamma})' X'_2 P(I + (\rho_0 - \hat{\rho}) G)(\omega - u) + (\tau_0 - \hat{\tau})' \\
&\quad \xi' P \xi(\tau_0 - \hat{\tau}) + 2(\tau_0 - \hat{\tau})' \xi' P(I + (\rho_0 - \hat{\rho}) G)(\omega - u) \\
&\quad + (\omega - u)'(I + (\rho_0 - \hat{\rho}) G)' P(I + (\rho_0 - \hat{\rho}) G)(\omega - u)
\end{aligned}$$

$$(A-19)$$

由于矩阵 $P = (A - tr(A)i_{NT}/(NT))$，可在式（A-19）的基础上应用命题 5.2 得到其概率收敛值。与式（A-18）类似，同样是一个关于 $\hat{\theta}_g - \theta_{g0}$ 的非随机函数，故而存在某个特定的非随机函数 $h(\hat{\theta}_g)$，使得 $g(\hat{\theta}_g)/(NT) \xrightarrow{p} h(\hat{\theta}_g)$ 成立，并在参数真值 $\theta_{g0}$ 处取值为 0。由于所有参数 $\hat{\theta}_g$ 都以多项式的形式进入 $g(\hat{\theta}_g)$ 当中，使得其一致性意味着一致连续性，进而可推知广义矩估计的最优化目标函数 $g(\hat{\theta}_g)'a'ag(\hat{\theta}_g)$ 会一致收敛到 $h(\hat{\theta}_g)'a'ah(\hat{\theta}_g)$。由广义矩估计的基本设定可知，$a'a$ 代表某个正定矩阵，使得 $h(\hat{\theta}_g)'a'ah(\hat{\theta}_g)$ 的值恒不小于 0。当其参数向量 $\hat{\theta}_g$ 取值为参数真值 $\theta_{g0}$ 时，取值可为 0。由假设（7b）可知，其为唯一的最小值点，由此便保证了广义矩估计量的一致性。

由 $\dfrac{\partial g(\hat{\theta}_g)'}{\partial \theta_g} a'ag(\hat{\theta}_g)$ 在参数真值 $\theta_{g0}$ 处的泰勒展开，可推知：

$$\sqrt{NT}(\hat{\theta}_g - \theta_{g0}) = -\left(\frac{1}{NT}\frac{\partial g(\hat{\theta}_g)'}{\partial \theta_g} a'a \frac{1}{NT}\frac{\partial g(\bar{\theta}_g)'}{\partial \theta_g}\right)^{-1}\frac{1}{NT}$$

$$\frac{\partial g(\hat{\theta}_g)'}{\partial \theta_g} a' \frac{1}{\sqrt{NT}}ag(\theta_{g40}) \quad (A-20)$$

式（A-20）中 $\bar{\theta}_g$ 的代表某个介于 $\hat{\theta}_g$ 和 $\theta_{g0}$ 之间的向量，进而可证得：

$$\sqrt{NT}(\hat{\theta}_g - \theta_{g0}) = -(D'a'aD)^{-1}D'a'\frac{1}{\sqrt{NT}}ag(\theta_{g0}) + O_p(1)$$

(A-21)

在式（A-21）的基础上应用命题 5.4，可推知其服从正态分布，由此命题得证。

## 附录三 程序代码的核心思路与具体实现

附录三主要阐明本书获取、清洗或处理数据的关键思路，为理解正文内容提供必要的说明，并就少量关键代码片段展开详细论述。

## 一 历年政府工作报告的词频统计

### （一）获取文本数据

中国政府网向全社会公开了1954—2022年大部分年份的政府工作报告，①依年份不同分段放置在四个网页中，分别是历年国务院政府工作报告（1954—2010年）、国务院新闻办公室往届报告（2010—2014年）、政府工作报告汇总页（2014—2021年）和最新的政府工作报告（2022年）。②前三个网页基本上是以列表页的形式呈现，可以通过点击特定年份对应的超链接访问到具体的政府工作报告正文，最后一个网页则单独放置了近期才刚刚发布的2022年政府工作报告。

本书使用Python网络数据采集技术，将上述政府工作报告下载至本地，形成词频统计所需要的原始文本数据集。数据采集过程主要可区分为两个关键步骤，其一是模仿真实人类向服务器发送访问请求，从返回的汇总页源代码中抽取出每份政府工作报告的年份信息和详情页链接。由于2022年政府工作报告并未放置在任何列表页当中，其不需要经历这一操作步骤。取得54份政府工作报告的访问链接后，其二是使用Python获取相应网页的源代码并从中抽取出报告的正文内容，并将其以纯文本格式存储到硬盘上，以供后续流程使用。具体代码如下：

```
from typing import Iterator
from urllib.parse import urljoin
import re
from fake_useragent import UserAgent
from lxml import etree
```

---

① 其中，1961—1963年、1965—1974年、1976—1977年的政府工作报告由于复杂的历史原因，尚未公开。

② 前三个汇总页的访问链接依次是http://www.gov.cn/2012lh/content_2054705.htm，http://www.hprc.org.cn/wxzl/wxysl/lczf/，https://www.gov.cn/guowuyuan/zfgzbg.htm。2022年政府工作报告的访问链接为http://www.gov.cn/premier/2022-03/12/content_5678750.htm。因互联网资源的更新速度较快，此处特别说明，本书最后的文本数据采集日为2022年3月24日。

```
import requests

class GOV:
    seg_2010 = {
        'url': 'http://www.gov.cn/2012lh/content_2054705.htm',
        'xpath_year': '//font[@id="Zoom"]/table//a',
        'xpath_url': '//font[@id="Zoom"]/table//a/@title',
        'xpath_content': 'string(//font[@id="Zoom"])',
    }

    seg_2014 = {
        'url': 'http://www.scio.gov.cn/xwfbh/xwbfbh/wqfbh/2015/20150305/xgbd32605/',
        'xpath_year': '//table[@id="PagerOutline1"]//a',
        'xpath_url': '//table[@id="PagerOutline1"]//a/@href',
        'xpath_content': 'string(//div[@class="lh22 fSize_14 fColor_203D70"])',
    }

    seg_2021 = {
        'url': 'http://www.gov.cn/guowuyuan/zfgzbg.htm',
        'xpath_year': '//ul[@class="conlun5"]//a',
        'xpath_url': '//ul[@class="conlun5"]//a/@href',
        'xpath_content': 'string(//div[@id="conlun2_box_text"])',
    }

    seg_2022 = {
```

```python
            'url': 'http://www.gov.cn/premier/2022-03/12/content_5678750.htm',
            'xpath_content': 'string(//div[@id="UCAP-CONTENT"])',
        }

    def __init__(self):
        self.session = requests.Session()
        self.session.headers.update({
            'user-agent': UserAgent().random,
        })

        self.folder = 'reports'
        self.year_pattern = re.compile(r'\d+')

    def fetch_reports(self, flag: str) -> Iterator[dict]:
        parameters = self.__class__.__dict__[flag]
        if flag == 'seg_2022':
            yield {
                'year': '2022',
                'url': parameters['url'],
            }
            return

        url = parameters['url']
        resp = self.session.get(url)
        resp.encoding = 'utf-8'
        html = etree.HTML(resp.text)
```

```python
        years = html.xpath(parameters['xpath_year'])
        urls = html.xpath(parameters['xpath_url'])

        for year, page_url in zip(years, urls):
            year_str = year.xpath('string(.)')
            yield {
                'year': self.year_pattern.search(year_str).group(),
                'url': urljoin(url, page_url),
            }

        if flag == 'seg_2021':
            yield {
                'year': '2021',
                'url': url,
            }

    def _fetch_content(self, flag: str, url: str) -> str:
        resp = self.session.get(url)
        resp.encoding = 'utf-8'
        html = etree.HTML(resp.text)
        return html.xpath(self.__class__.__dict__[flag]['xpath_content'])

    def fetch_content(self, flag: str, meta_info: dict) -> str:
        url = meta_info['url']
        resp = self.session.get(url)
        resp.encoding = 'utf-8'
        html = etree.HTML(resp.text)
        content = html.xpath(self.__class__.__dict__[flag]['xpath_content'])
```

```
                if flag = = 'seg_ 2010':
                    if (pages: = html. xpath ('//div [@ id = " div_ cur-
rpage"] /a/@ href')):
                        pages = list (set (pages))
                        for p_ url in pages:
                            content + = self. _ fetch_ content (flag, url-
join (url, p_ url))

                    return content

            def save_ content (self, year: int, content: str) - > None:
                with open (f' {self. folder} / {year} . txt', 'w', encoding = '
utf - 8') as f:
                    f. write (content)


        def main ():
            crawler = GOV ()

            for flag in ['seg_ 2010', 'seg_ 2014', 'seg_ 2021', 'seg_ 2022']:
                report_ list = crawler. fetch_ reports (flag)
                for item in report_ list:
                    print (f'crawling report in {item [" year"]} ...')
                    content = crawler. fetch_ content (flag, item)
                    crawler. save_ content (item ['year'], content)

        if _ _ name_ _ = = '_ _ main_ _':
            main ()
```

(二) 处理文本数据

从互联网中直接获取到的原始文本数据包含了大量不需要的干扰字

符，本书使用正则表达式过滤掉文本数据中所有的非汉字内容，包括英文字母、数字、空白符和HTML字符实体等，然后在得到的纯中文文本的基础上完成词频统计。本书将技术效率相关词汇定义为效率、生产率、效益、要素、配置、创新、质量、升级和科技等，分别统计并汇总这些词汇在当年政府工作报告中出现的频数和它们占全文篇幅的比重，可将所得结果视为技术效率被政府工作报告提及的绝对数值和相对份额。具体代码如下：

```python
import os
import re
import pandas as pd

def get_txt(folder: str) -> list:
    for item in os.listdir(folder):
        if item[-3:] == 'txt':
            yield os.path.join(folder, item)

def get_content(file_path: str) -> str:
    with open(file_path, 'r', encoding='utf-8') as f:
        return f.read()


class REPORT:
    def __init__(self):
        self.reports_folder = 'reports'

    def get_reports(self) -> list:
        for report in get_txt(self.reports_folder):
            year = int(re.search(r'\d+', report).group())
            content = get_content(report)
            content = ''.join(re.findall(r'[\u4e00-\u9fa5]
```

```python
            +´, content))

        yield {
            'year': year,
            'content': content,
        }

    def calculate_frequency(self, reports: list, nouns: list) -> pd.DataFrame:
        result = []
        for item in reports:
            content = item['content']
            len_content = len(content)
            count = 0
            str_len = 0
            for noun in nouns:
                current_count = content.count(noun)
                count += current_count
                str_len += current_count * len(noun)

            result.append({
                'year': item['year'],
                'count': count,
                'share': 1000 * str_len / len_content,
            })

        return pd.DataFrame(result)


def main():
```

```
app = REPORT ( )
reports = app.get_reports ( )
df = app.calculate_frequency (
    reports,
    ['效率', '生产率', '效益', '要素', '配置',
    '创新', '质量', '升级', '科技'])
df.sort_values ('year', inplace = True)
df.to_csv ('result.csv', index = False)


if __name__ == '__main__':
    main ( )
```

## 二 COLS、MOLS 与 OLS 的联系与区别

本书假设真实的数据生成过程为 $y_i = x_i - u_i$,其中 $i = 1,\cdots,20$,即样本容量为 20。投入变量 $x_i$ 从标准正态分布中抽取,代表技术无效率的随机扰动项 $u_i$ 从半正态分布 $n^+(0,1)$ 中抽取。假设投入变量 $x_i$ 的产出弹性为 1,产出量 $y_i$ 便是 $x_i$ 与 $u_i$ 相减的结果。所有模拟数据均可使用 R 语言生成。应用正文中介绍的 COLS 和 MOLS 算法,并将所得的四条回归线[1]绘制在相同的坐标系中。具体代码如下:

```
rm (list = ls ( ))
library (extraDistr)
library (ggplot2)
library (this.path)
setwd (this.dir ( ))


set.seed (80201)
```

---

[1] 之所以会出现四条回归线,是因为在介绍 MOLS 时,提及了半正态分布和指数分布两种不同的分布设定。

```r
sample_count <- 20
x <- rnorm(sample_count)
u <- rhnorm(sample_count)
rawdata <- data.frame(y = x - u, x)

ols_result <- lm(y ~ x, rawdata)
ols_intercept <- coef(ols_result)[1]
ols_slope <- coef(ols_result)[2]
sd_residual <- sd(residuals(ols_result))

cols_intercept = ols_intercept + max(residuals(ols_result))

sigma_u <- sd_residual/(1 - 2/pi)
mols_hn <- ols_intercept + sqrt(2) * sigma_u/sqrt(pi)

mols_exp <- ols_intercept + sd_residual

p <- ggplot(data = rawdata, aes(x = x, y = y)) +
  geom_point(shape = 11) +
  geom_abline(slope = ols_slope, intercept = ols_intercept,
              linetype = 'solid', size = 1, color = 'red') +
  annotate(geom = "text", x = 1.2, y = -0.2, label = "OLS", hjust = "left") +
  annotate(geom = "curve", x = 1.2, y = -0.2, xend = 1, yend = 0, arrow = arrow(length = unit(2, "mm")), curvature = .3) +
  geom_abline(slope = ols_slope, intercept = cols_intercept,
              linetype = 'dotted', size = 1, color = 'orange') +
```

annotate（geom = " text"，x = 0.5，y = 0.7，label = " COLS"，hjust = " right"）+

annotate（geom = " curve"，x = 0.5，y = 0.7，xend = 1，yend = 0.65，arrow = arrow（length = unit（2，" mm"）），curvature = .3）+

geom_ abline（slope = ols_ slope，intercept = mols_ hn，
　　　　linetype = 'dashed'，size = 1，color = 'blue'）+
annotate（geom = " text"，x = -0.5，y = 0.5，label = " MOLS - Half Normal"，hjust = " right"）+

annotate（geom = " curve"，x = -0.5，y = 0.5，xend = 0，yend = 0.08，arrow = arrow（length = unit（2，" mm"）），curvature = .3）+

geom_ abline（slope = ols_ slope，intercept = mols_ exp，
　　　　linetype = 'twodash'，size = 1，color = 'green'）+
annotate（geom = " text"，x = -1，y = -0.25，label = " MOLS - Exponential"，hjust = " right"）+

annotate（geom = " curve"，x = -1，y = -0.25，xend = -0.5，yend = -0.77，arrow = arrow（length = unit（2，" mm"）），curvature = .3）+

theme_ bw（）

ggsave（'mols_ cols.png'，p）

## 三　获取地市间公路导航距离

百度地图已经向社会公众开放了它们的导航 API，只需要依据一定的格式向其服务器发送出发地和目的地的经纬度坐标，并指定一个特定的导航模式，便可以收到若干条推荐的驾车路径。每一条驾车路径都包含了路径长度、驾车耗时和过路费等基本信息，一般排名越靠前的驾车

❖❖   内生权重空间随机前沿模型的估计与应用

路径的性价比越高。除此以外，百度地图还提供了中国几乎所有地级及以上城市的中心点经纬度坐标。本书便是使用这些经纬度坐标作为公路导航的起止点，向百度地图服务器批量发起请求，获取其返回的第一条驾车路径的长度。具体代码如下：

```python
import requests

class BaiduMap:
    def __init__(self):
        self.directionlite_url = 'http://api.map.baidu.com/directionlite/v1/driving'
        self.direction_url = 'http://api.map.baidu.com/direction/v2/driving'
        self.session = requests.Session()

    def login(self, ak: str) -> None:
        self.ak = ak

    def fetch_route(self, origin: list, destination: list, method: str = 'directionlite') -> dict:
        if method == 'directionlite':
            url = self.directionlite_url
        elif method == 'direction':
            url = self.direction_url

        params = {
            'origin': f'{origin[1]},{origin[0]}',
            'destination': f'{destination[1]},{destination[0]}',
            'ak': self.ak,
        }
```

```
resp = self.session.get(url = url, params = params).json()

if resp['status'] == 0:
    routes = resp['result']['routes'][0]
    return {
        'distance': routes['distance'] / 1000,
        'duration': routes['duration'],
        'toll': routes['toll'],
    }
```

# 索 引

Copula 31，140，141

白噪声 21—24，28—31，33，34，41，49，52—56，70，72，94，95，123，137，139

百度地图 123，179，180

半正态分布 6，17，21—23，41，52，70，80，94，123，129，136，160，177

产出可行集 45，47

长期技术效率 24

超越对数 47

大样本性质 9—11，13，14，17，22，27，39，40，61，66—68，75，82，85，89—92，94，96，118，137，138

单步估计 30

等产量线 46—48

地理距离 7，11，12，36—39，65，68，84，94，95，123，125，139

调整最小二乘 6，24

短期技术无效率 24，26，33

对数似然函数 16，25，31，32，52—54，61，75，76，83，91，93，139，162，163，166，167

多元正态分布 11，13，30，71，75，78，91，129，137，160

方差矩阵 9，16，30，35，38，69，70，74，75，78，89，90，92，93，95，137，138，165

非参数估计 22，25，139

复合扰动项 13，16，23，25，27—29，31，41，52，53，60，74，77，79，89，90，96，138，161，165

伽马分布 6，23，25，33

广义矩估计 6，8，9，11，16，17，26，28，31—34，41，72，76—78，82，83，87，92—94，98，121，129，137，138，167，169

核密度 128，129，134—136

黄河流域 133，135，136

技术效率 1—8，10—14，16，18，21—29，31—35，40，41，43，47—54，57，58，63—65，70—72，78—80，82，94，96，119—122，125，128—130，132，134—138，140，175

加密渐进 68

间接技术效率 64，65

渐近分布 82，165

## 索 引

截断正态分布 6,23,34,54

京津冀 5,133,135,136,140

经济距离 7,11,38,65,68,69,84,95,123,124,139

经济增长 4,16,19,58,124,128,129,140,141,143

距离函数 20,47

决策单元 1,2,6—8,10,13,14,21—29,31,33—38,41,43—56,58—60,62—65,67—69,71,72,78—81,83—86,94—96,98,118—123,129,130,161,162

柯布—道格拉斯 21,47,49

空间近邻 9,11,17,25,28,35,36,38,55—58,60,65,68,79,85—87,128,130,138

空间权重矩阵 1,6—10,12,13,16—18,27,35—43,55,61,62,65,69—73,77,80,82—84,94—96,118—121,123—125,127,128,137—139,163

空间随机场 65,66,85,86

空间溢出 1,7,8,11,12,25—28,41,57,64,94—96,123,128,136

空间滞后项 6,25—28,36,39,57—63,72,79,83,85,123,128,162

空间自回归随机前沿模型 6,7,17,26—28,43,56,59,62,63,65,69,79,85,94

控制函数 8,11,17,18,32,35,39—42,69,71,73,125,137,139

两步法 8,25

两阶段工具变量估计 11,16,17,39,72,73,76,82,83,87,89,96,98,127,137,138

蒙特卡洛 9,11,14,16,17,54,82,94

内生权重 1,7—14,16—18,38—40,42,43,65,70—72,78,85,94,97,122,125,137,138

拟极大似然估计 8,9,11,16,17,27,72,75,76,82,83,87,91—93,98,121,129,137,138,160,167

平均边际效应 63,129

生产函数模型 21,41,49,51,95,128

生产技术可行集 20,44,45,47

时变效率 24,31—33

数据包络分析 10,22

数据生成过程 11,16,56,57,78,82,89,92,94—96,118—120,129,177

数学期望 22,52,54—56,70,72,75,77,88,91,95,164,166

特征值 60—62,163,164

投入可行集 45,47

投入前沿面 48

小样本性质 10,11,13,14,39,40,82,94,137,138

效率预测 7,9,11,14,23,28,54,63,72,79,80,83,119

行标准化　36，37，55，60，80，82—84，95，124，163

修正的最小二乘　49

一致估计量　27，30，34，51—54，61，74，90，93，165

遗漏变量　11，25，56，58，71

粤港澳　133，135，136，140

增长域　68

真实个体效应　24

正偏度问题　23，54，140

直接技术效率　64，65

资源禀赋　5，132

# 后 记

本书是在我博士学位论文的基础上调整完善得到的。回顾博士研究生在读四年期间的学习与生活，我要郑重地感谢我的恩师——张涛教授，张老师博闻强识、儒雅随和、诲人不倦，总能及时把握住学科研究的前沿所在，并用清晰明了的语句向我传递他的所思所想，这对我培养剖析社会现象和捕捉研究热点的能力大有裨益。本书最终能够得以付梓，离不开恩师倾注其中的大量心血，恩师在我撰写博士学位论文和修缮本书的过程中给出了许多宝贵的评论和建议，让我少走了许多弯路，也让书稿的成色达到了它本不曾有的高度。

我之所以能够顺利地完成博士学位论文，离不开身边人的热心帮扶。我要感谢师门的张卓群师兄、姚慧芹师姐、刘宽斌师兄、吕指臣师兄和王正清师兄，他们为我提供了大量有益的帮助，让我在入门伊始便感受到了浓浓的大家庭温暖，在他们身上我学到了许多为人处世的智慧。我要感谢同一届的褚冬琳、宫汝娜和李奥，在和他们的日常交流和学术讨论中，我深刻地认识到自身存在的不足之处，他们为我提供了一些优秀博士研究生的范本，让我有了更为明确的学习和追赶对象。我要感谢司秋利、侯宇恒、韩鹏和刘啸等师弟师妹，和他们相处的时光总是格外轻松惬意，他们为我提供了宝贵的情绪价值。在师门之外，我要感谢李凯、叶思晖、马文君、王才、王珺等同学，他们在撰写脚本、分析数据和绘制图表等工作上的丰富经验总是让我受益良多。在校门之外，我要感谢端利涛、崔玉、王博文和刘子瑜，这几位同志关于社会新闻的洞见为我撰写小论文提供了许多灵感。我还要感谢一位素未谋面的陌生人，来自哈萨克斯坦的亚历山德拉·埃尔巴克彦女士，她创建了SCI-HUB这一个宝贵的学术公共品，大幅降低了获取前沿文献的难度，衷心地祝愿她始终保持心情愉悦。

一直在背后支持着我不事生产、求学至今的是我的父母，感谢他们在周遭环境都对子女教育不太重视的氛围内依然坚持己见，为我和姐姐们创造了跨越社会阶层的可能性，希望你们永远保持身体健康。我还要感谢两个姐姐对我无私的帮扶和救济，期待我日后也能为外甥和外甥女的快乐成长添砖加瓦。

我还要特别感谢我的爱人——徐敏华，感谢她一直以来的理解和陪伴，余生有你，何其幸哉！惟愿她可以不再承受异地相思之苦，我们可以相互陪伴着照顾我们的小葡萄，也希望小葡萄的父亲能够成为她一生的偶像和榜样。

本书得以从学位论文转化为学术专著，离不开母校的大力支持。感谢中国社会科学院大学优秀博士学位论文出版资助计划的资助，感谢博导张老师鼓励我参选该项资助计划，感谢社科大科研处董金玲老师在提交材料和签订合同过程中提供的科学指引。

本书的顺利出版离不开中国社会科学出版社高效的编辑工作，尤其需要特别感谢周佳老师的辛勤付出，为我指出了书稿中存在的一些文本错误，大幅提升了本书的可读性。

最后，限于笔者能力有限，本书难免存在一些错漏之处，恳请业内同行多多包涵。

冯冬发

2024年1月13日于北京大学承泽园

# 中国社会科学院大学优秀博士学位论文出版资助项目书目

- 元代刑部研究
- 杨绛的人格与风格
- 与时俱化:庄子时间观研究
- 广告法上的民事责任
- 苪颇彝语形态句法研究
- 计算机实施发明的可专利性比较研究
- 唐宋诗歌与园林植物审美
- 西夏文《解释道果语录金刚句记》研究
- 阿拉斯加北坡石油开发与管道建设争议及影响
- 花园帝国:18、19世纪英国风景的社会史
- 数字货币框架下的货币与信贷
- 内生权重空间随机前沿模型的估计与应用